Allitera Verlag

Prof. Dr. Klaus Michael Groll, geboren 1945 in Nienburg a. d. Weser, Promotion mit einer rechtsphilosophischen Dissertation, langjähriger Lehrbeauftragter der Ludwig-Maximilians-Universität München für Rechtsphilosophie und Erbrecht sowie der Hochschule für Musik und Theater München für Musik- und Bühnenrecht, Autor zahlreicher Bücher und Aufsätze über Recht, Geschichte, Musik und Philosophie, Senator E. h.

KLAUS MICHAEL GROLL

Philosophie!

Eine verständliche Einführung
für die Jugend

Allitera Verlag

Dezember 2022
Allitera Verlag
Ein Verlag der Buch&media GmbH, München
© 2022 Buch&media GmbH, München
Layout, Satz und Umschlaggestaltung: Mona Königbauer
Gesetzt aus der Helvetica und Adobe Garamond
Umschlagvorderseite: »Socrates Statue at the Academy of Athens« by SIAATH / Shutterstock
Illustration Titelseite: Peter-Joachim Groll, München
Printed in Europe

ISBN print 978-3-96233-360-7
ISBN epub 978-3-96233-361-4
ISBN PDF 978-3-96233-362-1

Allitera Verlag
Merianstraße 24 · 80637 München
Fon 089 13 92 90 46 · Fax 089 13 92 90 65

Weitere Publikationen aus unserem Programm finden Sie auf www.allitera.de
Kontakt und Bestellungen unter info@allitera.de

INHALT

Vorwort 9

1. Kapitel
Die antike Götterwelt 12

2. Kapitel
Die Vorsokratiker 19
  1. Thales (624–546 v. Chr.) 19
  2. Anaximander (610–ca. 547 v. Chr.) 20
  3. Anaximenes (575–525 v. Chr.) 21
  4. Pythagoras (570–495 v. Chr.) 21
  5. Heraklit (535–475 v. Chr.) 22
  6. Xenophanes (570–480 v. Chr.) 24
  7. Parmenides (540–470 v. Chr.) 24
  8. Empedokles (492–432 v. Chr.) 25
  9. Demokrit (460–370 v. Chr.) 27
  10. Anaxagoras (500–428 v. Chr.) 29
  11. Die Sophisten, vor allem Protagoras (481–411 v. Chr.) 30

3. Kapitel
Sokrates 32

4. Kapitel
Platon 36

5. Kapitel
Aristoteles 44

6. Kapitel
Epikur 53

7. Kapitel
Die Skeptiker 57

8. Kapitel
Die Stoa 59

9. Kapitel
Plotin 63

10. Kapitel
Augustinus 67

11. Kapitel
Anselm von Canterbury 72

12. Kapitel
Thomas von Aquin 77

13. Kapitel
Erasmus von Rotterdam 84

14. Kapitel
Niccolò Machiavelli 88

15. Kapitel
Francis Bacon 91

16. Kapitel
Thomas Hobbes 94

17. Kapitel
René Descartes 98

18. Kapitel
Blaise Pascal 105

19. Kapitel
Baruch de Spinoza 109

20. Kapitel
John Locke 115

21. Kapitel
George Berkeley 121

22. Kapitel
Gottfried Wilhelm Leibniz 125

23. Kapitel
David Hume 133

24. Kapitel
Adam Smith 140

25. Kapitel
Montesquieu 143

26. Kapitel
Voltaire 146

27. Kapitel
Jean-Jacques Rousseau 151

28. Kapitel
Immanuel Kant 158

29. Kapitel
Johann Gottlieb Fichte 172

30. Kapitel
Georg Wilhelm Friedrich Hegel 178

31. Kapitel
Friedrich Wilhelm Joseph Schelling 185

32. Kapitel
Arthur Schopenhauer 189

33. Kapitel
John Stuart Mill 194

34. Kapitel
Sören Kierkegaard 197

35. Kapitel
Karl Marx 201

36. Kapitel
Wilhelm Dilthey 209

37. Kapitel
Friedrich Nietzsche 212

38. Kapitel
Edmund Husserl 217

39. Kapitel
Henri Bergson 222

40. Kapitel
Bertrand Russell 225

41. Kapitel
Ludwig Wittgenstein 229

42. Kapitel
Martin Heidegger 235

43. Kapitel
Jean-Paul Sartre 242

44. Kapitel
Weitere Philosophen des 20. Jahrhunderts 247
  1. Theodor W. Adorno 247
  2. Max Horkheimer 247
  3. Hannah Arendt 249
  4. Ernst Bloch 250
  5. Rudolf Carnap 252
  6. Ernst Cassirer 253
  7. Jacques Derrida 255

8. John Dewey 257
9. Gottlob Frege 258
10. Hans-Georg Gadamer 259
11. Jürgen Habermas 261
12. Kurt Hübner 263
13. Karl Jaspers 267
14. Thomas Samuel Kuhn 270
15. Herbert Marcuse 272
16. Karl R. Popper 273

Epilog 277
Personenregister 278
Sachregister 281

Liebe Schülerinnen und Schüler, liebe Jugend!

Ein kluger Entschluss, sich der Philosophie zu widmen! Denn in der Tat: Wenn ihr ein bisschen weiser werden wollt – und wer will das nicht? –, seid ihr bei der Philosophie genau richtig. Warum? Nun, das Wort entstammt dem Griechischen und setzt sich zusammen aus philia = Liebe und sophia = Weisheit. Es geht also um die Liebe zur Weisheit.
Das sagt uns noch nichts, werdet ihr einwenden. Stimmt. Also werden wir etwas genauer. Es geht darum, was es heißt, Mensch zu sein, es geht um das Leben, um Gott und die Welt. Das soll genauer sein, höre ich euch jetzt seufzen. Auch richtig, noch immer sind wir kaum schlauer, denn offenbar geht es in der Philosophie ja wirklich um alles. Aber vielleicht helfen uns die folgenden vier Fragen weiter, denn sie beschreiben, worüber Philosophen nachdenken. Wir verdanken sie Immanuel Kant:
Erste Frage: Was kann ich wissen? Das bedeutet: Was können Menschen von der Welt erfahren? Und umgekehrt: Was wird uns immer als Geheimnis verborgen bleiben?
Zweite Frage: Was soll ich tun? Ganz einfach ausgedrückt: Wie verhält sich ein anständiger Mensch? Es geht also um Ethik beziehungsweise Moral.
Dritte Frage: Was darf ich hoffen, also: Was könnte für mich erreichbar sein? Und damit hängt zusammen: Wie schaffe ich es, glücklich zu sein oder zu werden?
Vierte Frage: Was ist der Mensch?
Wenn das keine interessanten Fragen sind! Wen sie allerdings kaltlassen, der sollte das Buch jetzt dennoch nicht zuklappen. Zwar klingen sie immer noch recht allgemein, aber ihr werdet sehen, dass sie uns weiterführen, ja, es ist geradezu unglaublich, welche spannenden, tiefen, aber auch so verschiedenen Antworten die großen Philosophen im Laufe der Geschichte geliefert haben. Ich hoffe, ihr seid einverstanden, dass wir uns dabei auf die abendländische Philosophie beschränken, also zum Beispiel die großen asiatischen Gedankengebäude auslassen. Ihr werdet schnell erkennen, dass uns auch ohne sie aufregender Stoff genug verbleibt. Zudem beschränken wir uns zunächst einmal auf die Klassiker der Philosophie. Die Strömungen der letzten Jahrzehnte

werden wir allenfalls streifen, denn hier stoßen wir noch auf einen bunten Gedankenpluralismus. Welche der jüngeren Philosophien sich einmal unsterblichen Ruhm erwerben wird, steht in den Sternen. Ich kann jedoch versprechen: Die Klassiker werden euch permanent zu Fragen inspirieren, ja provozieren, als da sind:
* Betrifft es uns, was die großen Geister da erdacht haben?
* Sind deren Aussagen auch heute noch aktuell?
* Finden wir uns in irgendeiner Weise in ihnen wieder?
* Erfahren wir etwas, das vielleicht sogar an der Prägung unserer Persönlichkeit teilhaben wird?

Ja, der berühmte Philosoph Johann Gottlieb Fichte meinte, dass man einen Menschen auch daran erkennen könne, welcher Philosophie er sich nahe fühlt. Und dass die Philosophie nicht irgendwo abgehoben herumschwebt, hat auch der deutsche Denker Wilhelm Dilthey sehr überzeugend ausgedrückt: »Jede wahre Philosophie muss aus ihren theoretischen Erkenntnissen Prinzipien der Lebensführung des einzelnen und der Leitung der Gesellschaft ableiten.«
Natürlich ist Philosophie ein schwieriges Thema. Doch keine Angst! Ich verspreche euch: Ich werde mich bemühen, alles so einfach wie möglich zu erklären. Der Zweck des Buchs würde verfehlt, wenn es über die philosophischen Anfangsgründe hinausginge, wobei allerdings schon diese einiges an Konzentration erfordern. Dass mancher mit solcherlei Beschränkung des Stoffs, vielleicht auch mit der Auswahl der Denker, nicht immer einverstanden sein wird, müssen wir hinnehmen. Denn mir geht es zunächst nur darum, euch an dieses aufregende Gebiet heranzuführen und mit den allerersten Grundlagen vertraut zu machen, denn zuallererst muss man wissen, was der betreffende Philosoph der Welt überhaupt zu sagen hatte. Um aber zum Mitdenken anzuregen, werde ich immer mal wieder Fragen an euch einstreuen. Ihr könnt dann ja später alles nach eurem individuellen Interesse vertiefen, was mich natürlich sehr freuen würde. »So einfach wie möglich« heißt aber nicht »Philosophie light«, wie sie heute oft angeboten wird. Es geht nicht um platte Alltagsphilosophie, vor allem nicht darum, den Eindruck zu erwecken, Philosophie sei gar nicht so schwierig. Das wäre ein Missverständnis. Die Materie ist nun einmal kompliziert.

Uns stehen verschiedene Wege für einen Einstieg in die Philosophie offen. So könnte man zum Beispiel nach Begriffen gliedern, etwa wie Sein, Wissen, Idealismus, Identität, Wahrheit, Ethik oder transzendental. Ich glaube jedoch, dass es euch einen fruchtbareren und kurzweiligeren Zugang verschafft, wenn wir uns mit den großen Denkern der historischen Reihe nach befassen und auf diese Weise erfahren, wie sich chronologisch und meist auch organisch eins aus dem anderen entwickelt hat.

Aber jetzt geht's los. Reisen wir gemeinsam ins faszinierende Reich der Philosophie!

1. Kapitel
DIE ANTIKE GÖTTERWELT

1. Was hat der Dichter Homer mit der Philosophie zu tun?

Ihr erinnert euch an die Einleitung: Es geht bei der Philosophie um das Leben, um Gott und die Welt, das heißt vor allem, wie die Menschen ihre Welt und sich in dieser Welt betrachten. Und wir werden sehen: Diese Sicht hat sich in der Geschichte immer wieder gewandelt. Wie solcher Wandel geschehen konnte, fragt ihr? Schon stoßen wir auf das erste Geheimnis, das wir niemals lüften werden, denn die Gesetze dieses Wandels kennen wir nicht. Das können wir schon daran ablesen, dass sich die Zukunft niemals sicher voraussagen lässt. Ist es dann vielleicht eine unfassbar große Macht, die die Geschicke der Welt lenkt? Ist es Gott? Wir haben zwar das Gefühl, selbst darüber zu bestimmen, was wir tun, aber finden wir uns nicht doch immer wieder in einer Situation, in der wir spüren, im wahrsten Sinne des Wortes machtlos zu sein, wo also etwas geschieht, das wir nicht ändern können, auf das wir keinen Einfluss haben? Und ist es für uns unvollkommene Menschen nicht vielleicht sogar beruhigend, an eine uns grenzenlos überlegene Macht zu glauben, die das Heft in der Hand hat, eine Macht, die das Ganze überblickt und weiß, warum sie diese Welt so und nicht anders geschaffen hat?

Damit sind wir in einer Epoche gelandet, in der es für die Menschen nicht den geringsten Zweifel gab, dass alles göttlich gelenkt ist, allerdings nicht von einem einzigen Gott, sondern einer ganzen Götterwelt: der Antike. Vermutlich habt ihr das eine oder andere schon gehört, zum Beispiel vom Trojanischen Krieg, den der griechische Dichter Homer so wunderbar beschreibt. Lassen wir die Streitfragen darüber außer Acht, wann und ob dieser Krieg überhaupt stattgefunden (wenn, dann so ungefähr 1200 v. Chr.) und wann und ob Homer je gelebt hat (man meint, so etwa um 800 v. Chr.). Für uns ist entscheidend, welches Bild Homer in den ihm zugerechneten Werken Ilias und Odyssee von jenem Krieg und den Folgejahren zeichnet, denn es ist der sichtbarste Ausdruck des Denkens und Fühlens der Menschen in der Antike. Sie umfasst das Land der Griechen und das Römische Reich in der Zeit von etwa 800 v. bis 600 n. Chr.

Was ist nun das Besondere dieser Epoche? Es wird deutlich, wenn wir wissen, worum es in diesem Krieg ging. Paris, der Sohn des trojanischen Königs Priamos, hatte Helena, die wunderschöne Frau des Menelaos, dem König von Sparta, geraubt. Unter der Führung des Agamemnon, des Herrschers von Mykene, wollten die vereinten Griechen diese Tat rächen. Sie zogen nach dem an der kleinasiatischen Küste gelegenen Troja, vermochten jedoch die gut befestigte Stadt zehn Jahre lang nicht zu erobern. Erst eine List verschaffte ihnen am Ende den Sieg. Sie bauten ein riesiges hölzernes Pferd, in dem sich ihre tapfersten Krieger versteckten. Die Trojaner glaubten, die Griechen seien abgezogen, und holten das Pferd in ihre Stadt. Dann feierten sie mit Unmengen von Wein ihren vermeintlichen Sieg. Nachts jedoch, als die Trojaner berauscht in den Schlaf gefallen waren, verließen die griechischen Kämpfer das Pferd und öffneten von innen die Stadttore. Alle griechischen Streiter konnten so in die Stadt gelangen, wo sie die Trojaner überwältigten.

Nun ganz wichtig: Homer erzählt die Geschichte so, dass der Trojanische Krieg letztlich ein Kampf zwischen den Göttern war. Hera, Frau des Göttervaters Zeus, und Athene, seine Tochter, standen auf der Seite der Griechen, Apoll, Sohn des Zeus und seiner Geliebten Leto, sowie Aphrodite, die Göttin der Liebe und Schönheit, stritten für die Trojaner. Zeus selbst übte sich in Zurückhaltung. Wann immer nun einer der kämpfenden Helden starb, war das ein Erfolg des auf der gegnerischen Seite stehenden Gottes oder einer Göttin. So betäubte Apoll den Griechen Patroklos, der sodann vom Trojaner Hektor getötet wurde, Achill tötet Hektor, Paris tötet Achill, und es ist Philoktetis, der nach göttlichem Willen das Ende von Paris besiegelt. Der letzte entscheidende Impuls kommt von Athene, denn sie ist es, die dem griechischen Helden Odysseus die Idee mit dem Pferd einpflanzt.

Warum nun ist die Erzählung Homers gerade in einem Buch, das Philosophie für Anfänger und Laien erklären möchte, so bedeutungsvoll? Weil es um das Verstehen und die Deutung von **Wirklichkeit** geht, und das ist ein Thema der

Philosophie. Homer erzählt nämlich keine Märchen, sondern er beschreibt die Wirklichkeit so, wie sie damals ganz allgemein erlebt wurde: Alles, was auf der Erde geschieht, ist auf göttlichen Willen zurückzuführen. Die Erde ist gleichsam der Schauplatz, auf dem sich der Götter Macht entfaltet. Es sich anders vorzustellen, war damals außerhalb des menschlichen Horizonts. Ihr seht schon: Wie sehr unterscheidet sich dies doch von unserem gegenwärtigen Weltbild! Das müssen wir nun etwas näher betrachten.

2. Das wissenschaftliche Weltbild

Wir leben heute im **Wissenschaftszeitalter**. Das bedeutet nicht nur, dass umfassend geforscht wird und wir überall auf Produkte von Wissenschaft und Technik stoßen. Zudem glauben die meisten, objektive Wahrheiten könne nur die Wissenschaft, allen voran die Naturwissenschaft, liefern. Was also nicht wissenschaftlich belegt ist, könne nicht als wahr gelten. Mit diesem Absolutheitsanspruch wird zugleich die Erlebniswelt der Antike, also die gänzliche Durchdringung des Irdischen durch das Göttliche, als bloßer Schein, als Einbildung oder eben gar als Märchen eingestuft. Es heißt, die Menschen früherer Epochen hätten sich nur etwas vorgemacht.

Doch welch ein Irrtum! Es ist das Verdienst vor allem des deutschen Philosophen Kurt Hübner, die Wissenschaften gleichsam entzaubert zu haben. Wie ist seine Begründung? Wissenschaft ist ein Denk- und Erfahrungssystem (philosophischer ausgedrückt: eine Ontologie), in dem wir uns orientieren, das uns die Strukturen unseres Seins liefert, sozusagen der vorgegebene Rahmen, der unser Denken und Fühlen ermöglicht und auch begrenzt. Grundlage hierfür sind die Naturgesetze, also Gesetze, die (vor allem in der Natur) beobachtbare Ereignisse und deren notwendige Regelmäßigkeit erklären, vorhersagen und von den Menschen nicht einfach außer Kraft gesetzt werden können. Aber, so Hübner, diese Naturgesetze seien nun nicht ewig gültig, nicht von überzeitlicher Vernunft, vielmehr wandelten sie sich. Wie kann das aber sein? Ist es nicht das Wesen eines Naturgesetzes, letzte, nicht mehr infrage zu stellende Wahrheiten zu liefern? Nein, sagt Hübner, die Wissenschaftsgeschichte zeige, dass sich wissenschaftliche Erkenntnis immer wieder ändere, und zwar weil die Naturgesetze im Laufe der Geschichte immer wieder auf neue Grundannahmen gestützt worden seien. Er nennt sie **apriorische Festsetzungen** (a priori = von der Erfahrung unabhängig, durch rein vernunftgemäßes Schließen gewonnen). Und mit der neuen Festsetzung ändere sich auch das Naturgesetz.

Hier drei **Beispiele**, damit man wenigstens eine Ahnung davon bekommt, was mit diesen apriorischen Festsetzungen gemeint ist:

1. Bei Descartes, dem französischen Philosophen, zu dem wir noch zurückkommen werden, ist es die Vernunftidee der Renaissance (also die Konzentration auf naturwissenschaftliche Fragen und Methoden) primär im Geiste der **Mathematik**.
2. Newtons Physik (der Engländer gilt als einer der größten Wissenschaftler aller Zeiten) basiert auf der Idee des **absoluten Raums**. Ein solcher ist ganz unabhängig sowohl vom Standpunkt des Betrachters als auch von den im Raum befindlichen Gegenständen und den in ihm stattfindenden Vorgängen.
3. Einsteins Ausgangspunkt schließlich ist seine Vorstellung von der göttlich geschaffenen **Harmonie der Natur**.

Das also sind die Fundamente der naturwissenschaftlichen Gesetze der drei Genannten, die, weil jeweils neu, das Bild von der Welt verändert haben.

Das mag jetzt etwas schwierig klingen, aber so viel sollte man wenigstens verinnerlichen: Zwar wurden die jeweiligen Naturgesetze aus tiefgründiger Vernunft geboren, von absoluter Geltung sind sie jedoch nicht. Wir finden diese Gesetze nicht in der Natur vor, sie basieren also nicht auf letztgültiger (!) Erfahrung, sondern wir tragen sie in gewisser Hinsicht an die Natur heran.

Die Konsequenzen dieser sogenannten wissenschaftstheoretischen Philosophie sind gewaltig. Die Wissenschaft ist, so viel Segensreiches sie uns auch beschert, keine neue Göttin, die alles weiß, die für objektive, unveränderliche Wahrheiten steht. Ihre Erkenntnis ist immer nur bedingt, das heißt abhängig von einem Naturgesetz, das sich jedoch wandelt, womit sich auch wieder die Erkenntnis ändert.

Mindestens ebenso wichtig ist eine zweite Konsequenz dieser Philosophie: Da immer nur bedingt, ist die Wissenschaft keine allerhöchste Instanz, die allen anderen Deutungen der Wirklichkeit überlegen wäre. Das ist sie nur auf ihrem ureigenen Feld. Die wissenschaftliche Brille ist nur eine, durch die wir die Welt betrachten können. Tun wir das, dann sehen wir die Wirklichkeit eben mit wissenschaftlichen Augen. Das heißt: Wir unterscheiden zwischen dem Betrachter und dem von ihm angeschauten Gegenstand (Subjekt-Objekt), wir zerlegen den Gegenstand atomistisch, wie es Chemiker tun, unsere Raum- und Zeitvorstellungen entspringen der Physik. Und: Das Göttliche ist ausgeblendet.

3. Suche nach anderen Brillen

Wie sonst als wissenschaftlich kann man denn aber die Wirklichkeit erleben? Da brauchen wir nur in die Antike zurückzublenden. Ihre Brille war die des – und jetzt kommt ein wichtiger Begriff – **Mythos**. Dabei handelt es sich hier nicht um den legendären Charakter einer Person (Beispiel Marlene Dietrich), sondern wie bei der Wissenschaft um ein **Denk- und Erfahrungssystem**, das wir zudem von der Geschichten erzählenden Mythologie unterscheiden müssen. Damit ihr es versteht, müssen wir nun klären, was mythische Erfahrung im vorgenannten Sinne für das praktische Leben, zum Beispiel im Trojanischen Krieg, bedeutete. Der Mensch sah sich zum einen in einer engen Beziehung zum geschauten Gegenstand, zum anderen in einem überzeitlichen Lebenszusammenhang, der sowohl das Vergangene als auch die Zukunft in den Blick nimmt. Man gab dem Berg einen Namen und betrachtete ihn als Gestalt, ja als einen Teil vom Betrachter selbst. Betrachtendes Subjekt und geschautes Objekt verschmolzen miteinander. Und der Berg wurde in einen geschichtlichen Zusammenhang gestellt, wie es der Mensch mit sich selbst auch tat, wenn er sich als Glied einer langen Ahnenkette verstand, fern jeder atomistischen, alles voneinander trennenden Deutung.
Doch damit nicht genug: Der Berg war kein toter Steinhaufen, bestehend aus verschiedenen chemischen Stoffen, sondern von Göttlichem beseelt, wie die ganze übrige Natur auch. Alles lebte. Man kann einen Sonnenaufgang wissenschaftlich erklären, aber eben auch, wie es der Mensch der Antike tat, als Wirken der Göttin Eos, an deren unmittelbarer Anwesenheit niemand zweifelte. Den heutigen wissenschaftlichen Naturgesetzen entsprachen im Mythos sogenannte **Ursprungsgeschichten** (griechischer Plural: **Archai**). Ein Beispiel:

Hades, Gott der Unterwelt, entführte Persephone, die Tochter des Zeus, um sie zu ehelichen. Das gab einen Riesenkrach, vor allem mit ihrer Mutter Demeter. Er endete mit einem Kompromiss: Im Winter regierte sie in der Unterwelt, im Sommer durfte sie auf die Erde. Solange sie in der Unterwelt verbleiben musste, herrschte Winter. Jedes Mal, wenn sie auf die Erde zurückkehrte, kam der Frühling. Dieses Ereignis vermochten die Griechen nicht vom Erscheinen der Göttin zu trennen. Und wichtig: Es kam *der* Frühling, nicht ein Frühling. Unser wissenschaftliches Zeitverständnis ist vorrangig linear, die Zeit fließt ewig dahin. Das Zeitbild des Mythos dagegen ist ein heiliges, weil auch zyklisches, denn der Frühling kehrt immer wieder als derselbe Frühling und immer aufgrund derselben Arché.

Kommen wir noch einmal zurück auf den Begriff »beseelt«. Das bezieht sich zum einen auf das Wirken der Götter im Menschen, so wie wir es beim Trojanischen Krieg kennengelernt haben. Aber es geht dabei um noch mehr. Der Mythos kennt nicht, wie Hübner uns lehrt, die Trennung von Materiellem (die Gegenstände) und Geistig-Ideellem. Nicht nur Menschen und Natur können beseelt sein, sondern auch Sachen.

Hübner nennt die Rüstung Achills, um zu zeigen, was unter **mythischer Substanz** (also göttlichem Geist) in den Dingen zu verstehen ist. Achills Vater Peleus hatte die Rüstung von den Göttern zur Hochzeit geschenkt bekommen, eine Rüstung, die für einen Helden bestimmt war und besonderen Schutz bot. Patroklos leiht sie sich aus, Hektor erbeutet sie und am Ende gewinnt Achill sie zurück. Sie war so begehrt, weil man an die göttliche Kraft, sprich: die mythische Substanz, in ihr glaubte.

Behaupten wir bitte nicht, dass uns als Kindern des Wissenschaftszeitalters solches Denken fremd ist! Die Einheit von Materiellem und Ideellem kennen auch wir durchaus. Erleben wir einen Sonnenuntergang wirklich primär als physikalisches Phänomen? Ist für uns ein Weltmeisterpokal nur ein Stück Metall? Haben wir nicht auch heute noch ein Gespür für heilige Orte, also für den besonderen Geist, der sie durchweht? Fühlen wir uns nicht mit unseren Vorfahren seelisch verbunden und zugleich verantwortlich für die, die nach uns kommen? Sehen wir unsere Nation wirklich nur als eine lose Ansammlung von Individuen? Gibt es da kein durch die gemeinsame Geschichte und Kultur geprägtes Gefühl der Zusammengehörigkeit? Ich meine, die Fragen beantworten sich von selbst.

Die entscheidende Einsicht, die wir hier gewinnen müssen, ist die, dass die eine Wirklichkeitsbetrachtung (die der Wissenschaft) der anderen (dem Mythos) nicht überlegen ist. Beide sind vernünftig, beide ergänzen sich. Und es kommt noch eine dritte hinzu: das Trio **Musik, Literatur, bildende Kunst**. Alle drei ahmen die Wirklichkeit nicht nur nach oder sind nur willkürliche Produkte der Fantasie, sondern sie schaffen die Wirklichkeit mit, jede auf ihre eigene Weise. Ich kann einen Berg malen, eine Symphonie über ihn komponieren oder ihm ein Gedicht widmen. Alle drei Wirklichkeitsdeutungen vermitteln bestimmte Aspekte des Berges, helfen also, Aussagen über den Berg, gleichsam über die »Bergheit« zu machen. Jede für sich beschreibt nur einen Teil, steht nicht für den ganzen Berg.

Fazit: Die Wirklichkeit ist **aspektisch**, verschiedene Betrachtungsweisen sind also möglich. Man kann die Wirklichkeit, was heute im Vordergrund steht, wissenschaftlich erklären. Aber wir haben gesehen, dass wir nach wie vor vieles mythisch erleben, das Denk- und Erfahrungssystem der Antike ist also keineswegs gänzlich verschwunden. Und schließlich gewähren uns Kunst, Musik und Literatur wieder andere Einblicke in die Schöpfung. Die eine Deutung ist für dies, die andere für das zuständig. Erst alle Deutungen zusammen liefern das ganze Bild der für uns erfahrbaren Wirklichkeit.

2. Kapitel
DIE VORSOKRATIKER

1. Thales (624–546 v. Chr.)

Zwischen dem 7. und 4. Jahrhundert v. Chr. passiert etwas Unglaubliches: der Angriff auf die (homerische) Götterwelt. Zumindest beginnt man, an ihr zu nagen. Den Anfang machen die sogenannten **Vorsokratiker**. Was bedeutet der Name? Sokrates, ein Grieche, von dem wir noch hören werden, ist einer der bedeutendsten Philosophen der Geschichte. Und Vorsokratiker sind nun die großen, ebenfalls griechischen Denker, die vor Sokrates wirkten. So verschieden sie sind, in ihrer Ausgangsfrage stimmen sie weitgehend überein. Und diese Frage hat es wirklich in sich. Warum? Weil sie am Ende zur Zerstörung der antiken Götterwelt führte. Das werden die Vorsokratiker nicht gewollt haben, denn was sie antrieb, war die blanke Neugier. Aber sie haben einen unumkehrbaren Prozess angestoßen.

Die besagte Frage lautet: »Was ist die **Ursubstanz** des Kosmos, was also sein Ursprung?« Als Erster hat die Frage einer gestellt, den wir alle aus dem Mathematikunterricht kennen: Thales von Milet. Und auf diese Frage muss man in einer Zeit, in der alles auf göttliches Wollen und Wirken zurückgeführt wurde, erst einmal kommen! Aber nun war sie gestellt, und Thales hatte auch eine Antwort. Es heißt, er als Kenner der Geometrie und Astronomie habe die Sonnenfinsternis von 585 v. Chr. vorausgesagt. Das habe ihn zu dem Schluss geführt, alles in der Welt müsse eine natürliche Ursache besitzen. Denken und Beobachten: Darum geht es jetzt. Und seine These? Urstoff ist das **Wasser**! Wahrlich keine naive Antwort, denn 2500 Jahre später wurde sie auch noch gegeben. Laut Thales lässt sich nur aus Wasser alles andere formen. Es existiere fest, flüssig oder auch gasförmig, vor allem seien Leben und Wandel ohne Wasser nicht möglich. Außerdem grenze jede Landmasse am Ende an Wasser, die Erde müsse daher aus ihm entstanden sein, auf dem sie ja auch schwimme. Zwar ist das Wasser für Thales noch etwas von Göttlichem Beseeltes, aber er versucht nun, den Kosmos mit der Vernunft zu durchdringen und in der Natur durch systematisches Denken ein allgemeingültiges Prinzip zu entdecken. Er meint: Das, woraus alles werde, sei der **Urgrund**, das Prinzip von allem Seienden oder, mit Goethe gesprochen, das, was die Welt im Innersten zusammenhält. Für Thales, wie gesagt, das Wasser. Wir können festhalten: Thales liefert uns die erste Spur des abendländisch-wissenschaftlichen Denkens. Eine unfassbare geistige Revolution!

2. Anaximander (610–ca. 547 v. Chr.)

Der Stein war ins Rollen gebracht. Das mit dem Urstoff leuchtete anderen Denkern ein, jedoch konnten sie sich mit Wasser als Seinsgrund nicht anfreunden. Was sonst könnte es noch sein – nun primär naturwissenschaftlich, nicht religiös gedacht? Wenn nicht das Wasser, vielleicht das Feuer oder die Luft? Nein, meinte Anaximander, der etwas jünger als Thales war und mit ihm persönlich bekannt. Wäre eines dieser Elemente der Urstoff, dann hätte es alle anderen besiegt, es gäbe sie gar nicht mehr. Der Urstoff könne daher nur von neutraler Natur sein. Anaximander meinte damit eine Kraft, die für **Gerechtigkeit** zwischen den Elementen sorge. Ja, er sprach tatsächlich von Gerechtigkeit, ein Begriff, den wir heute eher nicht in einen kosmischen Zusammenhang stellen würden. Und diese Gerechtigkeit ist für Anaximander nicht etwa ein personifizierter Gott. Nein, er, der auch die erste Erdkarte fertigte und einen Himmelsglobus konstruierte, bleibt ganz denkender Naturwissenschaftler. Für ihn ist dieser notwendig neutrale Urstoff das sogenannte **Apeiron**, was wörtlich übersetzt bedeutet: keine Grenze, kein Anfang und kein Ende, mithin das Unendliche. Vollkommen neutral lenke und überwache dieser Urstoff den Kampf der Elemente, aus deren ewiger Bewegung und Verwandlung heraus alles geschaffen worden sei.

3. Anaximenes (575–525 v. Chr.)

Aber erscheinen die Gedanken des Anaximander nicht recht spekulativ? Ein solcher Urstoff ist doch nur schwer vorstellbar, weil nicht nur unendlich, sondern auch qualitativ unbestimmt. Da wurden die Ideen des dritten Milesiers, Anaximenes, schon wieder etwas konkreter. Für ihn ist **Luft** der alles begründende, bei gleichmäßiger Verteilung unsichtbare Urstoff. Und wie entwickeln sich daraus andere Elemente? Anaximenes meint, durch verdünnte Luft entstehe Feuer. Werde sie dagegen verdichtet: Wasser, bei weiterer Verdichtung: Schlamm und dann Stein. Aus dem ursprünglich unbestimmten Urstoff entstehe also jeweils bestimmte, zugleich begrenzte Materie. Die Erde, eine runde Scheibe, schwimme auf der Luft und werde von Gestirnen umkreist. Der Urstoff Luft ist für Anaximenes nicht nur lebensnotwendig, sondern bildet auch die Seele des Menschen. Alles atme: der Mensch und die Welt.

Wir können festhalten, was die bisher besprochenen Vorsokratiker, diese ersten Naturphilosophen, eint: Aus Nichts könne nichts entstehen. Es müsse einen Anfang geben, ein Seiendes vor dem Seienden. Deshalb ihre Suche nach einem Urstoff.

4. Pythagoras (570–495 v. Chr.)

Aber wir sind mit den Vorsokratikern noch nicht fertig. Lässt sich der Anfang der Welt auch noch anders erklären als bisher geschildert? Wie wäre es, wenn man weniger auf die Substanz als auf die **Form** abstellen würde? Das geschah in der Tat, und zwar durch den Mann, den wir alle von der Formel $a^2 + b^2 = c^2$ kennen: Pythagoras. Bei ihm stoßen wir auf eine enge Verbindung zwischen Religiosität und Vernunft. Inwiefern? »Die Zahl ist das Wesen aller Dinge«, also auch der Ursprung von allem. In **Geometrie** und **Mathematik** fand er die wissenschaftliche Strenge, die er für die exakte Erfassung der göttlich offenbarten, ewigen Wahrheiten gesucht hatte, mehr als in Feuer, Wasser und diesen Dingen. Vernunftgestützte Mathematik sei sinnlicher Wahrnehmung überlegen. Alles Wirkliche, der gesamte Kosmos und alles in ihm, verfüge über mathematische, also in Zahlenverhältnissen ausdrückbare Strukturen, alles sei irgendwie Maß und Proportion, also berechenbar. Und diese Zahlenverhältnisse seien geordnet, worin die Harmonie der Welt erkennbar sei (die später auch Einstein unterstellte). Urstoff und daraus weiter entstehende Materie sind in einer auf solche Weise mathematisch beschriebenen Welt – im Gegensatz zu den Vorstellungen Anaximanders – folglich auch nicht unendlich, sondern begrenzt.

Doch dabei machte Pythagoras, der übrigens, das sei am Rande erwähnt, an die Reinkarnation, also die Seelenwanderung glaubte (man denkt dabei natürlich spontan an die Parallelen zum Hinduismus und Buddhismus) nicht halt. Mathematische Zusammenhänge entdeckte er auch in Kunst und Architektur (»**Goldener Schnitt**«) sowie in der Musik, wo das Zahlenverhältnis der Tonschwingungen über angenehme und unangenehme Harmonien entscheide. Schöne Musik spiegele die Harmonie des Kosmos wider, ja, dieser sei einem riesigen Musikinstrument vergleichbar. Wir können bei Pythagoras durchaus von einer Zahlenmystik sprechen, denn er kannte sogenannte »befreundete« Zahlen, unterschied männliche (ungerade) von weiblichen (geraden), sogar gute (die 10 war heilig) von bösen Zahlen und leitete aus der Vorstellung von der mathematisch erklärbaren, harmonischen Welt seine **Sittenlehre** ab. Zahlen und Tugend – ist das nicht eine aufregende Kombination?

Nicht minder aufregend ist, wie das beeindruckende Gedankengebäude des Pythagoras später teilweise einstürzte. Man stellte nämlich fest, dass nicht jede Beziehung im Raum durch ganze Zahlen ausgedrückt werden kann, so zum Beispiel das Verhältnis der Diagonale zur Seite des Quadrats. Das soll der Bedeutung dieses großen Philosophen aber keinen Abbruch tun. Irrtümer und Widerlegungen werden wir im Laufe der Philosophiegeschichte noch zuhauf kennenlernen.

5. Heraklit (535–475 v. Chr.)

Auch vom nächsten Philosophen habt ihr vielleicht schon gehört: Heraklit. »Alles fließt« – das ist sein berühmtester Satz. Was meint er damit? Wie bei den Milesiern (Thales u. a.) geht es wieder um den Anfang, den Ursprung der Welt. Für Heraklit, den Begründer der Ionischen Schule, ist es das **Feuer**, das wärmende, Licht spendende und als Flamme alles verwandelnde Element. Wir dürfen dieses Feuer aber nicht rein materiell (so wie wir es erleben) verstehen, sondern Heraklit setzt es gleich mit dem Begriff **Logos**, der in der Philosophiegeschichte zentrale Bedeutung erlangen sollte. Logos steht für »Logik«, »Vernunft«, »Sprache«, »Gesetz«. Aber was ist dann die Aufgabe des Logos, des Feuers? Es sorgt für ein vernünftiges Gleichgewicht (Anaximander würde es vielleicht »Gerechtigkeit« nennen). Nur wozwischen? Die Welt, so Heraklit, sei voller Gegensätze, ja, jedes Ding trage den Gegensatz in sich und könne überhaupt nur aufgrund seiner Gegensätzlichkeit existent werden. Leben-Tod, klein-groß, heiß-kalt, Sommer-Winter, gut-böse. Aber inwiefern trägt denn alles den Gegensatz in sich selbst? Denken wir an eine Ameise. Sie ist nicht nur klein, sondern auch groß, nämlich im Vergleich zu Bakterien. Genauso lassen sich die Begriffe »heiß« oder »böse« nicht ohne Wissen um das jeweilige Gegenteil denken. Alles ist also immer beides: das eine und sein mitgedachter Gegensatz, ohne den wir uns vom Wesen eines Dinges keine Vorstellung machen können, denn der Begriff »klein« zum Beispiel besagt noch gar nichts, wie das Ameisenbeispiel zeigt. Klein und groß sind letztlich eins.

Mit dem Wissen um die Gegensätze verstehen wir aber noch nicht, warum nach Heraklit alles fließen soll. Da müssen wir auf einen zweiten berühmten Satz von ihm zurückgreifen: »*Der Streit ist der Vater aller Dinge*«, woraus später auch gebildet wurde: »Der Krieg ist der Vater aller Dinge.« Wir müssen nun unterscheiden: Da ist zum einen dieses schon immer existierende Ur-Feuer (kosmisches Ur-Gesetz, Ur-Logos), das göttliche Geistesfeuer (Heraklit spricht ausdrücklich von »Gott« in der Einzahl – und das in der antiken Götterwelt!). Man nennt dieses Ur-Feuer auch das »*Eine*«. Es ist fest, unveränderlich, ewig. Ganz anders die aus diesem »Einen« erwachsende »Vielheit« aller der uns in der Welt umgebenden konkreten Dinge.

Warum nun aber soll ausgerechnet der Streit Vater aller Dinge sein? Es sind nach Heraklit die Gegensätze, die nicht nur das Entstehen der unzähligen einzelnen Dinge in der Welt bewirken, sondern auch deren ständigen Wandel, denn die Gegensätze befänden sich permanent im Kampf miteinander, mit der Folge immerwährender Veränderung. Wie anders noch Thales und Anaximenes, für die der Urstoff unwandelbar war. »Alles fließt« bedeutet nach Heraklit also: kein festes Sein, sondern nur ewiges Werden. Der durch den Kampf der Gegensätze ständig bewirkte Wandel gehört folglich zum Wesenskern, zum Sein aller Dinge (das »Eine«, also das Ewige in der Vielheit). Es gibt kein Beharren, der Wandel ist das einzig Beständige. Heraklits anschauliches Bild hierzu: Man könne nicht zweimal in denselben Fluss steigen. Wir seien beim zweiten Hineinsteigen nicht mehr die Gleichen, und auch neues Wasser sei inzwischen herangeströmt. So gesehen sei alles in der Welt immer in Bewegung, ein ewiger, dynamischer Prozess, scheinbar nicht geordnet, doch von großer innerer Logik, getragen von einer kosmischen Vernunft, aus der sich auch das Sittengesetz ableite. Hegel und Marx, Philosophen, die zweieinhalb Jahrtausende später über unser Dasein grübeln, lassen grüßen. Aber zu ihnen kommen wir noch.

6. Xenophanes (570–480 v. Chr.)

Er sei nur kurz erwähnt, aber wir wollen ihn nicht unterschlagen, und zwar aus zwei Gründen. Zum einen war er wohl wichtiger Lehrer und Ideenlieferant für den nächsten Philosophen, um den wir uns kümmern müssen. Zum anderen ragt auch er wahrlich kühn aus seinem Zeitalter heraus, weil er nur an einen Gott glaubt. Zugleich betont er, Menschen könnten niemals ergründen, wie dessen Wesen beschaffen sei. Gewiss sei aber: Er besitze nicht die unvollkommenen menschlichen Eigenschaften der griechischen Götter, vor allem sei er eine Kraft, die allgegenwärtig alles beherrsche. Der eine oder andere Leser wird jetzt vielleicht meinen, das komme doch den Gottesbildern etwa des Christentums, des Islam oder des Judentums recht nahe, aber so personal war das Gottesbild jenes Philosophen nicht, sondern Xenophanes hatte vom Göttlichen eher pantheistische Vorstellungen, das heißt: Gott ist in allem, ja, er ist mit der Welt identisch. Eine kühne Sicht zu damaliger Zeit.

7. Parmenides (540–470 v. Chr.)

Erinnern wir uns zunächst an Heraklit: »Alles fließt«, meinte er. Die Gegensätze stünden in ständigem Kampf miteinander, und das bewirke einen ewigen Wandel. Nein, sagt nun Parmenides, das komme den Menschen nur so vor, sei jedoch Irrtum und Schein, also nur subjektive Meinung (griech. doxa), nicht dagegen Wahrheit. Alles, was in der Welt real existiere, unterliege gerade nicht dem Wandel, sondern das eine Seiende habe es – ungeschaffen –

schon immer so gegeben und verändere sich in Ewigkeit nicht. Wenn man die Welt als ständigen Wandel erlebe, so sei das wie gesagt eine Täuschung. Man dürfe die Wirklichkeit nicht nach dem beurteilen, was man mit seinen Sinnen (Augen, Ohr etc.) erfahre (diese seien unzuverlässig), sondern das wahre Wesen der Wirklichkeit erschließe sich nur durch logisches Denken, also die **Vernunft**. Dieses Ringen zwischen sinnlicher Erfahrung und Vernunft wird die Philosophie noch zwei Jahrtausende später beschäftigen. Und wie lautet nun die auf Vernunft gestützte Logik des Parmenides? Er sagt, Denken und Sein sind identisch. Das heißt: Man kann nur etwas denken, das auch wirklich ist. Oder anders ausgedrückt: Unser Gedanke und das, worüber wir denken, sind dasselbe. Und noch etwas klarer: Man kann gar nicht denken, ohne dass da etwas ist, das heißt existiert, ein Seinsgegenstand also, auf den sich unser Denken bezieht. Das bedeutet für Parmenides umgekehrt: Ein Nichtexistentes, ein Nichts gebe es nicht. Und warum nicht? Der Mensch könne solches beim besten Willen nicht denken.

Nun müssen wir noch klären, warum sich Parmenides damit so total zu Heraklit in Widerspruch begibt. Parmenides meint, dass der Wandel und das Werden im Sinne Heraklits unmöglich seien. Die Begründung: Wird etwas, war es vorher nicht, und war etwas zunächst und vergeht dann, wird es zu Nicht(-mehr)-Seiendem. Weil aber das Nichts beziehungsweise das Nichtsein nicht gedacht werden kann und daher wie oben erwähnt nicht existiert, muss zum einen alles irgendwie schon immer bestanden haben, zum anderen kann es nicht ins Nichts verfallen, vielmehr wird es ewigen, unwandelbaren Bestand besitzen. Eine wirklich merkwürdige Betrachtung der Welt! Aristoteles wird sich später der Beziehung von Sein und Nicht-Sein annehmen und dem Wandel, der für uns ja selbstverständlich ist, eine legitime philosophische Grundlage verschaffen.

8. Empedokles (492–432 v. Chr.)

Es bleibt spannend. Ich erinnere: Wir sind immer noch bei den Vorsokratikern und der Frage: »Wie funktioniert die Welt?« Wir kommen jetzt zu einem weiteren höchst interessanten Mann, nämlich Empedokles. Was war er nicht alles: Philosoph, Wissenschaftler, Prophet, Politiker, Arzt, Priester und Dichter. Und damit nicht genug: Er nahm an, ein Gott zu sein. Aber er fühlte sich doch noch so sehr als irdisch-begrenztes Wesen, dass er die Musen um Erkenntnis anflehte, meinte also, um zur Wahrheit über die Welt zu gelangen, göttlicher Offenbarung zu bedürfen.

Über Urstoffe haben wir bei den anderen Philosophen ja schon einiges gehört. Empedokles liefert dazu nun eine neue Variante. Seine Ursubstanzen (sog. »*Wurzeln des Seins*«) sind **Feuer**, **Wasser**, **Luft** und **Erde**. Er nannte sie nicht »Elemente«, aber ihre Bedeutung kommt unserer Vorstellung von ihnen doch nahe. Diese Bausteine der Natur sind für Empedokles ungeschaffen, also schon immer existent und unveränderlich. Aber wie entstand nun nach ihm die Welt mit allem, was dazugehört? Werden und Vergehen fänden durch Mischung, Austausch und Trennung kleinster Teilchen dieser vier »Elemente« statt. Sie träten immer wieder in den unterschiedlichsten Zusammensetzungen auf und erzeugten so die Stoffe, die wir vorfänden, ein Bild, das sich viele Jahrhunderte in der Wissenschaft hielt. Auf die Anteile also komme es an. Ein Beispiel: Knochen verfügten über ein Mischungsverhältnis von 4:2:2 Teilen Feuer, Wasser und Erde.

Aber wer oder was ist es, das über die Mischung bestimmt? Es sind die beiden kosmischen Kräfte **Liebe** und **Hass**. Die Wirkung der Liebe ist anziehend und vereinigend, die des Hasses abstoßend und trennend, und das im ewigen periodischen Kreislauf. Den stellt sich Empedokles wie folgt vor: Die Welt ist eine göttliche Kugel (sphairos). In ihr herrschen Liebe und vollkommene Harmonie der »Elemente«. Empedokles nennt diesen Zustand das »Goldene Zeitalter«. Die Welten und das Leben entstehen dann erst in der nächsten Stufe mit dem Eindringen des Hasses, das heißt, aus dem nichts gebärenden, homogenen All-Einen entwickelt sich durch den Konflikt zwischen Liebe und Hass die Vielheit. Und dies ist nach Empedokles unsere Gegenwart. Die Phase des Werdens und Entstehens endet, wenn sich der Hass der Kugel gänzlich bemächtigt hat. Dann herrscht das unfruchtbare Chaos. Erst wenn sich die Liebe wieder einen Platz verschafft und mit dem Hass ein erneutes Ringen beginnt, wiederholt sich der Prozess des Werdens, der schließlich wieder in ein Goldenes Zeitalter der Einheit und Harmonie mündet. Und dann geht das Ganze von vorne los.

Findet ihr nicht auch, dass dies alles äußerst spekulativ klingt? Für uns liegt der Gedanke an einen Schöpfergott oder eine rein naturwissenschaftliche Deutung des Weltentstehens sicher näher. Aber es geht in diesem Buch ja nicht darum, alles zu glauben, was die großen Philosophen schon gedacht haben, sondern wenigstens davon zu erfahren.

9. Demokrit (460–370 v. Chr.)

Man nennt ihn den »lachenden Philosophen«, weil er von unverwirrter, heiterer Seele und ein gelassener, genügsamer Mensch war. Aber nicht deshalb zählt er zu den bekanntesten Denkern der Antike. Nein, Demokrit hat wahrlich mehr zu bieten: einen weitgefächerten, äußerst fruchtbaren Forschergeist. Kann man seiner Philosophie dennoch mit einem Wort gerecht werden? Wenn, dann mit der Aussage: Demokrit war »**Materialist**«. Das heißt nicht, an Geld interessiert, nein, Materialist in einem anderen Sinne. Man könnte ihn auch »**Atomist**« nennen.

Wir sind immer noch bei den Urstoffen und der Frage, was die Welt im Innersten zusammenhält, also wie sie funktioniert. Da gaben die vorsokratischen Denker keine Ruhe. Acht Philosophen, die das Rätsel auf unterschiedliche Weise zu lösen suchten, haben wir bereits kennengelernt. Demokrit liefert nun eine neue, bewundernswert weitsichtige Idee, wobei er sich teilweise auf die Vorarbeiten seines Lehrers Leukipp stützt. Demokrits Weltsicht ist irgendwie eine Mischung aus Parmenides (das eine Seiende, das sich in Ewigkeit nicht ändert) und Heraklit (alles fließt, also ewiger Wandel). Das eine, ewige Seiende gibt es für Demokrit auch, aber es bildet nicht mehr ein einziges Zusammenhängendes, sondern Demokrit zerhackt es in unendliche Einzelteile, in nicht weiter spaltbare **Atome** (griech. átomos = unteilbar). Eine Bravourleistung rund 400 Jahre vor Christus! Darauf, dass es überhaupt Atome gibt, musste man erst einmal kommen. Und inwiefern besteht auch eine Nähe zu Heraklit – also wie entstehen und verändern sich die Dinge unserer Welt? Demokrit sagt, alle diese Atome seien eigenschaftslos und damit auch qualitativ gleich, denn sie alle stammten ja aus derselben ungeschaffenen, ewigen, unveränderlichen Quelle, dem einen Sein. Aber sie unterscheiden sich in ihrer

Form. Manche sähen aus wie eine Kugel, andere wie eine Sichel, wiederum andere wie ein Haken, zudem seien sie verschieden groß.
Entscheidend für alles Werden und Vergehen, also auch den ständigen Wandel sei nun, in welcher Menge und an welchem Ort diese Atome auftauchten. Quantität (Menge) und Ortsveränderung seien also die die Materie produzierenden Merkmale. Die Atome flögen durch den endlos leeren Raum (wäre er nicht leer, könnten sich die Atome nicht bewegen) und schüfen immer wieder neue Zustandsvariationen. Ein Beispiel: Lägen viele Atome dicht beisammen, ergäbe dies einen schweren und harten Stoff. Also ständiger Wandel ja, aber nicht wie bei Heraklit durch andauernden Streit zwischen verschiedenen Elementen. Denn bei Demokrit sind ja alle Atome von gleicher Qualität und liegen nicht im Kampf, sondern, ohne dass sich ihre Qualität ändern würde, kollidieren sie miteinander. Druck und Stoß, das führe zu Wirbeln, diese wiederum zu ständiger Ortsveränderung und verschiedener Verbindung sowie Anhäufung der Atome (wenn ihre Formen zueinanderpassen) und so schließlich zu den Dingen unserer Welt. Und trennten sich die Atome, vergehe ein solches Ding wieder. Eine rein mechanistische Sicht, keine geistige, zwecksetzende Kraft dahinter, reiner Materialismus also. Welche Nähe zu unserer modernen Naturwissenschaft! Spätere Philosophen (Aristoteles zum Beispiel) haben es Demokrit übrigens zum Vorwurf gemacht, dass er sich zu den letzten Ursachen der Bewegung der Atome nicht geäußert habe. Aber war das nicht weise? Wer wollte diese Ursachen ergründen? Das ist doch gerade das große Mysterium unserer Welt, welches wir nicht zu entschlüsseln vermögen. Für den Gläubigen allerdings ist die Lösung ganz einfach: Erste Ursache von allem ist Gott. Und wer sollte das widerlegen können?
Ein Letztes: Wie radikal mechanistisch Demokrits Weltbild war, zeigt, dass er auch unser sinnliches Wahrnehmen und sogar das Denken als Bewegung von Atomen, also als Physik, betrachtete. Und noch eine Steigerung: Auch für die menschliche Seele gelte nichts anderes. Wahrlich ein Materialist! Jedenfalls in seiner Naturphilosophie.
Würdet ihr ihm zustimmen? Wirklich alles nur eine Sache von Atomen?

10. Anaxagoras (500–428 v. Chr.)

Er wurde verbannt, weil er meinte, die Sonne sei kein Gott, sondern nur ein glühender Steinhaufen. Ja, so ändern sich die Zeiten! Wir befassen uns jedoch nicht deshalb mit Anaxagoras, sondern weil er den bisherigen Ideen vom Urstoff der Welt noch eine weitere hinzufügte. Was wurde nicht schon alles zum Urstoff erklärt: Wasser (Thales), das Unendliche (Anaximander), Luft (Anaximenes), Zahlen (Pythagoras), Feuer (Heraklit), das Göttliche, auch wenn es nicht mit einer Personenvorstellung verbunden ist (Xenophanes), die Kombination von Feuer, Wasser, Luft und Erde (Empedokles) oder die Atome (Demokrit). Und was vertrat nun Anaxagoras? Er schaute sich ein Haar oder ein Stück Fleisch an und meinte, ein Haar könne doch unmöglich aus Nicht-Haar entstehen, ebenso wenig Fleisch aus Nicht-Fleisch. Also müsse es doch schon im **Urstoff** einen Keim für Haar oder Fleisch gegeben haben. Und da auf der Welt unzählige verschiedene Dinge existierten, könne der Urstoff nur aus unendlich vielen, qualitativ verschiedenen solcher **Keime** beziehungsweise **Samenkörner** bestehen. Diese seien übrigens ewig und unveränderlich – eine Vorstellung, die wir schon von anderen Philosophen kennen. Für Anaxagoras liegt der große Irrtum des Demokrit also in Folgendem: Zwar handele es sich sowohl bei den Samen als auch bei den Atomen um allerkleinste, nicht mehr zerstörbare Teilchen, aber sie seien gerade nicht alle gleich, sondern so verschieden wie alles in der Welt.

Eine unendliche Zahl, ein unermesslich riesiger Haufen von Samenkörnern: Das bedeutet am Anfang erst einmal Chaos. Aber wie kam nun Ordnung in das Ganze, also: Wie konnte unsere Welt daraus entstehen? Das leiste der **Geist** (griech. nous), so die Philosophie des Anaxagoras. Dieser Geist sei zwar stofflicher Natur, aber er sei eine denkende Kraft, die Zwecke setze und die Entwicklung von allem lenke. Merken wir uns doch an dieser Stelle schon einmal den Begriff »**Dualismus**«, der in der weiteren Philosophiegeschichte noch eine wichtige Rolle spielen wird. Bei Anaxagoras erlangt er bereits Bedeutung, denn es geht um Materie (also Stoffliches) und Geist.

Letzterer sei in aller Materie, aber eben von ihr zu unterscheiden. Wie anders doch Demokrit, für den es nur die reine Materie (Materialismus! Atomismus!) gab, eben keinen Geist. Für Anaxagoras dagegen war es undenkbar, dass unsere vielfältige, ja auch an Schönem und Wunderbarem so reiche Welt das Produkt bloßer geistloser Stofflichkeit sein sollte. Da wollen wir ihm gerne zustimmen.

11. Die Sophisten, vor allem Protagoras (481–411 v. Chr.)

Am Ende des Kapitels über die Vorsokratiker kommen wir zu einem Philosophen, der auf der Flucht vor dem Athenischen Staat Schiffbruch erlitten haben und ertrunken sein soll: Protagoras. Man ist sich jedoch nicht ganz sicher, ob die Geschichte über sein Ende wirklich stimmt. Aber warum Flucht, die wirklich erfolgte? Ihm drohte das Todesurteil. Was war sein Verbrechen? Dazu unten gleich mehr. Protagoras ist der bedeutendste der sogenannten Sophisten, was **Weisheitslehrer** bedeutet. Den Begriff »**Sophist**« habt ihr vielleicht schon einmal gehört und vermutlich in gar nicht so positivem Zusammenhang. »Sophist« wurde in der Tat oft als Schimpfwort benutzt, nicht nur von Sokrates, Platon und Aristoteles, nein, bis heute besitzt dieses Wort auch negative Bedeutung. Der Grund: Die Sophisten lehrten die Redekunst. Im Athen des Staatsführers Perikles herrschte Demokratie, und diese funktioniert nach Meinung der Sophisten nur, wenn die Politiker klug oder gar schlau argumentieren und formulieren können. Entscheidend sei dabei die Überzeugungskraft, die Sophisten selbst sprachen von »Seelenführung«, was nichts anderes bedeutet als **Verführung**. Soll das auch gelten, wenn der Sinn des propagierten politischen Ziels fragwürdig ist? Protagoras antwortet unumwunden: »Man muss die schwächere Sache zur stärkeren machen können.« Da sind wir dann schnell bei Niederschwatzen, Spiegelfechterei und Wortverdrehung – Begriffe, die man auch heute noch gewitzten Politikern oder Rechtsanwälten nachsagt.

Es wäre nun aber ungerecht, den Sophisten (genannt seien auch Gorgias und Hippias) einen schlechten Charakter zu unterstellen, denn ihrem Denken und Tun lag eine durchaus ernst zu nehmende Philosophie zugrunde. Sie verneinen die Existenz letzter, von menschlichem Streit unabhängiger Wahrheiten. Deshalb seien bei jedem Disput mehrere Meinungen möglich. Alles sei eine Frage der subjektiven Anschauung. Protagoras bringt es auf den Punkt: »*Wie alles Einzelne mir erscheint, so ist es für mich, wie dir, so ist es für dich.*« Und das gipfelt in seinem berühmten Satz: »*Der Mensch ist das Maß aller Dinge.*«

Also: Keine Wahrheiten, nur Meinungen. Das gilt für alles, auch für die Fragen von gut und böse oder gerecht und ungerecht. Die Entscheidungen hierüber träfen Menschen, ohne sich auf absolute, objektive Wahrheiten beziehen zu können. Deshalb fielen solche Entscheidungen auch immer wieder verschieden aus – in den Zeiten, in den Kulturen. Wie anders doch die bisher behandelten Vorsokratiker von Thales bis Anaxagoras, die von der Wahrheit ihrer Weltbilder, vor allem ihrer Ideen von den Urstoffen vollkommen überzeugt waren. Doch Protagoras treibt seine Wahrheitsskepsis sogar noch auf die Spitze, wenn er sagt: »*Hinsichtlich der Götter kann ich nichts erkennen, weder, ob sie sind, noch, ob sie nicht sind.*« Ein Verbrechen damals, und wir wissen nun auch, warum er geflohen ist.

3. Kapitel
SOKRATES
(470–399 V. CHR.)

1. *Wann* ist man ein anständiger Mensch?

Könnt ihr euch vorstellen, dass es einen Denker gab, der nicht daran dachte, auch nur eine Zeile seiner Ideen schriftlich niederzulegen, und dennoch zu den bedeutendsten Philosophen der Geschichte gehört? Und könnt ihr euch vorstellen, dass dieser Philosoph solch hohen Rang genießt, obwohl er sich selbst nur als Geburtshelfer bezeichnete und auch noch behauptete zu wissen, dass er nichts wisse? Und könnt ihr euch schließlich vorstellen, dass derselbe wegen seiner Gedanken zum Tode verurteilt wurde, dann aber die Möglichkeit zur Flucht ablehnte und in aller Ruhe den Giftbecher leerte, weil er sonst seine eigene Lehre zu verleugnen meinte und weil er die Philosophie als die Kunst betrachtete, das Sterben zu lernen? Das war der Athener Sokrates.

Wie gesagt: Er hinterließ nichts Schriftliches. Alle Informationen über ihn kennen wir vor allem aus den Werken der Philosophen Platon und Xenophon (der auch Politiker war).

Beider Schilderungen unterscheiden sich, aber den Kern der Ideen des Sokrates können wir doch herauslesen. Das, was die Vorsokratiker so beschäftigt hatte (der Urstoff der Welt und die Natur), war nicht sein Thema, sondern ihm ging es jetzt um den Menschen und dabei in erster Linie um dessen **Tugend**, also das richtige moralische Verhalten. Denkt bitte an die zweite Frage im Vorwort dieses Buchs: »*Was soll ich tun?*« Nicht Geld oder Prestige, nein, ein anständiger Mensch zu sein, das ist für Sokrates das erstrebenswerteste Ziel, und dem kann man sich ja nur anschließen. Aber wie schafft man das? Sokrates liefert uns eine Anleitung. Nachdem ihr sie kennengelernt haben werdet, könnt ihr entscheiden, ob sie euch tauglich erscheint.

Sokrates sagt, tugendhaft sein könne man nur, wenn man überhaupt *wisse*, was Tugend sei, und da sich Tugend, also anständiges Verhalten, auf das Gute richte, müsse man Klarheit darüber bekommen, was das **Gute** sei. Die Betonung liegt auf Klarheit, eine irgendwie geartete subjektive oder gar beliebige Meinung genüge nicht. Aber wie gewinnt man nach Sokrates Klarheit? Durch Fragen, Fragen, Fragen und durch Erfahrung. Bohrendes, alles bezweifelndes, ja sogar quälendes, einem Gesprächspartner vielleicht sogar lästiges Fragen, worüber auch immer: Liebe, Autorität, Gerechtigkeit, ja über alles und eben auch über Tugend und damit auch über das Gute und Böse.

Ausgangspunkt ist immer etwas Spezielles (zum Beispiel ein bestimmter Begriff, ein Ereignis, eine Tat, ein Plan, ein Gefühl oder eine Beziehung). Von dort aus solle man durch schrittweises Fragen zu einer Antwort, zu einer begrifflichen Klärung von allgemeingültiger Bedeutung kommen, die also über den konkreten Sachverhalt hinaus generell gelte und eben nicht nur subjektive Meinung sei. Den Begriff Tugend betreffend bedeutet das für Sokrates: Das Suchen durch Fragen soll den Rahmen individueller Vorstellungen sprengen und das herauskristallisieren, was das Wesen der Tugend wirklich ausmache, und zwar immer und überall – und für jeden. Dieses Fortschreiten vom Besonderen zum Allgemeinen ist die sogenannte **induktive Methode** (Sokrates ist ihr Begründer), von der ihr in der Schule vielleicht schon gehört habt (das Gegenteil ist deduktiv, also vom Allgemeinen zum Besonderen). Und warum sah sich Sokrates nun als Geburtshelfer (seine Mutter war übrigens Hebamme)? Er kitzelt durch sein unnachgiebiges Fragen das Wissen, das sein Gegenüber letztlich durch eigenes Nachdenken und Urteilen gewinnen soll, gleichsam heraus. Sein Leitsatz: »Erkenne Dich selbst!« Platon hat dieses Herauskitzeln auf geradezu faszinierende Weise geschildert, wobei allerdings anzumerken ist, dass man kaum entscheiden kann, wo in den Texten Sokrates aufhört und Platon anfängt.

Wissen, nicht Meinen – darum also geht es bei Sokrates. Das ist das Wichtigste, wenn ihr ihn verstehen wollt. Und dieses Wissen hängt eng mit Erfahrung zusammen. Sokrates hat dabei tatsächlich auch praktische Berufe wie Schuster, Baumeister oder Koch, ihr spezielles Wissen und ihre Fertigkeit im Sinn. So wie sie ihr Tun beherrschen, so müsse der Mensch auch Tugend erlernen und damit zugleich das Wissen über sich selbst erlangen. Das sei geradezu ein Akt von Vernunft. Und was bedeutet das nun für die Moral, für das anständige Verhalten des Menschen, und warum spielt hier auch die **Vernunft** eine Rolle? Wenn wir Böses tun, dann aus Unwissenheit, aus Irrtum über das Gute. Wir müssten also das Gute nicht nur lernen, sondern auch lernen wollen. Nur das sei tugendhafte Gesinnung. Und es lohne sich, denn, so Sokrates, der Mensch strebe ja nach Seelenfrieden und Glück. Beides sei jedoch nicht erreichbar, wenn man das nötige Wissen über Tugend nicht besitze. Der Wissende (und deshalb Tugendhafte) dagegen werde freiwillig nichts Böses tun und somit seinem Glück nicht selbst im Wege stehen.

Bleibt noch zu fragen, was Sokrates mit dem Satz »Ich weiß, dass ich nichts weiß« gemeint haben könnte. Sokrates wusste unendlich viel, und das war ihm selbst natürlich klar. Der besagte Satz ist in der Philosophiegeschichte sehr unterschiedlich gedeutet worden, wobei die meisten die sogenannte »Sokratische Ironie« darin erkannt haben. Vermutlich enthält der Satz einen doppelten Kern. Zum einen war Sokrates sicher bewusst, wie schwierig, wenn nicht unmöglich es ist, in Fragen der Tugend zu ewig gültigen Antworten zu kommen. Danach kann es letztlich immer nur um unser Bemühen gehen, ein Bemühen, das gestützt ist auf durch Lernen erworbenes Wissen, unter gleichzeitiger Anspannung unseres Gewissens, ein Begriff, der sogar auch von der Wortherkunft von Wissen abgeleitet ist. Wissen schärft also das Gewissen, und Letzteres dient uns als Maßstab und mahnende Kontrollinstanz. Anders dürfte es Sokrates nicht gemeint haben, weshalb – hier greifen wir einmal vor – Platons Vorwurf, für Sokrates seien Wissen und Können, das ja auch Diebe und Lügner besäßen, ohne weiteres gut, sicher nicht berechtigt ist. Zum zweiten hat Sokrates, wie gesagt, bei obigem Satz nicht sein eigenes Nichtwissen im Blick gehabt, sondern die Weisheit. Diese, so hat er es in seiner Demut gesehen, sei nur in göttlichem Besitz.

2. Das schreckliche Urteil

Jetzt sollt ihr auch noch etwas über den Prozess gegen Sokrates erfahren. Von der Gerichtsverhandlung gibt es kein Protokoll, aber die Anklageschrift eines gewissen Meletos liegt uns vor. Die Vorwürfe:
 1. Die sophistische Philosophie des Sokrates verderbe die Jugend.

2. Sokrates sei ein Umstürzler und erkenne die Götter Athens nicht an. Was ist von beidem zu halten? Nach allem, was ihr bisher über Sokrates erfahren habt, könntet ihr jetzt durchaus seine Verteidigung übernehmen. Ihr erinnert euch: Den Sophisten war das Ergebnis nicht so wichtig: Redekunst, Wortklauberei, darum ging es, Sokrates hingegen um Wahrheit und Tugend, um Bildung (gerade der Jugend) zum guten Leben. Hehrste Ziele also. Und was die Götter betrifft: Sokrates mag eine eigene Art der Kommunikation mit den Göttern gehabt haben (man spricht von »privatem Kult«), aber er war ein frommer Mann, nahm an religiösen Feiern teil und sah sein Schicksal in der Hand der höheren Mächte. Von einer Ablehnung der griechischen Götterwelt ist nirgendwo die Rede. Das philosophische Streben nach Wissen, Tugend und Wahrheit versteht er als seine Form der Götter ehrenden, religiösen Praxis.

Nach allem dürften die Vorwürfe in der Anklage nur vorgeschoben sein. Sokrates war als jemand, der bohrte und bohrte, um auf Wahrheiten zu stoßen, politisch unbequem. So empfanden es die 30 Athener Tyrannen, die nur acht Monate lang im Amt waren, aber auch die späteren Machthaber nach der Wiederherstellung der Demokratie. Kritik zog Sokrates auch deshalb auf sich, weil er einen der Tyrannen (Kritias) früher einmal unterrichtet hatte, umgekehrt hatte er deren Zorn auf sich gezogen, weil er ihnen die Zusammenarbeit verweigerte. Letztlich spielte bei der Anklage sowie dem Todesurteil auch verletzte Eitelkeit eine Rolle. Sokrates war ein Kritiker der politischen und gesellschaftlichen Verhältnisse. Aber damit nicht genug: Wer wie Sokrates erklärt, in der Politik könne es ein ehrlicher Mann nicht lange aushalten und Politikern fehle der Intellekt, Verantwortung für die Gemeinschaft zu übernehmen – der schafft sich nicht nur Freunde.

4. Kapitel
PLATON
(427–347 V. CHR.)

1. Glück im Unglück

Jetzt wird sich zeigen, wie wichtig es war, dass ich euch die Vorsokratiker und vor allem Sokrates vorgestellt habe, denn ohne sie würden wir Platon kaum verstehen können. Vorab kurz zu seinem Leben: Er stammte aus einer aristokratischen Familie und wollte eigentlich Politiker werden. Doch die Politik war für ihn eine einzige Enttäuschung. Zunächst erlebte er das schreckliche Urteil gegen Sokrates, seinen akademischen Lehrer. Sodann litt er erst unter der Regierung der »Dreißig Tyrannen«, danach aber auch unter den Zuständen der wieder errichteten Demokratie. Und der entscheidende politische Rückschlag: Platon wollte Dionysos I., Herrscher von Syrakus, lehren, wie Politik aus guter Gesinnung gemacht werde. Dieser ließ Platon jedoch nach einiger Zeit auf den Sklavenmarkt in Ägina verbringen. Nur durch Glück wurde er dort von einem Philosophen erkannt und losgekauft. Platon kehrte nach Athen zurück und gründete (wohl 387 v. Chr.) die berühmte »**Akademie**«. Sie bestand rund 900 Jahre! Beliebte Quizfrage: Wie kam es zu diesem Namen? Das erwählte Grundstück war dem Held Akademos geweiht. Platon, zuvor auch Dichter, verbrannte seine eigenen Dramen und agierte nurmehr als Philosoph.

2. Philosophie-Quiz auf höchstem Niveau

Pirschen wir uns nun an Platons Gedankenwelt heran. Zum Glück sind uns seine Schriften erhalten. Der größte Teil seiner Werke ist im sogenannten **platonischen Stil** geschrieben, das heißt in einem fiktiven Frage-und-Antwort-Spiel zwischen Sokrates und Platon. Erinnert ihr euch an die oben bei Sokrates erwähnte Geburtshilfe? ›Fiktiv‹ heißt nun aber nicht, dass die Gespräche frei erfunden wären. Nein, sinngemäß haben sicher viele so stattgefunden. Nur lässt sich, wie im vorigen Kapitel bereits erwähnt, bis heute oft nicht klären, ob es sich um Platons oder Sokrates' Gedanken handelt.

Machen wir uns zum besseren Verständnis Platons Ausgangspunkt klar: Von Sokrates übernahm er nicht nur die Frage-Antwort-Technik, sondern das Streben nach Tugend und Gerechtigkeit durch Wissen. Wieder sind wir also bei unseren philosophischen Ausgangsfragen: »*Was kann ich wissen?*« und »*Was soll ich tun?*« Und wie stand Platon zu den Vorsokratikern? Seine Hauptgegner unter ihnen waren die Sophisten. Ihr erinnert euch: Redekunst gleichsam als Sport und der Mensch als Maß aller Dinge. Das sah Platon anders. Bei Heraklit sagte ihm die ständige Veränderung der Lebenswelt zu (»*Alles fließt*«), aber er vermisste das dahinterstehende Bleibende, Ewiggültige. Umgekehrt überzeugte ihn die Sicht des Parmenides, der an das Ewige, an eine vollkommene, unveränderliche Welt hinter unserer irdischen Welt glaubte. Da allerdings vermisste Platon den Zusammenhang zwischen diesen beiden Welten.

3. Die Höhle macht uns schlauer

Wie nun hat Platon das alles gelöst? Worin besteht für ihn die Verbindung zwischen einerseits transzendenter (übernatürlicher, übersinnlicher) und andererseits irdischer Welt? Damit beantwortet er zugleich die überaus spannende Frage, was in diesen Welten wahr ist und was nicht. Das Ergebnis wird euch überraschen. Sodann: Wie ist der Mensch beschaffen, und wie kann er die Verbindung zwischen den beiden Welten erkennen und mit dieser Erkenntnis zu Tugend, also zu anständigem Verhalten gelangen? Und schließlich: Wie muss ein Staat organisiert sein, damit Weisheit und Tugend zur Geltung kommen können? Ein Riesenpaket von gewaltigen Fragen hat sich Platon da aufgeladen. Versuchen wir, es in gebotener Kürze aufzuschnüren. Beginnen wir mit der Wahrheitsfrage, also: Was ist wirklich wahr und was dagegen nur unsere subjektive Vorstellung ohne letztgültige, objektive Richtigkeit? Oder simpler ausgedrückt: Wo machen wir uns nur etwas vor? Platons Lösung liefert die sogenannte **Ideenlehre**. Das sagt euch vermutlich noch nichts. Aber sein berühmtes **Höhlengleichnis** führt uns weiter. In einer tiefen Höhle sind Menschen seit ihrer Geburt gefangen und so gefesselt, dass sie sich nicht umdrehen können. Vor ihnen eine Wand, hinter ihnen eine mannshohe Mauer, dahinter ein Feuer und weiter dahinter der Höhleneingang, vor dem die Sonne scheint. Zwischen Feuer und Mauer bewegen und unterhalten sich Menschen, die Gegenstände tragen. Durch das Feuer werden von alledem Schatten auf die Wand geworfen. Da nun die Gefangenen immer nur diese Schatten und die Stimmen als Wandecho kennengelernt haben, ist das für sie die Wirklichkeit.

Sodann bindet man einen von ihnen los. Er dreht sich um. Im Gegenlicht des Feuers sieht er – geblendet – die Menschen und Gegenstände, die sich ihm bisher nur als Schatten gezeigt hatten. Nun sagt ihm einer, das, was er bisher gesehen habe, sei ein Nichtiges. Was er aber jetzt betrachte, das sei der Wirklichkeit näher. Er kann es jedoch nicht glauben, Wahrheit sind ihm nur die vertrauten Schatten. Dann führt ihn jemand aus der Höhle hinaus ins Licht der Sonne. Noch mehr geblendet, sieht er zunächst nichts von alledem, was ihm dort als wahr bezeichnet wird. Doch gewöhnt er sich an die Helligkeit und vermag am Ende die Sonne selbst wahrzunehmen. Vor allem aber wird ihm klar, dass sie es ist, die – so drückt es Platon aus – alle Zeiten und Jahre schafft und im Kosmos alles ordnet und Ursache von allem ist. Unser Gefangener ist sehend geworden, und natürlich möchte er die anderen Gefangenen sogleich von seinem Erlebnis, ja, seiner Erkenntnis informieren. Er begibt sich zurück in die Höhle und berichtet. Und wie reagieren die anderen, als er, noch nicht wieder an die Dunkelheit gewöhnt, die Schatten an der Wand zunächst nicht richtig erkennen kann? Sie lachen ihn aus. Für sie bleibt es dabei: Wahre Wirklichkeit sind nur diese Schatten.

Nun werden wir verstehen, was es mit Platons Ideenlehre auf sich hat. Die Höhlenmenschen, das sind wir. Wir leben nur in einer **Scheinwelt**. Was wir auf der Erde mit unseren Sinnen erfahren, sind nur Schatten, nur Abbilder der wahren Welt. Diese wahre Welt ist das allein wahrhaft Seiende, in ihr allein befinden sich die ewigen Wahrheiten, die sich auf alles beziehen, womit es der Mensch zu tun hat. Und ewige Wahrheit bedeutet ideale Form und Gestalt sowie inhaltliche Vollkommenheit, handele es sich um materielle Gegenstände oder auch um alles Geistige wie zum Beispiel Gerechtigkeit und Tugend. Wir erinnern uns an Sokrates: Ihm ging es um das Erkennen des Eigentlichen (also des Wahren, des *Allgemein*-begriffs). Daran knüpft Platon, sein Schüler, an, nur weitet er den Gedanken der Vollkommenheit, also der Wahrheit, auf alles Materielle aus, folglich auch auf Tisch und Stuhl etc. So weit ging Sokrates bekanntlich nicht. Und all dieses Wahre, dieses Vollkommene, nennt Platon nun *Ideen*. Der Stuhl, den wir hier sähen, sei also nur ein nichtperfektes Abbild des in der transzendenten Welt existierenden, vollkommenen Stuhls, ja, wir können sagen: der vollkommenen *Stuhlheit*. Oder: Ein irdischer Baum – auch nur Abbild – findet seine vollkommene Gestalt in der Idee der Baumheit, ein Hund in der Hundheit, denn es gibt viele verschiedene Hunde, aber wir haben, wenn oft auch unbewusst, einen Begriff davon, was einen Hund, das heißt jeden Hund – etwa im Gegensatz zu einer Katze – ausmacht. Das ist mit *Hundheit*, der Idee von Hund, gemeint. Unsere ganze Welt ist für Platon nur ein Abbild, aber alles in ihr sei auf die Ideen hingewendet, alles wolle sein wie die Ideen.

Nun werdet ihr vielleicht einwenden: Wunderbarer Stuhl oder gutgewachsener Baum oder auch, um einen geistigen Wert zu zitieren, höchster Mut, immer könne man sich theoretisch etwas Perfekteres vorstellen, als wir täglich vor Augen haben. Aber wie steht es mit einem Kreis oder einem gleichseitigen Dreieck? Das sind doch, könnte man meinen, von Haus aus nicht zu überbietende vollendete Formen. Verkörpert der Kreis nicht schon die perfekte Kreisheit als solche? Nein, sagt Platon, es gäbe auf der ganzen Welt keinen hundertprozentig korrekten Kreis, minimalste Abweichungen bestünden immer, sodass es sich selbst hier nur um ein unvollkommenes Abbild des Ideals, der Idee des Kreises handele. So bleibt als **Fazit**, als Kern der Lehre Platons: Wahr sind nur die Ideen, alles Irdische ist nur Abbild, Schein, subjektive Meinung.

Bei dieser Verherrlichung der Ideen fehlt aber doch noch etwas, werdet ihr kritisch anmerken: nämlich **Gott**. Ein halbrichtiger Einwand, denn es fehlt und fehlt auch nicht. Zwar erwähnt Platon immer wieder Gott oder Götter, jedoch tragen sie nicht, wie zum Beispiel der Gott der Juden, Christen und Muslime, personale Züge. Für Platon bilden die Ideen das Höchste, und in der Ideenpyramide die allerhöchste Idee ist das **Gute**. Es ist das Ewige, Unwandelbare, sich selbst Genügsame, das Absolute, es ist von göttlicher Natur.

Alle anderen Ideen beziehen ihren Wert von diesem höchsten Gut, streben liebend zu ihm hin. Es bildet das Fundament von allem.

4. Ewige Wanderschaft der Seele

Was nützen uns aber alle diese Ideen, wenn sie fern von den Menschen irgendwo in himmlischen Sphären herumschwirren? Das hätte man vielleicht Parmenides fragen können, in dessen Denken das vollkommene Ewige in der Tat von allem Irdischen getrennt war. Anders Platon. Ihm geht es ja gerade um die Verbindung der Welt der Ideen mit der irdischen Welt. Wie bei seinem Lehrer Sokrates ist entscheidend das **Wissen**. Der Mensch soll sich um ein solches Wissen bemühen, womit gemeint ist, dass er alles tut, um sich ein Bild von den Ideen zu machen, um alles immer an diesen Ideen, das heißt an den idealen Formen und Inhalten, zu messen, handele es sich um dingliche Gegenstände oder um auch Geistiges, etwa Tugend. So wie die Sonne im Höhlengleichnis dem Gefangenen die Wirklichkeit außerhalb der Schattenwelt zu sehen half, so tun es die Ideen bei der Wahrheitserkenntnis durch den Menschen.

Aber wie erlangt man dieses Wissen? Immer wieder üben und nochmals üben, die Ideen zu schauen, sagt Platon, und zwar mithilfe der **Vernunft**. Sie ist für Platon Teil der menschlichen **Seele**. Und von dieser hat er recht seltsame Vorstellungen. Wie auch die Weltseele (die vermittelnde Instanz zwischen dem Bereich der Ideen und unserer Erde) wurden die einzelnen Seelen vom Demiurg (für Platon der erhabene Weltbaumeister) aus dem Chaos geschaffen. Dabei erhielt jede Seele einen Stern. Danach überließ sie der Demiurg den geschaffenen, also ebenfalls nicht von Beginn an existierenden Göttern, damit sie die Seelen ins irdische Dasein überführen und mit den menschlichen Körpern verbinden.

Ob Platon wirklich an diese Geschichte geglaubt hat? Manche Fachleute meinen, er hätte sie vielleicht nur aus Gründen besserer Anschauung erfunden. Aber lassen wir es dahingestellt. Jetzt kommt nämlich das Entscheidende: Für Platon sind die Seelen der Menschen ewig und unsterblich. Vor Eintritt in unser Dasein war ihr Ort das Reich der Ideen. Sie selbst sind keine Idee, denn sie sind nicht unwandelbar und haben ihre ganz eigene Geschichte. Sie können sich für das Böse entscheiden, was bedeutet, dass die Menschen Willensfreiheit besitzen. Platon hat die grenzenlose Komplexität der Seele erkannt und beschreibt sie ausführlich. Im Kern besteht sie für ihn aus Vernunft- beziehungsweise Geistseele, Mutseele und triebhafter Begierdenseele. Das soll für unseren Zusammenhang genügen.

Wichtig aber war es zu erfahren, dass die Seelen schon vor der Geburt des Menschen in der Welt der Ideen lebten, also unabhängig von der Verbindung mit einem Leib. Ja, und noch merkwürdiger: Eine Seele ist nicht für einen bestimmten Körper bestimmt. Sie wandert. Nach Landung in einem Menschen erinnert sie sich an die Ideen, die sie in jener fernen Welt geschaut hatte, eine Welt, die sie gar nicht gerne verlassen hat. Sie drängt danach, zurückzukehren und die Fesseln des irdischen Lebens wieder zu lösen. Nun gilt es für sie, dem Menschen, in dem sie sich befindet, zu einem tugendhaften Leben zu verhelfen, das heißt: die Ideen zum Maßstab seines Denkens und Handelns zu machen, weil unsere körperlichen Sinnesorgane eben kein wahres Bild von der Wirklichkeit vermitteln. Das ist die Aufgabe der Seele. Aber kann man überhaupt davon sprechen, dass es des Menschen Denken und Handeln ist? Eher nicht. Die Seele ist die Trägerin des Geschehens, der menschliche Körper nur die Hülle. Solange es der Seele nicht gelingt, den Ideen gerecht zu werden, muss sie von Leib zu Leib wandern. Die tugendhaftesten Seelen, das heißt die Seelen, die sich nicht auf die uns oft täuschenden Sinnesorgane verlassen, sondern mit aller Kraft um Wissen, vor allem Gerechtigkeit, bemühen, die also die Ideen verinnerlicht und zum höchsten Maßstab gewählt haben, werden – gleichsam als Belohnung – mit dem Leib eines Philosophen oder eines Dieners der Schönheit, der Musen oder der Liebe verbunden. Nach Tausenden von Jahren darf dann eine solche Seele endlich auf ihren Stern zurückkehren. Aber ihr Weg ist damit nicht beendet: Die Wanderschaft beginnt von Neuem. Sie ist eine ewige.

5. Wer gehört an die Spitze des Staates?

Wie muss nun aber ein Staat verfasst sein, damit die Menschen optimale Bedingungen für das Streben nach Tugend vorfinden, das heißt vor allem für das Verinnerlichen der Ideen? Zäumen wir das Pferd vom Schwanz auf und fragen zunächst, welche Staatsformen Platon ablehnt: **Timokratie** (abgelehnt, weil Herrschaft nur der Besitzenden), **Oligarchie** (nein, weil kleine Schicht von Ausbeutern), **Demokratie** (nein wegen zügelloser Freiheit, Gleichmacherei, Auflösung von Werten), **Tyrannis** (nein, eine Folge der Demokratie, Gewalt, Machtrausch, Verknechtung). Aber was hat Platon vor Augen? In seinem Werk Politeia (»Der Staat«) gibt er die Antwort: Führen sollen jene, die die Idee des Guten erkannt haben. Das wäre dann der »*Staat der Besten*«. Und wie findet man sie? Alle Kinder sollten gleiche Chancen bekommen. Nach 20 Jahren Ausbildung ermittelte man die Fähigsten, die dann weitere zehn Jahre erzogen würden. Es folgen fünf Jahre Schulung in Philosophie, danach 15 Jahre praktischer Berufstätigkeit. Seien sie 50, hätte man die Besten, ohne weitere Wahl. Platons Traum: »*Philosophenkönige*« oder »Königliche Philosophen«. Sie allein würden den sinnlichen Wahrnehmungen misstrauen, weil sie verstanden hätten, dass man den Ideen nur mithilfe der Vernunft auf die Spur komme, und deshalb seien auch ausschließlich sie befähigt, die moralischen Gesetze zu formulieren. Eine Kombination aus Macht und Weisheit also. Zwecks Vermeidung materieller Versuchungen fordert Platon ehelose Herrscher ohne Eigentum und Wohnen in Gemeinschaft. Die Philosophenkönige nennt er »**Wächter**«. Und die wichtigsten Erziehungsinhalte und -ziele für das Volk: Tugend, besonders Gerechtigkeit, keine Kritik an den Göttern, sozialer Gemeinschaftssinn, Pflege der Musen, Feier des Schönen, Sport, Mut, Tapferkeit und in allem das *rechte Maß*.

6. Habt ihr kritische Fragen an Platon?

Man ist sich nicht sicher, ob Platon von Anfang an klar war, wie viel Utopie in dieser Staatsphilosophie steckt. In seinem Alterswerk *Nomoi* (»Gesetze«) ist er von vielem abgerückt. Reichtum ist ihm noch immer verdächtig, aber anstelle der Philosophen tritt nun die Herrschaft der Gesetze – ein System, das uns vertraut ist.

Ihr habt euch bei der Lektüre dieses Kapitels sicher schon Gedanken darüber gemacht, was ihr von der Philosophie Platons haltet. Eines steht fest: Er ist wohl der Philosoph mit dem allergrößten Einfluss auf das weitere philosophische Denken in der Geschichte. Dementsprechend urteilte der britische

Logiker Alfred North Whitehead über die ganze abendländische Philosophie so: Sie sei nur »ein paar Fußnoten zu Platon«. Sicher eine überspitzte Formulierung, aber mit einem wahren Kern. Es ist einfach unfassbar, was alles und wie tief Platon gedacht hat. Es ist uns natürlich dennoch erlaubt zu fragen, wo wir ihm nicht folgen wollen, und nicht überraschend geriet seine Philosophie in den letzten knapp zweieinhalb Tausend Jahren auch in die Kritik.

Was hättet ihr ihm denn beim Thema »Philosophenkönige« entgegengehalten? Philosophen sind intelligente Menschen, aber sind sie wirklich immer weise? Haben sie nicht auch schon sehr abstruse und für die Allgemeinheit sogar gefährliche Ideen entwickelt? Und man blicke auf unsere komplexe Welt mit ihren vielfältigen und schwierigen Themen und Problemen: Wirtschaft, Soziales, Naturwissenschaft und Technik, Umwelt, Gesundheit, Verkehr, Versorgung, Militär, hohe Lebenserwartung mit vielen Alten, Globalisierung. Sind nicht auf allen Feldern hochspezialisierte Fachleute gefragt?

Und wie würdet ihr Platons Ideenlehre kommentieren? Welchen Inhalt besitzen eigentlich die Ideen, von denen wir uns Wissen verschaffen sollen, um tugendhaft zu sein? Wer bestimmt den Inhalt? Gibt es da etwas Verbindliches? Wirkliches Wissen, also das Erkennen der Ideen, werde durch Denkanstrengung erreicht, meint Platon. Aber herrscht nicht in der Welt, in ihrer Geschichte und in ihren grundverschiedenen Kulturen moralischer Pluralismus? Kann es daher vielleicht nur um einen sehr allgemeinen Anspruch gehen, tugendhaft zu sein, wobei der Glaube an und die Vorstellung von solchen Ideen freilich Hilfestellung leistet, den Anspruch zu erfüllen? Und wird es unserem Dasein gerecht und entspricht es unseren Erfahrungen, die transzendente Welt der Ideen für das Wahre und alles Irdische, das uns umgibt, nur für ein Abbild jener wahren Welt zu halten? Versucht bitte, darauf Antworten zu geben.

5. Kapitel
ARISTOTELES
(384-322 V. CHR.)

1. Sein Leben

Aristoteles' Vater war der Leibarzt des makedonischen Königs Philipp II. Eine wichtige Tatsache, wie wir noch sehen werden. Nach dem frühen Tod beider Eltern trat Aristoteles mit 17 in die Akademie Platons ein und wurde dessen herausragender Schüler, dann jedoch, als Platon starb, nicht Nachfolger als Leiter der Akademie. Enttäuscht verließ Aristoteles Athen und begab sich nach Assos an der kleinasiatischen Küste, wo er Pythias, die Schwester oder Nichte (man weiß es nicht) des dortigen Herrschers, heiratete. Als dieser ermordet wurde, floh Aristoteles nach Lesbos. Dort gebar ihm Pythias eine Tochter. Pythias starb jedoch bei der Geburt. Mit einer anderen Frau bekam Aristoteles später noch einen Sohn Nikomachos, wonach später eines seiner Hauptwerke, die *Nikomachische Ethik*, benannt wurde. Eine erneute Lebenswende bedeutete König Philipps Ruf an Aristoteles zurück nach Makedonien. Dort wurde er nun Lehrer des 13-jährigen Sohns von Philipp. Ihr kennt ihn natürlich: kein Geringerer als Alexander der Große. Bald nachdem Alexander die Regierung angetreten hatte, kehrte Aristoteles nach Athen zurück und gründete dort eine eigene Schule, das »Lykeion,« welches hohes Ansehen genoss. Es folgte eine wissenschaftlich ungeheuer fruchtbare Zeit, die Bandbreite seiner Forschungen macht einen sprachlos. Doch nach zwölf Jahren kam Makedonien zum dritten Mal ins Spiel. Alexander starb, und Athen fand den Mut, sich gegen die makedonische Herrschaft aufzulehnen. Aristoteles' Nähe zum makedonischen Hof wurde ihm fast zum Verhängnis: Anklage wegen Gottlosigkeit und drohendes Todesurteil. Den Fall Sokrates im Blick schimpfte er: »*Keine zweite Versündigung gegen die Philosophie!*« Aristoteles floh nach Chalkis, wo er ein Jahr später starb.

2. Aristoteles contra Platon?

Was greift man heraus aus Aristoteles' riesigem Werk? Es umfasst Naturwissenschaft, speziell Physik, Astronomie, Biologie, Psychologie, aber auch Logik, Ethik, Politik, Rhetorik, Poetik und natürlich die Metaphysik, also das über Materie Hinausgehende, welches wir ja bei anderen Philosophen bereits kennengelernt haben, und vor allem wieder die Frage nach dem Wesen des Seins (ihr erinnert euch: der Urgrund von allem, die Ontologie). Damit wären wir auch wieder bei der Frage: »Was ist wahre Realität und was nur Schein oder Abbild?« Beginnen wir mit der Metaphysik.

»Platon ist ein Freund. Eine bessere Freundin ist die Wahrheit«, soll Aristoteles gesagt haben. Das klingt nach Abgrenzung, Kontrastprogramm. Und in der Tat wird gemeinhin davon ausgegangen, dass ein grundsätzlicher Gegensatz zwischen den beiden großen Philosophen besteht. Betrachten wir es näher, wobei wir jedoch aufpassen müssen, dass wir den Wald vor lauter Bäumen nicht mehr sehen, denn das Ganze ist äußerst komplex. Ich bin gespannt, wie ihr am Ende dieses Kapitels urteilen werdet. Platon und Aristoteles: Antipoden oder doch Übereinstimmung im Wesentlichen?

Zum besseren Verständnis müssen wir rekapitulieren. Platon steht, wie wir gesehen haben, für einen **Dualismus.** Das heißt: hier die wahrnehmbaren Dinge, dort die Welt der Ideen. Aber nur die Ideen seien das Vollkommene, das wahrhaft Seiende, dagegen die Dinge unserer Wahrnehmung nur subjektive Einbildung, Abbild und Schein. Und was sagt Aristoteles dazu? »Falsch«, es gebe nur eine Welt, die Aufspaltung in eine irdische Welt der Dinge und eine Welt der Ideen sei künstlich. Das Geistige, das Platon mit den Ideen außerhalb der Dinge ansiedele, befände sich in Wahrheit in ihnen selbst, in ihrer Substanz. Wenn aber das Geistige schon in den Dingen selbst sei, warum – so Aristoteles – dann auch noch einmal außerhalb? Eine unnötige Verdoppelung! Die Ideen seien, weil getrennt von den Dingen, untauglich, etwas über deren Wesen auszusagen. Und nicht zuletzt: Die Welt sei dynamisch, die Ideen dagegen seien statisch. Überall in der Welt finde Bewegung statt, sie bedürfe jedoch des Anstoßes. Wie aber ließe sich mit statischen, unveränderlichen Ideen Bewegung, vor allem auch der allererste Ursprung von Bewegung erklären? Unmöglich, so Aristoteles. Er nennt ein Beispiel: Was nützt die (statische) Idee eines Hauses, die ja nach Platon das einzig Reale sein soll? Durch die bloße Idee entstehe nie ein Haus, vielmehr bedürfe es zu dessen Entstehen eines Bewegungsprozesses, also dynamischer Aktivität.

3. Das Wesen der Dinge

Platon definiert die Dinge also über die Ideen, Aristoteles über die Dinge selbst. Aber wie ermittelt Aristoteles das Wesen der Dinge? Er tut es als Wissenschaftler und zugleich als Philosoph. Warum in beiden Funktionen? Als Wissenschaftler kümmert er sich um die Dinge der Welt (das Seiende), als Philosoph um die ihnen zugrunde liegenden ersten Ursachen (die Metaphysik, das Sein, den Urgrund, das, was die Welt im Innersten zusammenhält). Liebe Leser, bitte nicht verzweifeln! Gleich wird es klarer.

Beginnen wir damit, was für den *Wissenschaftler* Aristoteles entscheidend ist, wobei er letztlich die Fragwürdigkeit wissenschaftlichen Argumentierens nicht verkennt. Warum fragwürdig? Weil keine Wissenschaft die Wahrheit der ihr selbst zugrunde liegenden Prinzipien beweisen könne (wir erinnern uns an das Einleitungskapitel, wo die Bedingtheit wissenschaftlicher Erkenntnis thematisiert wurde; Aristoteles ist mit seinem Zweifel also ganz modern). Wolle man aber der Wahrheit der Dinge nach wissenschaftlichen Maßstäben auf die Spur kommen beziehungsweise sich der Wahrheit so dicht wie möglich annähern und die Einzelheiten der vielfältigen Erfahrungswelt mit strengster Notwendigkeit erfassen und ordnen, müsse der Geist für solche Untersuchung ein taugliches Rüstzeug zur Verfügung stellen. Dazu bedürfe es zuallererst der *formalen* **Logik** (Aristoteles ist ihr Begründer), also zwingender Schlussfolgerungen, Syllogismus genannt. Unlogisches könne nicht wahr, nicht wissenschaftlich fundiert sein. Hier das einfachste Beispiel formaler Logik:
1. Jeder Mensch stirbt.
2. Sokrates ist ein Mensch.
3. Also ist Sokrates sterblich.

Aristoteles hat ein ganzes System solcher logischer Schlüsse entwickelt. Doch das genügt ihm nicht. Verlässlicher Zugriff auf das Wesen der Dinge – gemeint ist die wissenschaftliche Methode – bedürfe auch sogenannter *praktischer*

Logik. Was heißt das? Man benötige Begriffe, Definitionen, Urteilskraft, die Unterscheidung von Allgemeinem und Besonderem, Kategorien, Gattungen, Beweis-, Widerlegungs- und Widerspruchsregeln. Beispiel zu Letzterem: Eine Sache könne nicht A und zugleich nicht-A sein.
Schauen wir uns das etwas näher an.
1. Aristoteles bevorzugt die induktive Methode, das heißt: Er betrachtet zunächst das Einzelne und leitet von daher einen allgemeinen Erfahrungssatz ab (umgekehrt Platon).
2. Um nun die konkreten Dinge zu erfassen (zu beschreiben), bedürften wir – wie erwähnt – der Begriffe. Aristoteles untersucht die Sprache und stellt fest, dass man für diese, in unseren Sätzen benutzten Begriffe, Gruppen bilden könne. Er klassifiziert sie und nennt sie **Kategorien**. Kategorien sind Grundmerkmale des Seienden, Gesichtspunkte für Aussagen über reale Gegenstände. Aristoteles hat davon zehn im Blick, u. a. Substanz (das Wesen), Quantität (Menge), Qualität, Relation (Beziehung zu anderen/m), Zeit und Ort. Wie unterscheiden sich Substanz und die übrigen Kategorien? Erstere verfügt über eine Unabhängigkeit und Festigkeit, besteht für sich selbst, die übrigen Kategorien (Akzidentien genannt) treffen über die Substanz bestimmte Aussagen. Es kann sich um Aussagen handeln, die für die betreffende Substanz stets gelten (Beispiel: Auf ebener Fläche ist die Winkelsumme eines Dreiecks immer 180 Grad), oder um wahrscheinliche (Männern wächst ein Bart) oder sehr unwahrscheinliche (überraschend trifft A am Südpol einen Bekannten). Zur Wissenschaft wird das Ganze also dadurch (und darum geht es Aristoteles), dass die Substanz eines Gegenstandes (Männer) mit einer Akzidenz (ihnen wächst ein Bart) verbunden wird. Das geschieht durch ein Urteil, das richtig oder falsch sein kann. Das entscheidende Ziel dieser Verbindung zwischen Gegenstand und Akzidenz ist Erkenntniszugewinn nach wissenschaftlichem Anspruch, sei es über Dinge oder Sachverhalte.

Nun wissen wir schon einiges darüber, wie Aristoteles das Wesen der Dinge (des Seienden) zu ergründen meint. Da sind also Logik, die Anwendung von Begriffen beziehungsweise Kategorien, Unterscheidung von fester Substanz

und sie beschreibender Aussagen sowie die Verbindung der beiden Letzteren durch Urteil. Bis hierhin ist er primär Wissenschaftler. Nun jedoch kommt der Philosoph ins Spiel, sprich die **Metaphysik**. Inwiefern? Wie mit einem Röntgengerät dringt Aristoteles ins Innere der Dinge und beschreibt, wie sie geworden sind. Um das **Werden** geht es also. Und hier müssen wir uns zwei für Aristoteles zentrale Begriffe merken:
1. **Stoff** (wir können auch sagen Materie),
2. **Form** (griechisch eidos).

Wenn wir verstanden haben, welche Beziehung für Aristoteles zwischen Stoff und Form besteht, dann können wir mit Fug und Recht behaupten, Wichtigstes über ihn zu wissen. Also strengen wir uns an.

Am Anfang ist der Stoff, aber er ist noch nichts Bestimmtes, er trägt noch viele Möglichkeiten in sich, **Potentialität** genannt. Das kommt vom lateinischen posse und bedeutet können, hier: vieles können. Beispiel: Ein Stück Holz vermag dies oder das zu werden, je nachdem, ob der Schnitzer daraus eine Schale, einen Hirsch oder einen Heiligen macht, ursprünglich ein potenzielles Holz also, folglich noch keine zu einem konkreten Gegenstand gebildete – wie Aristoteles es nennt – aktuelle, verwirklichte Materie. Aber was geschieht nun, damit aus den unendlichen Möglichkeiten des Holzes ein Hirsch wird? Das Zauberwort heißt ***Entelechie***. Darin steckt das griechische Wort télos = Ziel. In der Materie wirkt also eine geheimnisvolle Kraft, die der zunächst noch unbestimmten Materie zielgerichtet eine bestimmte Form verleiht. Das Wesen (die feste, unveränderliche Substanz im aristotelischen Sinne) war in der Materie nur der Möglichkeit nach angelegt, entfaltet sich dann aber zur Form eines konkreten Gegenstands, ja, die Materie drängt sich geradezu danach, durch die Form (Aristoteles nennt sie auch Seele, was nicht menschlich-geistig gemeint ist) lebendige Gegenständlichkeit zu gewinnen. Ein Prozess, der für die ganze Natur gelte – für Pflanzen, Tiere und Menschen.

Aristoteles gliedert dann noch genauer auf, welche **Ursachen** letztlich zusammenwirken, um die Form eines konkreten Gegenstands herzustellen. Anstatt nach Ursachen könne man auch so fragen: Was im Einzelnen ist Bedingung für das Entstehen von geformter Existenz? Aristoteles unterscheidet vier Ursachen, die wir zum Teil schon angesprochen haben:

1. Stoffursache (in unserem Beispiel das Holz),
2. Formursache (der Schnitzplan, den sich der Künstler im Kopf zurechtgelegt hat),
3. Antriebsursache (die Arbeit des Schnitzers),
4. Zweckursache (Verkauf der Skulptur, um Geld zu verdienen).

4. Gott – der unbewegte Beweger

Ständiger Wandel in der Welt, alle Materie drängt zur Form, das heißt zu konkreter Gegenständlichkeit. Das geschieht durch **Bewegung**. Aber wie ist Bewegung möglich? Durch Anstoß. Nur: Das, welches anstößt, muss sich hierfür ja auch bewegen. Woher erhält nun dieses seinen Impuls? Und immer so weiter, eine schier endlose Kette. Nein, sagt Aristoteles, der ewige Rückgriff auf immer weitere Ursachen sei ein sinnloser Irrweg. Es müsse ein Erstes geben, das sich selbst bewege, ohne von etwas anderem bewegt worden zu sein. Dieses Erste sei reinste Aktualität in dem Sinne, wie wir es eben kennengelernt haben. Also: keine Potentialität (denn das hieße ja, es könne vielleicht auch nicht sein), sondern zeitlose, vollkommenste, stofflose Form. Und diese sei der »*unbewegte Beweger*«, der transzendente **Gott**, der eine Gott: identisch mit dem Sein (dem Urgrund), auf das alles in der Welt hingerichtet ist, einziger, unveränderlicher, reiner, lebendiger, sich selbst denkender (das Vollkommene kann nur sich selbst denken), notwendiger, schöpferischer, von allem unabhängiger Geist und ganz unkörperlich. Denn als Materie wäre er ja, wie Aristoteles meint, nicht wahrhaft Existierender, sondern nur Möglichkeit. Und ganz wichtig: Dieser alles bewegende Gott sei ein seliger Gott, denn dass alles in der Welt zu ihm, dem reinen, vollkommenen, nur sich selbst denkenden Geist (dem höchsten Sein) hinstrebe, bewirke die Kraft des **Eros** (der Liebe zu Gott). Es sei wiederholt: der Liebe zu Gott, also nicht Gottes Liebe zu uns Menschen. Der Gott des Aristoteles ist nämlich nicht der liebende Gott mit personalen Zügen wie etwa der Gott der christlichen Offenbarung. Gott hat nach Aristoteles die Welt nicht geschaffen und greift auch nicht in das Weltgeschehen ein. Alle Bewegung, aller Wandel in der Welt erfolge – gerade umgekehrt – durch das verlangende Streben des Stoffes nach Form, also hin zu Gott als der reinsten Form.

5. Sind nun Platon und Aristoteles Gegner?

Eine spannende Frage, die oben unter 2. bereits anklang. Wir erinnern uns: Für Platon sind nur die Ideen Realität und die Gegenstände der sichtbaren Welt lediglich Abbild, Schein. Umgekehrt Aristoteles: Die Dinge der Welt sind, was sie sind, und als solche real. Die Ideen Platons seien nur eine unnötige Verdoppelung, sie bildeten neben den Dingen keine eigenen Substanzen, das heißt, die Ideen seien nichts anderes, als die Dinge ohnehin selbst schon sind. Das klingt nach scharfem Gegensatz. Schaut man jedoch genauer hin, ebnet sich der Unterschied doch etwas ein. Warum? Für Platon residieren die Ideen ja nicht im Irgendwo, also losgelöst von den Dingen der Welt, sondern – wie oben im Platon-Kapitel ausgeführt – ist alles auf die Ideen hingewendet, strebt danach, so zu sein wie die Ideen. Die Dinge sind also engstens mit den Ideen verbunden. Und was meint Aristoteles? Er unterscheidet *erste* und *zweite Substanz*. Erste sind die Gegenstände der Welt. Aber wodurch werden diese Gegenstände das, was sie sind? Hier führt Aristoteles dann doch Allgemeines, ja, wie er selbst sogar sagt, Früheres ein. Dieses der Natur nach Frühere, das die konkreten Dinge erst erschafft, nennt er *zweite Substanz*. Wir haben sie bereits kennengelernt. Ihr erinnert euch: Substanz ist die Form, jene gestaltende, jegliches Werden steuernde Kraft, die den noch unbestimmten Stoff zu einem individuellen Gegenstand der sichtbaren Welt macht (aus einem zunächst unbearbeiteten Holzblock den Hirsch). Es ist also Allgemeines, das auch nach Aristoteles das Individuelle erzeugt. Folglich greifen sowohl Platon als auch Aristoteles auf etwas Geistiges, Metaphysisches zurück, dessen die Einzeldinge für ihr Sosein, für ihre individuelle Wesenheit, bedürfen, seien es die transzendenten Ideen, sei es die zweite Substanz.

6. Die »Goldene Regel« der Tugend

Die **Goldene Regel** des Aristoteles sagt uns, was geschehen muss, um durch Tugend das höchste Gut, den Zustand der **Glückseligkeit** (Eudaimonia), zu erlangen. Das vollbringe die tätige Seele mittels der **Vernunft**, die sich ihrerseits, davon ist Aristoteles überzeugt, auf einen freien Willen gründe. Der Anspruch des Aristoteles an die Vernunft ist jedoch höher, als man vielleicht zunächst meint. Er verbindet mit Glückseligkeit das Denken, das heißt: Erkenntnis durch Vernunft, aber es ist das philosophische Denken um seiner selbst willen, ein Denken, ohne nach dessen Nutzen zu fragen. Ja, da wird uns Normalsterblichen doch eine ganze Menge abverlangt.

Versuchen wir, trotz dieses fast unerfüllbaren Anspruchs an unser Denken aus der Philosophie des Aristoteles dennoch einen Gewinn zu erzielen. Worauf kommt es an? So theoretisch seine Metaphysik war, enthält seine Philosophie hier bei der **Tugend** doch auch sehr praktische Elemente. Es gehe für den Mensch darum, seine Leidenschaften zu beherrschen und in allem besonnen und mit Klugheit das *rechte Maß* zu finden (*Goldene Regel*). Das setze zum einen voraus, dass man die Regeln des Staates und der Gesellschaft, die traditionelle Ordnung kenne. Das rechte Maß zu treffen, gelinge zudem nur dann, wenn man sich seiner Begabung und Bestimmung bewusst werde. Das ist wahrlich ein guter Rat. Ist es nicht so, dass sich viele Menschen seelisch ins Unglück stürzen, weil sie ihre Eignung nicht kritisch prüfen und sich deshalb oft wegen Nichterkennens ihrer wirklichen Talente jahrzehntelang unnötig plagen? Ihr Jugendlichen könnt daher bei der Wahl eures Berufs gar nicht sorgfältig genug sein. Lasst euch dazu auch beraten – und denkt an Aristoteles.

Wer das rechte Maß finden will, muss sich der Extreme bewusst sein. Zwecks Orientierung liefert Aristoteles einige Beispiele: Mut als Mitte zwischen Feigheit und Tollkühnheit, Großzügigkeit zwischen Knausrigkeit und Verschwendungssucht oder Selbstwertgefühl zwischen Eitelkeit und Selbsterniedrigung. Vor allem gehe es beim rechten Maß darum, *Gerechtigkeit* zu üben, sei es bei der Verteilung von Gütern, Ämtern oder Ehren, sei es beim Ausgleich von Schäden. Und – nicht zu vergessen – einen ganz hohen Wert besitzt für Aristoteles die **Freundschaft**. Und noch eines unterscheidet ihn von vielen Philosophen: Glück setze ein Mindestmaß von Eigentum an Gütern, also einen gewissen Wohlstand voraus. Bei allem aber müsse sich der um vernünftiges und maßvolles Handeln Bemühende über eines im Klaren sein: Die richtigen Entscheidungen fallen nicht vom Himmel. Immer lernen und üben, immer und immer wieder – das ist nach Aristoteles unverzichtbar.

7. Was verlangt Aristoteles von Staat und Politik?

Das Ziel haben wir kennengelernt: Glückseligkeit. Aber daraus wird nichts, wenn Staat und Politik nicht mitspielen. Deshalb kümmert sich Aristoteles auch hierum. Seine Philosophie der Ethik (mit der Glückseligkeit im Zentrum) mündet auch in konkrete staatspolitische Vorstellungen, ja, man kann sagen: Politik ist für Aristoteles angewandte **Ethik**. Das beginnt damit, dass er den Menschen zu einem »**Gesellschaftswesen**« (zóon politikón) erklärt, nicht der Individualist sei also das Ideal. Glück fände der Mensch nur in der Gemeinschaft. Aristoteles klopft die verschiedenen Staatsformen auf ihre Eignung, Glückseligkeit zu verschaffen, ab und stimmt am Ende ganz pragmatisch (abweichend von den teils utopischen Ideen Platons) für eine Kombination aus aristokratischen (kleine Gruppe besonders Befähigter) und demokratischen Elementen. Dem Mittelstand und der Landwirtschaft gilt dabei seine besondere Sympathie. Das *rechte Maß* sei nicht nur der Leitstern für den einzelnen Menschen, sondern auch für Staat und Politik insgesamt. Hier wie dort müsse zwischen den Extremen ein vernünftiger Mittelweg gesucht werden, um stets ein Gleichgewicht zwischen den verschiedenen Interessen und Charakteren zu erreichen.

Nicht folgen können wir Aristoteles natürlich darin, dass er die Sklaverei rechtfertigt, die er für unentbehrlich hält, weil das Wirtschaftsleben sonst nicht funktioniere. Diese Auffassung wurzelt noch in einem uralten Menschenbild, das den Menschen verschiedener Gruppen und Schichten unterschiedlichen Wert zumisst. Freunde findet Aristoteles aber sicher bis heute mit seinem Plädoyer für die Künste, die Poetik, das Theater und die Schönheit. Insbesondere die Tragödie, die elementare Lebensschicksale auf die Bühne bringt, reinige die Seele der Menschen von maßlosen Affekten (**Katharsis**). Und worum geht es dabei vor allem? Deutlich zu machen, dass der Mensch nicht das Maß aller Dinge ist, dass eine höhere Macht existiert, die uns unendlich überragt.

Prüft doch einmal bei eurem nächsten Theaterbesuch, ob es den heutigen Regisseuren gelingt, solcherlei Erkenntnisse zu verschaffen.

6. Kapitel
EPIKUR
(341–271 V. CHR.)

1. Eingangsfragen

Die meisten von euch dürften noch jung sein. Könnt ihr euch vorstellen, bereits mit 14 Jahren ein so gewaltiges Interesse an der Philosophie zu haben, dass ihr für immer bei ihr bleibt? Bei Epikur war es so, und er wurde einer der berühmtesten Philosophen mit einem großen Einfluss auf das Denken und Handeln vieler nachfolgender Generationen. Leider sind fast alle seine Schriften verloren, aber der römische Dichter Lukrez hat die Lehre des Epikur in einem großen Gedicht aufgeschrieben und damit für uns bewahrt. Die zweite Frage: Habt ihr schon einmal darüber nachgedacht, was das wichtigste Ziel in eurem Leben ist? Epikur gibt eine Antwort, die den meisten sicher gefällt: **Glücklichsein**. Die Frage ist nur: Wie schafft man das? Epikur weiß Rat. Ob er euch zusagt, könnt ihr am Ende dieses Kapitels entscheiden. Denn vergesst nicht: Das Lernen von Philosophien drängt immer gleich zu kritischem Mitdenken und liefert vielfältige Anregungen.

2. Naturlehre und Glück

Wir müssen zunächst einen Umweg über Epikurs Vorstellungen von Kosmos und Natur machen, denn sie bilden die Voraussetzung für seine Glücksstrategie, wobei die sinnliche Wahrnehmung für die Erkenntnis von Wahrheit eine entscheidende Rolle spielt. Ausgangspunkt ist der **Atomismus** des Demokrit, den wir schon kennengelernt haben. Das ganze Sein bestehe aus qualitätslosen Atomen (unterschieden nur durch Form und Schwere), die sich im leeren Raum bewegen. Alles Werden in Natur und Leben erfolge allein durch ewige Umgruppierung dieser Atome, deren Zahl immer unverändert bleibe. Und wichtig: Die Atome befänden sich in einer ständigen geraden

Falllinie, mit dem Ergebnis, dass alles Sein und Werden streng festgelegt, vorbestimmt oder – philosophisch gesprochen – determiniert sei. Und was hat das nun mit Glück zu tun, werdet ihr fragen. Epikur erklärt es uns. Festlegung, Vorbestimmung von allem – das findet er furchtbar. Wo bleibe da der **freie Wille** des Menschen, wie könne man da sein Leben nach eigenen Vorstellungen lenken? Nein, meint er im Gegensatz zu Demokrit, die Atome würden nicht nur gerade herunterfallen, sondern einige immer wieder auch in Schräglage geraten, somit auch planlos aneinanderprallen und auf diese Weise zwar Neues schaffen, aber wegen der Planlosigkeit vor allem unberechenbare Zufallsprodukte. Konsequenz: keine strenge Gesetzmäßigkeit des Weltgeschehens, folglich auch keine sichere Vorhersehbarkeit, vor allem kein unabwendbares Schicksal für den Menschen. Wir treffen also auch bei Epikur auf ein mechanistisches Weltbild (alles Geschehen in der Natur ist auf mechanische Vorgänge zurückzuführen), jedoch ein anderes als bei Demokrit, nämlich eines ohne höhere, vorbestimmte Zwecke und Ziele.

Aber steckt darin nicht ein Widerspruch? Kann der Wille des Menschen wirklich frei sein, wenn die Atome doch alles beherrschen, mögen sie auch planlos Zufälliges schaffen? Was hätte der Mensch dieser blind waltenden Kausalität entgegenzusetzen? Epikur bemüht sich jedoch, dem Menschen durch eine weitere, aus seinem mechanistischen Weltbild folgende Argumentation zum Glück zu verhelfen. Er will ihnen nämlich die Angst nehmen vor zornigen und launigen Göttern, vor dem Tod und vor dem Totengericht. Wenn es im Universum keine Zwecke gäbe, dann auch keine gegen die Menschen gerichteten Absichten, auch nicht seitens der Götter. Zwar gäbe es sie, jedoch amüsierten sie sich ebenso arbeitsscheu wie heiter irgendwo in den Wolken, ohne sich in weltliche Dinge einzumischen. Weshalb dann Furcht vor Strafen nach dem Tod? Ja, wir müssten nicht einmal den Tod selbst fürchten, denn solange wir leben, sei der Tod nicht, und wenn der Tod sei, leben wir nicht mehr.

Und was wird aus unserer **Seele**? Epikur gibt eine einfache Antwort: Auch die Seele bestehe aus Atomen. Beim Tod zerfielen sie jedoch. Zwar existierten sie weiter (nichts vergehe im Universum), aber mangels Verbindung mit einem Körper besäßen sie keine Empfindung mehr. Die Seele sei tot, der Mensch nicht unsterblich. Wie anders doch das Bild zum Beispiel der christlichen

Offenbarungsreligion (»Gott Vater«), deren Anhänger Epikur folglich einer harschen Kritik aussetzten, auch natürlich, weil sich die Götter nach seiner Ansicht nicht um uns kümmerten und schließlich weil Epikur auf der Grundlage seiner Atomtheorie mehrere Welten annahm und wir nach seiner Meinung nicht im Zentrum des einen und einzigen Kosmos lebten.

3. Glück durch Lust (hedone)

Freier Wille, keine Angst vor Göttern, Tod und vor Strafen im Jenseits: Da hat Epikur schon einiges für das Glück zu bieten. Aber was noch fehlt: Wie sollen wir uns verhalten, um glücklich zu werden? Schaut auf die Überschrift! Also Glück durch **Lustempfinden**? Ja, in der Tat. Aber diese Formulierung führt schnell in die Irre, und so war es auch in der nachfolgenden Philosophiegeschichte. Epikur wurde von vielen missverstanden. Man meinte, er rede der maßlosen sinnlichen Begierde, dem Sex, dem ungehemmten Konsum, dem platten Genuss das Wort. Weit gefehlt! Das Gegenteil ist richtig.

Mit zwei miteinander verknüpften Begriffen ist das Wesentliche bei Epikur, den viele seiner Zeitgenossen als Heiland sahen, umschrieben: *Glückseligkeit* (Eudaimonia, das kennen wir schon von Aristoteles) durch *Seelenruhe* (Ataraxia, kommt von griechisch a-tárachos: unerschütterlich). Und man hat Orientierungsmittel: **Lust** und **Schmerz**. Erstere streben wir an, Letzteren wollen wir tunlichst vermeiden. Empfinden wir Schmerz beziehungsweise Unlust, müssen wir etwas ändern, um einen Zustand der Lust (für Epikur seelisches Gleichgewicht, Gelassenheit und innerer Frieden) zu erreichen. Aber nochmals: Wie? Nicht durch Gier, Maß- und Zügellosigkeit, kurzfristiges, oberflächliches Vergnügen. So könnten sich auch Tugend und der Sinn für Gerechtigkeit nicht bilden, umgekehrt kein innerer Friede ohne Tugend und Gerechtigkeit. Die von uns selbst mit Klugheit und Weisheit gesetzten Ziele müssten realistisch, die Ansprüche nicht zu hoch sein. Das bedeutet keine Absage an Luxus. Wer sich ihn aber nicht leisten könne, solle mit der Erfüllung der Grundbedürfnisse (Wärme, Essen, Trinken, Dach über dem Kopf) zufrieden sein. Meide die Politik, lebe unauffällig, strebe nicht nach Ruhm, tue nichts, was Angstzustände (auch Verlustängste) und Verwundbarkeit zur Folge haben kann, enthalte dich nicht der Lüste (den Geschlechtsverkehr sieht er jedoch sehr kritisch), aber beherrsche sie mit Bedachtsamkeit, damit sie an dir nicht Rache nehmen, bringe dich nicht in versklavende Abhängigkeiten. Und ganz wichtig: Schaffe dir Freunde. So ist dir ein lebensbejahendes Dasein in Heiterkeit beschieden.

Liebe Leser, welches Menschenbild gefällt euch nun besser: das des Gemeinschaftsmenschen nach Aristoteles oder das des Epikur, also das mehr nach innen gekehrte und dort Glück suchende Individuum? Oder vielleicht eine Kombination aus beiden? Berücksichtigt bei eurer Entscheidung bitte den Unterschied in den Lebensverhältnissen zwischen 300 v. Chr. und heute.

7. Kapitel
DIE SKEPTIKER

1. Diogenes, der Mann in der Tonne

Wir befinden uns nun schon im Zeitalter des Hellenismus (Hellenen sind die Griechen). Es erstreckt sich vom Amtsantritt Alexander des Großen (336 v. Chr.), der die Perser besiegte und die griechischen Stadtstaaten zu einem riesigen Reich einigte, bis 30 v. Chr., als die Römer diesem Reich durch vollständige Unterwerfung ein Ende setzten. Aber zurück zur Philosophie. **Glückseligkeit** – darauf waren die großen Denker des Hellenismus konzentriert, allen voran Epikur, den wir im letzten Kapitel kennengelernt haben. Gleiches gilt für Diogenes (vermutlich 413–323 v. Chr.), der, wie ihr vielleicht schon gehört habt, in einer Tonne gelebt haben soll, was aber umstritten ist. Er wird den sogenannten *Kynikern* zugerechnet. Kynisch heißt hündisch, und in der Tat, durch ein hündisches, das heißt entbehrungsreiches Leben ohne jeden Luxus wollte er nun Glückseligkeit erlangen. Ein tugendhaftes Dasein in Entsagung und Weltabgewandtheit – darum ging es ihm. Kynisch – hat das nichts mit unserem Wort zynisch (das heißt auf verletzende Weise spöttisch) zu tun, werdet ihr fragen, und was ist am Verhalten des Diogenes denn zynisch? Da besteht tatsächlich ein Zusammenhang. Die auf Entsagung gerichtete Lehre des Diogenes entwickelte sich im Laufe der Zeit zu einer der Gleichgültigkeit. Das führte aber auch zu Äußerungen wie »Nicht so schlimm, dass ich Schulden bei dir habe!« Und das ist nun wirklich zynisch.

2. »Da bin ich skeptisch«

Nach diesem kleinen, aber notwendigen Ausflug zu den Kynikern nun aber zu den ebenfalls dem Hellenismus zugehörigen *Skeptikern*. Zweifel, Bedenken, Misstrauen: Das kennt ihr alle, und sicher habt ihr euch schon einmal so wie in der Überschrift geäußert. Aber was steckt philosophisch dahinter? Wieder geht es um das Ziel Glückseligkeit, jetzt aber um Seelenruhe durch Urteilsenthaltung, so der Begründer des Skeptizismus, Pyrrhon von Elis (365–275 v. Chr.), ein Schüler Demokrits. Dem Römer Sextus Empiricus (200–250 n. Chr.) verdanken wir die Darstellung von Pyrrhons Philosophie. Was den Menschen unruhig mache, sei seine Neigung, alles erkennen zu wollen und alles zu bewerten. Das jedoch verwirre ihn und mache ihn ängstlich. Wir müssten einsehen, dass letzte Gewissheiten nirgendwo erreichbar sind. Jeder These könne eine gleichstarke entgegengesetzt werden, alles sei **relativ**: der Beurteilende (immer subjektiv), die Sinnesorgane (von Mensch zu Mensch verschieden), die Weltbilder, Moral, Sitten, Gesetze, Mythen und Dogmen, die Natur des zu beurteilenden Gegenstands. Für Letzteres ein Beispiel: Auch die Menge spiele eine Rolle: ein Sandkorn hart, viele Sandkörner als Sandhaufen weich. Pyrrhons Schüler Timon von Phleius (320–230 v. Chr.) verwies zudem auf den unendlichen Regress, bei dem man unweigerlich lande. Das bedeutet: Nicht einmal Grundsätze, auf die man etwas zurückführen wolle, seien unangreifbar, alles bedürfe eines Beweises durch anderes. Dabei bewege man sich im Kreis oder käme selbst bei der längsten Beweiskette nie zu einem Ende, nie zu letztgültigen Annahmen. Das An-Sich der Dinge erschließe sich uns nicht. Aber wie lebt man dann, wenn man sich niemals sicher sein kann? Ja, diese Unwissenheit sei es gerade, die dem Menschen Glückseligkeit verschaffe, wenn er nur weise und leidenschaftslos die Unerkennbarkeit von allem begreife und sich des Urteilens enthalte. Worum es für ihn im Leben gehe, sei eine immer wieder zu prüfende, praxisbezogene Wahrnehmung, die zu anderen Erkenntnissen möglichst nicht im Widerspruch stehe, die sich an den Vorgaben der Natur, der alltäglichen Lebenserfahrung und den geltenden Sitten und Gebräuchen orientiere. Nicht Gewissheiten, sondern **Wahrscheinlichkeiten** prägten unser Leben, das betonten vor allem die späteren Skeptiker Arkesilaos (315–240 v. Chr.) und Karneades (213–128 v. Chr.).

8. Kapitel
DIE STOA

1. Die Hardware der Tugend

»Der hat die Ruhe weg, geradezu stoisch!« Diesen Satz habt ihr sicher schon mal gehört. Und das hat in der Tat seine Wurzel in der Stoa, einer philosophischen Schule, die Zenon von Kition (340–260 v.Chr.) ungefähr 300 v. Chr. in Athen gründete, wobei Stoa Wandelhalle bedeutet, und in einer solchen hat Zenon gelehrt. Man unterscheidet alte, mittlere und späte Stoa. Letztere führt schon zu den Römern, vor allem zu Seneca, Epiktet und Marc Aurel. Doch damit nicht genug. Der Einfluss des Stoizismus reicht sogar bis in die Neuzeit (Spinoza, Kant). Also eine Philosophie mit immenser Wirkung. Aber die anderen wichtigsten Namen solltet ihr wenigstens gehört haben: Kleanthes und Chrysipp (alte Stoa), Panaitios und Poseidonios (mittlere Stoa).

Wie bei Epikur, den wir in einem der letzten Kapitel kennengelernt haben, geht es auch bei Zenon um das Streben nach Glückseligkeit, doch waren beide entschiedene Gegner. Warum, erschließt sich schnell. Im Zentrum auch der Stoiker (vor allem der späten) steht die **Ethik**, also das richtige Verhalten. Richtig bedeutet für sie vernünftig, worunter sie verstehen: Der Mensch soll im Einklang mit sich selbst, mit seiner eigenen Natur handeln, nun aber nicht im Einklang mit irgendeiner beliebigen individuellen Natur, sondern mit einer Natur, die ihrerseits übereinstimmt mit der Natur des Kosmos, und zwar eines strengen Gesetzen folgenden, göttlichen Kosmos. Das ist eine ganz andere Sicht als die mechanistische Welt des Epikur, wo Atome nach dem Zufallsprinzip herrschen. Die göttliche Welt der Stoiker ist eine geistige, lebendige, von höherer Vernunft durchdrungene Welt. Feuer ist das Urelement, aus dem alle anderen Elemente entstehen, und aus ihnen das *pneuma*, als da sind Lebenshauch, Kraft, Seele und planvolle

Ordnung. Der Namen für den Lenker dieser Ordnung sind viele: Logos, Zeus, Vater, Vorsehung, Gott. Und dieser Gott ist in allem, er lenkt alles, und – noch weitergehend – alles ist nach seinem großen Weltenplan vorbestimmt. Gott und Welt sind identisch (Pantheismus – den Begriff haben wir schon kennengelernt).

Wie gesagt: Wer Glückseligkeit erlangen will, muss Übereinstimmung finden zwischen dieser göttlichen Natur des Kosmos und seiner eigenen, göttlich bestimmten Natur. Aber wie erkennt man diese göttliche Natur und damit auch sein eigenes naturgemäßes Wesen? Auf welche Weise wird man seiner Teilhabe an der Weltvernunft inne? Und vor allem: Wie erreicht man höchstmögliche Sicherheit, dass das, was man erkennt, auch wirklich wahr ist? Diesen Erkenntnisprozess nennen die Stoiker *Okeiosis* (Zueignung). Er verläuft wie folgt: Der entscheidende Lieferant von Informationen ist die sinnliche Wahrnehmung (das empiristische Moment, zu dem wir später noch ausführlicher kommen werden). Die Wirklichkeit bildet sich in uns ab. Wie Wachs wird sie gleichsam in unsere Seele eingedrückt. Natürlich müssten bestimmte Voraussetzungen erfüllt sein, damit wir von Wahrheit ausgehen können: normaler Zustand der Sinnesorgane, ausreichende Nähe zum Wahrnehmungsobjekt, genügend Zeit für den Sinneseindruck, keine Störungen dieses Vorgangs von außen und keine widersprechenden Erfahrungen. Sodann sei das Ganze einer Überprüfung durch die Vernunft zu unterziehen, was vor allem mithilfe von bewährten Begriffen erfolge.

2. Die Software der Tugend

Bisher haben wir nur den Rahmen für tugendhaftes Handeln kennengelernt: Es gilt also, die Natur der Weltseele mit der eigenen Natur in Einklang zu bringen. Aber was bedeutet das inhaltlich, das heißt, was verstehen Stoiker ganz praktisch unter einem tugendhaften Leben? Bei Epikur waren Lust und Schmerz die Kriterien, an denen die Glückseligkeit zu messen war, die Stoiker sehen das viel strenger. Aus dem göttlichen Kosmos leiten sie ab, dass nur die **Tugend** zum Glücklichsein führe. Und Tugend bedeute in erster Linie Willensstärke, Strenge gegen sich selbst, Tapferkeit, Gerechtigkeit üben, Gesetzestreue und Pflichterfüllung. Dazu zähle, durch

Teilnahme am öffentlichen Leben Verantwortung zu übernehmen. Wie anders doch Epikur, der zur Unauffälligkeit riet. Das alles sei auch möglich, denn der Mensch verfüge über einen freien Willen. Materielle Güter seien nicht wichtig. »*Entsage und ertrage!*«, ist ein elementarer Grundsatz dieser Philosophie. Ein anderer sinngemäß: »*Spekuliere nicht auf Ruhm und Anerkennung, ja, handele nicht um eines Nutzens willen!*« (Kant lässt grüßen!) Und vor allem: »*Beherrsche deine Leidenschaften, finde Gleichgültigkeit!*« (Die Stoiker nennen sie Apathie!)

3. Zwei Fragen an die Leser

a) Natur des Kosmos

Die Tugendlehre der Stoiker orientiert sich, wie wir erfahren haben, an der Natur des Kosmos. Aber sind nicht alle Erklärungen hierzu reine Spekulation? Zwar spielen vor allem die römischen Stoiker eine wichtige Rolle bei der Bildung des sogenannten Naturrechts, eines Rechts also, von dem man annimmt, es sei von höchster Warte vorgegeben und gelte für alle Kulturen. Das mag für viele Regeln gelten, aber die bunte Welt zeigt, dass auch im Elementarsten (etwa beim Schutz des Lebens) unterschiedliche Auffassungen bestehen. Wer will über die Natur des Kosmos, das heißt: über dessen Vernunft, Verbindliches wissen? Ist nicht dem Menschen Erkenntnis zu allem Überirdischen und Transzendenten verschlossen?

b) Willensfreiheit

Befinden sich die Stoiker nicht in einem unlösbaren Widerspruch? Einerseits sei alles determiniert, unabänderlich schicksalshaft festgelegt, andererseits verfüge der Mensch über einen freien Willen, der ihn befähige zu entscheiden, ob er den Gesetzen der Vernunft folge oder eben nicht. Die Stoiker versuchen, diesen Widerspruch dadurch aufzuheben, dass sie sagen, letztlich bestünde zwischen Notwendigkeit (alles ist göttlich bestimmt) und Freiheit des Willens gar kein Gegensatz, denn der Weise akzeptiere sein (vorgegebenes) Schicksal ohne Hader und Klage als vernünftig, ja, er tue dies sogar mit Freuden. Aber ist das wirklich überzeugend? Offenbar hat der

Mensch nach Meinung der Stoiker auch die Möglichkeit, sich nicht weise zu verhalten. Dann besäße er Freiheit. Andererseits sagen sie, alles im Kosmos sei nach ewigen Gesetzen festgelegt (nach Chrysipp ausdrücklich auch unser Seelenleben). Wo bliebe dann aber Raum für die Entfaltung eines freien Willens? Der Mensch hätte doch überhaupt keine Wahl. Frei oder gebunden? Entweder – oder. Denkt einmal darüber nach.

9. Kapitel
PLOTIN
(205–270 N. CHR.)

NEUPLATONISMUS

1. Platon lässt uns nicht los

Der Begriff *Neuplatonismus* wird seinen Sinn haben. In der Tat. Wir sind jetzt zwar schon im Alten Rom gelandet, aber der Geist Platons schwebt nun auch über dieser ehrwürdigen Stadt. Es ist vor allem Plotin, der die Philosophie Platons wachhält und damit eine Brücke von der Antike zum christlichen Mittelalter schlägt. Aber auch die Gedanken von Aristoteles, Pythagoras und der Stoa finden bei Plotin Niederschlag. Machen wir es jedoch nicht zu kompliziert und bleiben bei Platon. Mindestens zweierlei aus seiner Philosophie finden wir bei Plotin wieder:
1. die Ideen (schaut noch einmal ins 4. Kapitel!), wenn auch mit einem etwas anderen Stellenwert, und mit ihnen die Vorstellung, dass das ganze Dasein göttlichen Ursprungs ist.
2. Sie sind es, die über Wirklichkeit verfügen, nicht die Materie, also alles Gegenständliche. Insofern ist der Begriff Neuplatonismus gerechtfertigt, trotz allem, worin sich Platon und Plotin unterscheiden.

2. Ein Schichtenmodell
a) Das Eine

Fundament von allem ist für Plotin das sogenannte *Eine*. Wie beschreibt er es? Er nennt es Gott, einziges Urprinzip, das Gute, Vollkommene, die Quelle. Zugleich betont er, dass es überhaupt nicht beschreibbar und etwas Unaussprechliches sei. Plotin formuliert das Eine daher auch nur in negativen Begriffen: ohne Eigenschaft, unendlich, raum- und zeitlos, ohne Form, ohne Bewegung und ohne Ruhe etc. Es stehe über allem Denken, aller Erkenntnis, aller Materie. Das bedeute auch, dass das Göttliche nicht einmal Geist sei, denn der Begriff Geist bedürfe menschlicher Definition, menschliche Erfahrung sei jedoch begrenzt. Der Einheit des Einen stehe die Vielheit der Welt in ihrer Mannigfaltigkeit gegenüber, aber alles in dieser Welt sei auf das Eine zurückzuführen, also nichts wäre ohne das Eine, und das Eine finde sich in allem.

Ihr werdet jetzt vielleicht jetzt fragen: Wie kann das Eine alles ordnend lenken, wenn es doch so Vielfältiges gebärt, das sich aus dem Einen zu konkretem, eigenem Wesenhaften bildet? Dazu sagt Plotin unmissverständlich, dass sich das **Viele** keineswegs vom **Einen** vollständig trenne und somit auch nicht Selbstständigkeit erlange. Ganz anders übrigens die christliche Lehre, derzufolge Gott die Welt nach Schöpfung in eine gewisse Selbstständigkeit entlassen hat. Bei Plotin bleibt das Eine Herrscherin über das Viele.

Auch die nächste Frage drängt sich geradezu auf: Wenn das Eine das Vollkommene, damit aber auch, weil schon vollkommen, das Bedürfnislose ist, warum bleibt es dann nicht für sich, sondern wollte und will sich immer weiter zur Welt entfalten? Wäre das nicht doch ein Ausdruck von Mangel, der wiederum der Vollkommenheit widerspräche? Das beantwortet Plotin wie folgt: Das Eine verfolgt keine Zwecke, und es fehlt ihm auch nichts, sondern es ist die unendliche, göttliche Fülle, eine unerschöpfliche Quelle, die einfach überfließt und somit das viele andere absichtslos hervorbringt.

b) Der Geist

Oben in der Überschrift dieses Abschnitts steht »Ein Schichtenmodell«. Die erste Schicht des Plotinschen Weltbildes (Philosophen sprechen von Hypostasen) haben wir kennengelernt: das Eine. Daraus nun entstehe die zweite Schicht: der **Geist**. Der Emanationsprozess – so nennt ihn Plotin – habe begonnen. Der Begriff kommt von emanatio, das heißt: Ausfließen. Die eine Schicht bringe die andere hervor. Was bedeutet nun der Geist für Plotin? Jetzt wird es schwierig, aber machen wir es so einfach wie möglich. Plotin vergleicht das Eine, also Gott, mit der Sonne. Sie strahle, spende Licht. Dieses Licht sei der Geist, mit dem das Eine sich nun selbst erkenne. Lichtquelle und Belichtetes seien also identisch. Dieser erhellte Geist, dieser aus dem

Einen hervorgegangene, sich selbst denkende und mit gewaltiger Kraft ausgestattete Geist, beginne nun, selbst zu zeugen, und zwar die *Ideen*, also die Urbilder von allem. Für Platon waren sie das Höchste, bei Plotin finden wir sie erst in der zweiten Ebene, in der Ebene des Geistes. Aber sie seien das höchste **Seiende**, jedoch – wie auch bei Platon – nur Ideelles. Das Gegenständliche existiere noch nicht. Die auf dieser Entwicklungsstufe »Geist« entstehenden Ideen zeigten eine grenzenlose Vielfalt und würden voneinander unterschieden, was zugleich eine Unterscheidung von Denkendem und Gedachtem bedeute. Damit bekommen neben der Kategorie der »Verschiedenheit« nun auch solche Begriffe wie Identität, Stabilität, Ruhe und Bewegung Gewicht. Das Denken erhält also Struktur.

c) Die Seelen

Der Geist entstand also aus dem Überfließen des Einen, und aus dem Geist gehen die Ideen hervor. Unsere Welt haben wir damit aber noch nicht. Bisher ist alles nur geistig, die Ideen herrschen. Nun schafft sich der Geist aber *Seelen*, und zwar zunächst die *Weltseele*, die dann ihrerseits *Einzelseelen* erzeugt. Qualitativ unterscheiden sich beide deutlich. Die Weltseele ist noch Teil des Geistes, die Einzelseelen dagegen gehen zwar aus der Weltseele – wieder durch Überfließen – hervor und nehmen an deren Wesensart teil, sie verlieren sich aber doch sehr in der Vielheit der Welt. Dass letztlich alles doch göttlichen Ursprungs und vom Göttlichen durchdrungen ist, liegt daran, dass die Weltseele in zwei Richtungen blickt: nach oben zum göttlichen Geist und nach unten in die sinnliche Welt, die von ihr erschaffen wird: Kosmos, Natur, Materie, Menschen, Tiere und Pflanzen. Aber um noch einmal den Bezug zu Platon zu betonen: Wie bei ihm ist auch für Plotin diese Welt nur **Abbild**, wirklich sind nur die Ideen.

d) Wir sollen umkehren

Umkehren? Warum? Wohin? Jetzt kommen wir zu Plotins **Ethik**, also zu der schon in der Einleitung dieses Buchs zitierten philosophischen Frage: Was sollen wir tun? Plotin preist die Schönheit der Natur, jedoch sei die sinnliche Welt, also die Körperwelt, weniger gut als die Welt des Geistes, die Welt der

Ideen. Kommen wir zurück zum Bild von der Sonne: Ihre Strahlkraft nehme vom Einen ausgehend immer weiter ab, bis in der Körperwelt nurmehr trübes Licht oder gar Dunkelheit herrsche. Dies sei der Bereich des Menschen. Er lebe in weltlicher Verstrickung. Mit zunehmender Entfernung vom Einen verliere sich das Gute, das Böse übernehme mehr und mehr das Regiment, ja, Plotin stellt dem Ausgangspunkt, dem höchsten Einen, als niedrigsten Endpunkt eine **Welt der Nichtigkeit** – damit meint er unsere Welt – gegenüber. Welchen Weg empfiehlt er dem Menschen? Plotin erinnert an unser aller Ursprung, den wir vergessen hätten: das Eine. Dahin müssten wir zurückkehren. Das setze Befreiung der Seele vom Leib voraus, der sie eingeschlossen halte. Aber welch schwierigen Weg Plotin da einfordert! Es beginne mit dem Verzicht auf weltliche Genüsse. Der nächste Schritt sei ein tugendhaftes Leben. Es folge die Reinigung der Seele durch Beherrschung aller Leidenschaften und Triebe. Sodann gelte es, auf einer intellektuellen, ja philosophischen Stufe, in einem Zustand der Weltentrückung die Ideen zu schauen. Am Ende schauten wir nicht nur die Ideen, sondern in Momenten völliger Verklärung (inneres Leuchten, überirdische Erhöhung) oder gar Ekstase stünden wir im Angesicht des göttlichen Lichts, des Ewigen und Ur-Einen. Und auch damit noch nicht genug: Wir würden eins mit Gott – die *unio mystica*.

Nur: Setzt diese Vereinigung mit Gott notwendig voraus, dass wir unsere an Wundern so reiche Welt verachten, in ihr nur den Platz des Bösen sehen und auf alle uns angebotenen Herrlichkeiten und Genüsse verzichten? Läge darin nicht eine Zurückweisung des denkbar wertvollsten, göttlichen Geschenks: des Lebens auf dieser einzigartigen Erde?

10. Kapitel
AUGUSTINUS
(364-430)

1. Ein Zwischenstopp

Bevor es weitergeht, wollen wir einmal kurz Atem holen und an die eingangs gestellten vier Fragen – die vier Grundfragen der Philosophie – erinnern:
Was kann ich wissen?
Was soll ich tun?
Was darf ich hoffen?
Was ist der Mensch?
Habt ihr sie bei der bisherigen Lektüre immer im Kopf gehabt? Das wäre gut, und ein Hauptzweck dieses Buchs erfüllt. Für alles, was ihr euch bisher mehr oder weniger mühsam zu Gemüte geführt habt, entwickelt ihr ein viel tieferes Verständnis, wenn ihr den Stoff stets mit Blick auf diese Fragen verinnerlicht. Im Zusammenhang mit der Frage »*Was kann ich wissen?*« haben wir zum Beispiel erfahren, wie unterschiedlich etwa die Vorsokratiker über Entstehen und Wesen der Welt spekulieren und dass uns sogar die Wissenschaften nicht absolute, letztgültige Wahrheiten zu vermitteln vermögen. »*Was soll ich tun?*« – das ist die Frage nach der richtigen Moral. Sokrates stellt dabei das Wissen ins Zentrum, Aristoteles das rechte Maß (die »Goldene Regel«). Und »*Was darf ich hoffen?*« – da denken wir zum Beispiel an Epikur: Auf Glückseligkeit darf ich hoffen, zu erlangen durch Seelenruhe.
Bleibt die Frage: »*Was ist der Mensch?*« Vieles haben wir auch dazu schon erfahren. Jetzt sind wir jedoch bei einem Philosophen angekommen, der uns dazu faszinierendes Neues zu sagen weiß: Augustinus.

2. Abenteuerliche Wende

Im heutigen Algerien geboren und nicht gerade ein rundum eifriger Schüler, führt Augustinus als junger Mann nach späteren, eigenen Bekenntnissen ein munteres Genussleben mit vielen Freunden, nächtlichen Eskapaden und Liebschaften. Über die Station Karthago (Rhetorikstudium) kommt er nach Rom, wo er als 18-Jähriger Vater wird, die Mutter seines Sohnes jedoch verstößt. Es folgt die Verlobung mit einem Mädchen aus höherem Hause, aber auch hier nimmt Augustinus noch vor der Hochzeit Reißaus. Doch dann plötzlich die Wende: Lektüre der Schriften von Cicero, Ende des ausschweifenden Lebenswandels, zunächst Anhänger des Manichäismus (die Welt ist der Schauplatz des Kampfes zwischen Licht und Finsternis, also zwischen Gut und Böse), dann des Skeptizismus (s.o. 7. Kapitel), Rhetoriklehrer in Mailand, schließlich nach intensiver Beschäftigung mit Platon und Plotin und unter beharrlichem Einfluss seiner streng christlichen Mutter Bekehrung zum Christentum, Entsagung aller weltlichen Lüste, Rückkehr nach Afrika (wo er bis zu seinem Tod bleibt), Gründer des Klosters in Hippo Regius, Ernennung zum Bischof. Wer hätte gedacht, dass dieser einst doch recht wilde Bursche zum wohl bedeutendsten und wirkungsvollsten philosophischen und theologischen Lehrer des christlichen Abendlandes werden würde?

3. Keine Wahrheitserkenntnis ohne Glauben

Sind das nicht zwei ganz verschiedene Dinge: Erkenntnis, Wissen und Wahrheit auf der einen, der Glaube auf der anderen Seite? Sind nicht die Gegenstände des Glaubens alles das, was man nicht sicher weiß und deshalb eben nur glaubt? Nein, sagt Augustinus: »*Glaube, um zu erkennen.*« Das heißt: Einen Glauben zu besitzen, ist überhaupt die Voraussetzung dafür, die Wahrheit zu erkennen. Dieser zu sicherem Wissen führende Glaube ist für Augustinus allein der christliche. Und umgekehrt erklärt er, dass vernunftgemäße Erkenntnis die Richtigkeit des (christlichen) Glaubens bestätige: »*Erkenne, um zu glauben.*« **Glaube** und **Vernunft** widersprechen sich nach Augustinus also nicht, sondern gehen hier eine vorher nicht gekannte, wechselseitige Verbindung ein.

Warum nun meint Augustinus, dass nur der gläubige Christ **Wahrheit** erkennen könne? Zunächst einmal: Den menschlichen Sinnen traut Augustinus nicht. Zum einen verändere sich die Körperwelt ständig (denkt an Heraklit: »Alles fließt!«), zudem verfüge jeder Mensch über eine verschiedene Seele, es seien nun aber die Seelen, die Informationen an unsere Sinne lieferten. So komme es zu einer Vielfalt von Sinneserfahrungen, was die Findung allgemeinverbindlicher, letztgültiger Wahrheiten ausschließe, jedenfalls wenn man allein mit den Sinnesorganen die Wahrheit aufspüren wolle (verzichtbar sind sie auch für Augustinus nicht). Aber er gibt nicht auf. Er weiß natürlich um die unbestreitbaren mathematischen Wahrheiten (5+2=7). Jedoch sind das nicht die Wahrheiten, die er vor allem meint. Am Ende wird er fündig, zunächst mit einer Zwischenerkenntnis. Man könne noch so skeptisch sein, an einem jedoch sei nicht zu rütteln: dass man **existiere**. Eine unumstößliche Wahrheit, weil, wer zweifele, wer Fragen stelle, auch wer sich irre, nun einmal existieren müsse. Das sei eine Gewissheit. Kommt euch das vielleicht bekannt vor? Habt ihr schon von dem französischen Philosophen Descartes und seinem berühmten »cogito ergo sum« (»ich denke, also bin ich«) gehört? Das wird hier von Augustinus in gewisser Weise vorweggenommen. Aber zu Descartes später.

Also: Es gebe Wahrheit, nicht nur mathematische oder logische, sondern auch die Wahrheit der Existenz des Zweifelnden. Aber das genügt Augustinus immer noch nicht. Er sucht eine noch tiefere Wahrheit. Doch welche, und wo könnte man sie finden? Wo also liegt die Quelle für die tiefste Wahrheit? Das ist die zentrale Frage für Augustinus. Und seine Antwort lautet: in uns selbst, in unserem Geist. »*Gehe nicht nach draußen, kehre in dich selbst ein!*«, sagt er. Der Weg führe von der Außenwelt (die wir mit den Sinnen erfassen) zur Innenwelt unseres Geistes und unserer (unsterblichen, den Leib beherrschenden) Seele und von da zu unserem **Herzen**. Dort sei der Ort Gottes, der Urgrund aller Wahrheit, verkörpert in den ewigen göttlichen Ideen (hier scheinen wieder Platon und Plotin durch). Die Ideen lieferten uns also die Wahrheit, das hieße zugleich: **Gott** selbst sei die Wahrheit.

Auf welchem Weg jedoch kommen die Ideen in unseren Geist? Durch **Illumination**, also Einstrahlung, meint Augustinus. Wie man sich diese Illumination vorzustellen hat, ist in Philosophie und Theologie umstritten. Das jedoch können wir hier auf sich beruhen lassen. Denn entscheidend ist, wie nun der Mensch Zugang zu seinem Innersten, zu Gott, den ewigen Ideen und damit auch zur Wahrheit erhält. Das sei – so Augustinus – nur möglich über Christus und die Kirche. Gott, das größte Mysterium, sei nicht unmittelbar fassbar, er habe sich aber als dreieiniger Gott (Vater, Sohn und Heiliger Geist) in Christus und dem göttlichen Wort, der Bibel, offenbart. Fazit: Das ist jetzt nicht mehr das unpersönliche Gottesbild der Ideen Platons, sondern Mensch geworden, lebe der personal begriffene Gott in unseren Herzen.

4. Ein schwieriges Rätsel

Das Wichtigste haben wir erfahren. Aber zur Abrundung des Bildes von Augustinus müssen wir noch wissen, dass Augustinus im Gegensatz zu den meisten griechischen Philosophen, die wir kennengelernt haben, davon ausgeht, Gott habe die Welt aus dem Nichts geschaffen, und vor der Schöpfung habe es weder Materie noch Zeit gegeben.

Und noch ein Thema, mit dem euch zugleich ein **Rätsel** gestellt werden soll. Vielleicht könnt ihr es lösen. Augustinus sagt Folgendes: Das höchste Ziel des Menschen sei die Glückseligkeit. Alles hierauf gerichtete Streben und Handeln müsse durchdrungen sein von der Liebe zu Gott. Das klingt nach Freiheit des menschlichen Willens, denn man hat die Wahl, diese ethische Forderung zu erfüllen oder nicht. So hat es Augustinus zumindest in seinen Frühschriften auch gesehen. Zugleich ist er aber Anhänger der ***Erbsünde***. Mit dem Verzehr des Apfels vom Baum der Erkenntnis habe Adam der ganzen Menschheit die Unsterblichkeit, zugleich die Fähigkeit, nicht zu sündigen, genommen. Das bedeutet: Sünden zu begehen, ist unabwendbares menschliches Schicksal. Wie verträgt sich das aber mit der Willens- und Handlungsfreiheit? In diesem Zwiespalt war Augustinus selbst nicht wohl. Sein Ausweg, wenn es denn ein Ausweg ist: die göttliche ***Prädestination***. Das heißt: Der Mensch solle ein gottgefälliges, tugendhaftes Leben führen, dennoch stehe schon mit der Geburt fest, welcher Mensch zur Verdammnis (Hölle), welcher zur Erlösung (Himmel) bestimmt ist. Die göttliche Entscheidung hierüber sei allein eine der Gnade, die guten oder schlechten Werke des Menschen spielten dabei keine Rolle. Damit hat Augustinus die Willensfreiheit wohl geopfert.

Wie seht ihr es? Ist der menschliche Wille frei? Sind wir alle von Geburt an mit einer Erbsünde belastet? Gilt Prädestination, steht also von vornherein fest, ob wir in Himmel oder Hölle landen?

5. Gottesstaat und Kirche

Große historische Wirkung entfaltet Augustinus schließlich auch mit seiner Staatsidee. Er unterscheidet **Gottesstaat** (Civitas dei) und **Erdenstaat** (Civitas terrena). Der Erstere sei gekennzeichnet durch die Gottesliebe, der Letztere durch die irdische Selbstliebe. Im Prinzip werde der Gottesstaat durch die Kirche, der Erdenstaat durch den politischen Weltstaat repräsentiert. Allerdings durchdrängen sich beide auch, es fänden sich also in beiden Ideen und Praktiken des jeweils anderen. Am Ende der Weltgeschichte gehe jedoch der Gottesstaat als Sieger hervor.

Die Philosophie des Augustinus blieb nicht ohne verheerende Folgen. Er stellte nämlich die kirchliche Gewalt, die von Gott abgeleitet sei, über die (nur von Menschen geschaffene) weltliche Gewalt. Daraus entstand, wie ihr wisst, der Machtkampf zwischen Kaiser und Papst (Investiturstreit!), der das ganze Mittelalter beherrschte, wobei sich Letzterer ausdrücklich auf die Lehren des Augustinus berief. Dieser lehrte, dass der Weg zu Christus und damit auch zu Gott nur über die Kirche führe. Keine Erlösung ohne christliche Taufe, kein Heil außerhalb der Kirche, das war das eiserne Diktum. Wir alle wissen, was das für Andersgläubige (»Ketzer« genannt) bedeutete: Gewalt, Zwangsbekehrung, Inquisition, Tod. Wir haben heute Grund genug zu beklagen, dass der Glaube an eine höhere Macht vielfach verloren gegangen ist, können uns aber glücklich schätzen, in Teilen der Welt religiöse Toleranz gewonnen zu haben. Möge dies so bleiben.

11. Kapitel
ANSELM VON CANTERBURY
(1033–1109)

1. Die Philosophie als Magd der Theologie

Wir sind im Mittelalter angekommen – philosophisch-theologisch in der Epoche der **Scholastik**. Als ihr geistiger Vater gilt Anselm, der es, in Aosta (Oberitalien) geboren, bis zum Erzbischof von Canterbury gebracht hat. Ihr wisst vielleicht, dass es die Erzbischöfe von Canterbury sind, die seit fast 1000 Jahren die Krönungszeremonie der englischen beziehungsweise britischen Monarchen leiten. Überzeitlichen Ruhm hat Anselm jedoch als Hauptvertreter der **Frühscholastik** erworben (Scholastik bezeichnet das Denken der lateinsprachlichen, auch außerklösterlichen Gelehrtenwelt; lat. schola = Schule). Seit dem 9. Jahrhundert hatte sich eine rationale Wissenschaft gebildet (namhafter Vertreter der Ire Johannes Scotus Eriugenas), deren Methoden Anselm prägten.

Worum geht es Anselm, was ist der Kern der Scholastik? Ihr erinnert euch an Augustinus. Er stritt für die Wahrheit der christlichen Lehre. Man finde sie bestätigt in den Herzen. Anselm geht nun einen Schritt weiter. Die Glaubenswahrheit müsse zudem durch die Philosophie untermauert werden. Das heißt: Alle Dogmen bedürften des Beweises durch strengen **Vernunftgebrauch**: »*fides quaerens intellectum*« – Glaube, der nach Einsicht sucht. Der Glaube müsse mit dem Wissen eine Verbindung eingehen, denn auch die Vernunft sei von Gott gegeben. Aber damit kein Missverständnis entsteht: Der Glaube habe Vorrang. Er dränge den Menschen notwendig zum Wissen. Anselm sagt: Ich will »*glauben, um wissen zu können*«. Für die vernunftgeleitete Beweisführung verbietet er sogar den Rückgriff auf die Bibel und die Schriften der Patres (sog. Kirchenväter) seit Augustinus. Damit wird – wie später oft erklärt wurde – die Philosophie zur Magd der Theologie.

2. Erster Gottesbeweis

In seiner Schrift *Monologium* argumentiert Anselm wie folgt: Der Mensch erstrebe **Gutes**. Alles Gute müsse über etwas Gemeinsames, Identisches verfügen, das jedes Einzelne zu Gutem mache (eine Sicht, die zum Beispiel auch für die Gerechtigkeit und vieles andere gelte). Dieses eine Identische, dieses höchste, in allem Einzelnen vorhandene Gute, an dem wir auch alles Gute messen könnten, verweise nur noch auf sich selbst, es sei nur durch sich selbst gut. Es sei denkender Geist und mit dem Wort, das es an die Menschen richte, liefere es – als Ausdruck der Liebe – ein Bild von sich selbst. Nehme es der Mensch liebend an, finde er sein Glück. Dieses eine Höchste, dieses sich selbst Denkende, könne nur Gott sein.

3. Zweiter Gottesbeweis

Der zweite Gottesbeweis (im Werk *Proslogion*) ist die berühmteste Hinterlassenschaft Anselms, das sogenannte **ontologische Argument** (zur Erinnerung: Ontologie ist die Lehre vom Seienden, den Grundstrukturen der Wirklichkeit). Anselm hält diesen Beweis für vernunftgemäß und für so zwingend, dass er auch Toren und Ungläubige überzeugen müsste. Vereinfacht gesagt lautet er wie folgt:

Frage: Wer oder was ist Gott?

Antwort: Etwas, über das hinaus Größeres, das heißt Vollkommeneres, nicht gedacht werden könne.

Das bedeute: Wir hätten in unseren Köpfen eine Vorstellung von Gott als dem absolut Größten.

Anselm folgert weiter: Wenn Gott in unserem Geist existiere, dann müsse er auch real existieren. Eine kühne Schlussfolgerung. Wie begründet er sie? Es sei etwas Geringeres, nur in der Vorstellung der Menschen zu existieren, als in der Vorstellung *und* auch real. Ein vorgestellter Gott sei nicht vollkommen, wenn er nicht auch über *Sein* verfüge. Und jetzt kommt Anselm zurück zum Ausgangspunkt, zur Prämisse, die lautete: Gott sei das Größte, das wir uns denken können. Ja, und das Größte sei nun einmal ein Gott, den wir nicht nur in unserem Verstand trügen, sondern den es auch wirklich gebe.

Anselm fügt noch folgende Begründung hinzu: Nach dem Vorstehenden existiere Gott *notwendig*, seine Nichtexistenz könnten wir also nicht denken. Was aber notwendig existiere, sei Größeres als etwas, von dem wir uns durchaus vorstellen könnten, dass es nicht existiert. Und von solchen nicht notwendigen Dingen, die wir uns hinwegdächten, gebe es auf der Welt nun einmal unzählige.

Schon zu Lebzeiten Anselms, aber auch in der weiteren Geschichte fanden sich Anhänger und Kritiker seines Gottesbeweises. Was meint ihr? Überzeugt euch die Beweisführung? Ist sie zwingend? Wenn ich als Prämisse meines Beweisganges die Aussage wähle, Größeres als Gott könne nicht gedacht werden, setze ich ihn dann nicht schon als existent voraus, mache ich mir jedenfalls in der Prämisse nicht einen Begriff von ihm (zum Beispiel die Vollkommenheit)? Überfordert das nicht das menschliche Erkenntnisvermögen? Also: Kann man Gott wirklich beweisen oder doch nur an ihn glauben?

4. Universalien

Wer sich näher auf die Philosophie einlassen möchte, muss auch einmal vom *Universalienstreit* gehört haben. Das Kapitel über Anselm ist dafür der richtige Ort. Dieser Streit ist eine Frucht der Scholastik. Worum geht es? Universalien sind Allgemeinbegriffe, stehen also für Allgemeines, zum Beispiel Mensch, Tier, Zahl, Tisch, Buch, nicht dagegen für Konkret-Individuelles. Gestritten wurde (und wird noch) darum, ob solche Begriffe über eine eigenständige Existenz verfügen, ob also – Platon folgend – nur derlei Begriffe (wie die genannten) beziehungsweise Ideen wirkliches Sein besitzen (so die Realisten) oder ob die Allgemeinbegriffe bloß gedankliche Abstraktionen des Menschen sind (so die Nominalisten). Letztere halten zum Beispiel den allgemeinen Begriff Stuhl nur für einen Namen. Realität besäßen nur Einzeldinge, also der konkrete Stuhl, eine allgemeine Wesenheit wie die *Stuhlheit* sei nichts Wirkliches. Auch hier zeigt sich wieder einmal, wie unverzichtbar es war, in den ersten Kapiteln die großen griechischen Denker vorzustellen. Ohne sie würden wir die ganze nachfolgende Philosophiegeschichte nicht verstehen.

Warum nun hat der Universalienstreit für Amseln Bedeutung? Es sei erinnert: Ihm ging es um die vernunftgemäße Fundierung der christlichen Dogmen.

Von höchster Wichtigkeit ist dabei die **Trinität** (Dreifaltigkeit, Dreieinigkeit). Entsprechend dem Dogma bedeutet *Dreieinigkeit*:
1. Gottvater als Schöpfer und Ursprung von allem
2. Gott in menschlicher Gestalt des Jesus Christus als heilbringender Gott der Liebe und
3. Gott als Heiliger Geist, durch den er in der Welt handelt.

Aber es ist nach christlicher Lehre der *dreieinige* Gott, also ein Gott in drei Personen. Man spricht auch von Hypostasen, ein Begriff, den wir schon kennengelernt haben und der eine Personifizierung göttlicher Eigenschaften in einem anderen göttlichen Wesen meint. Drei Personen und nicht etwa drei Substanzen, sondern nur eine, von Gottvater abgeleitete Substanz. Was folgt daraus? Anselm konnte im Universalienstreit nur Realist sein, sonst hätte er die Dreieinigkeit (ein Gott, ein und dieselbe Substanz in Dreien!) nicht begründen können, denn die Idee der Dreieinigkeit ließe sich nicht denken, wenn – den Nominalisten folgend – Wirklichkeitscharakter nur die individuelle Einzelsubstanz (Gegenstand oder Person) besäße. Jesus Christus und der Heilige Geist verfügen bei der christlichen Dreieinigkeit aber gerade nicht über je individuelle Einzelsubstanzen, sondern über eine vom Gottvater ausgehende, in sie beide einfließende geistige (!) Substanz, die folglich bei allen dreien identisch ist, was uns an Platon und das Verhältnis zwischen den höchsten Ideen und den Einzelgegenständen unserer Welt, die diese Ideen in sich tragen, erinnert. Dass Christus (als Mensch) auch nach christlicher Lehre körperlich (!) über eine eigene, von Gott verschiedene Identität verfügt, bedarf eigentlich keiner Erwähnung.

Lassen wir es bei dieser philosophischen Darstellung bewenden. Es ist Sache des gläubigen Christen, wie er sich zu dem schwierigen Thema stellt. Warum schwierig? Das Christentum war und ist sehr damit beschäftigt, dem Vorwurf einer **Drei-Götter-Lehre** zu entgehen. Daher das Dogma: ein Gott in drei Personen. Im Katechismus der Katholischen Kirche von 1997 heißt es aber: »*Jede dieser Personen ist voll und ganz Gott [...] Die drei göttlichen Personen sind real voneinander verschieden.*« Diese Formulierungen machen deutlich, warum sich die christliche Theologie damit schwertut, dem Vorhalt, es sei eine Drei-Götter-Lehre, zu begegnen.

Was mit dem christlichen Dogma »nur *ein* Gott, aber jede der drei Personen ist voll und ganz Gott« philosophisch gemeint ist und gelehrt wird, ist trotz der Kompliziertheit hoffentlich klar geworden. Ob jedoch mit Jesus Christus ein Mensch, wie es der Katechismus ausdrückt, »*voll und ganz Gott*« werden kann und ob und wie ein Mensch göttliche und menschliche Natur, das heißt auch, göttlichen und menschlichen Willen, die vielleicht divergieren könnten, in sich zu vereinigen vermag, ist allein eine Frage des Glaubens, ebenso natürlich, ob die ganze biblische Heilsgeschichte des Neuen Testament überhaupt für wahr gehalten wird.

Für näher Interessierte sei noch angemerkt, dass der Universalienstreit viele Beteiligte mit sehr verschiedenen Auffassungen kannte. Die wohl wichtigste Kompromissposition stammt von dem französischen Philosophen und Theologen Pierre Abaillard, bekannter unter dem latinisierten Namen Petrus Abaelardus, einer der größten Geister der Frühscholastik. Das bedarf hier jedoch keiner Vertiefung.

12. Kapitel
THOMAS VON AQUIN
(1225–1274)

1. Eiserner Wille

Thomas entstammt einem vornehmen süditalienischen Adelsgeschlecht. Seine Familie sieht in ihm das zukünftige Haupt eines angesehenen Klosters. Aber was tut Thomas? Nach einem *Studium generale* in Neapel schließt er sich 19-jährig Bettelmönchen (den Dominikanern) an. Armut, Askese, philosophische und theologische Studien – darum geht es ihm. Für seine Familie ist das Verrat an ihrer Ehre, und es geschieht etwas Unfassbares: Seine Brüder nehmen ihn gefangen und sperren ihn in ein Schloss ein. Sogar eine verführerische Dame schicken sie ihm aufs Zimmer. Doch es geschieht nicht, was man erhofft hatte, sondern Thomas treibt die Besucherin mit einem brennenden Holzscheit in der Hand hinaus. Nach eineinhalb Jahren gibt die Familie auf. Es folgen die Stationen Dominikanerkonvent in Neapel, Studium in Paris bei dem berühmten Gelehrten Albertus Magnus (dem späteren Bischof und 1931 Heiliggesprochenen), dem er nach Köln zwecks weiterer Studien folgt, sodann Rückkehr nach Paris, wo er seine eigene Lehrtätigkeit beginnt. Danach wieder Neapel, anschließend Orvieto/Umbrien, Rom, nochmals Paris, wo viele seiner Schriften entstehen. Die letzte Station ist wieder Neapel. Auf einer Reise zum Zweiten Konzil in Lyon stirbt er. Die Umstände seines Todes sind unklar. 1323 wird er – später auch **Fürst der Scholastik** genannt – wie sein Lehrer Albertus heiliggesprochen, 1567 in den Rang eines Kirchenlehrers erhoben.

2. Glaube und Vernunft – ein Widerspruch?

Thomas sah sich vor einem riesigen Problem. Ihr erinnert euch an Anselm von Canterbury. Alle christlichen Glaubensdogmen müssten von der Vernunft bestätigt werden. Das bedeutet Einklang zwischen Glaube und Vernunft. Dann jedoch war über arabische Gelehrte die aristotelische Philosophie in die geistige Welt des Mittelalters eingedrungen. Schaut noch einmal in das Kapitel über Aristoteles. Dort ist sein geschlossenes System (von den Dingen über den Menschen bis zu Gott) beschrieben. Aristoteles: eine intellektuelle Wucht, die für den christlichen Glauben eine Gefahr darstellte – denn plötzlich standen **zwei Wahrheiten** nebeneinander: eine des **Glaubens** und eine des **Verstandes**. Das zerreiße den menschlichen Geist, meinte Thomas, und so machte er sich in Kleinstarbeit daran, die christliche Offenbarung mit dem weltlichen Aristotelismus zu verschmelzen. Hauptwerke: *Summe wider die Heiden* und *Summe der Theologie*. Man bedenke: Es ging jetzt um die Versöhnung einer über tausend Jahre alten Religion mit einer tausendfünfhundertjährigen Philosophie. Eine Herkulesaufgabe!

Aber bei allen Verschmelzungsbemühungen: Es bleiben doch zwei sehr verschiedene Zugänge zur Wahrheit. Wie können sie nebeneinander Geltung haben? Thomas' Lösung: Er teilt die Zuständigkeiten. Das Übersinnliche ist der Bereich des Glaubens, das Weltliche jener der Vernunft, wobei wir, um das Weltliche überhaupt zu erfahren, neben der Vernunft unsere Sinne nutzen müssten. Aber Thomas schränkt ein: In Grenzen habe die Vernunft auch ihren Anteil am Erkennen des Übersinnlichen, also des Göttlichen. Das gelte für die Tatsache, dass Gott überhaupt existiert sowie für gewisse seiner Eigenschaften. Dass jedoch – wie Augustinus meinte – *alle* christlichen Dogmen von der Vernunft bestätigt würden, lehnt Thomas ab. Erbsünde, Dreifaltigkeit, Menschwerdung eines Gottes – alles dies lasse sich nicht per Vernunft begründen, sondern hierzu bekäme man nur durch die Offenbarung, also den Glauben, Zugang.

Frage an euch: Kommt Thomas dann nicht doch zu zwei Wahrheiten, einer Glaubens- und einer Vernunftwahrheit, und sollte nicht genau das – und damit auch ein Konflikt zwischen ihnen – vermieden werden? Wie lässt sich das lösen? Fast ist man geneigt zu sagen: »Kein Problem!«, jedenfalls für Thomas nicht. Seine Meinung: Sowohl der Glaube als auch die Vernunft stammten von Gott. Folge: Der Glaube könne nichts beinhalten, was gegen die Vernunft sei (rationale Theologie!), und umgekehrt: Eine gottgeschenkte Vernunft widerspreche nicht dem Glauben.

3. Wie sieht Thomas die Welt?

Der Geist des Aristoteles sei in die mittelalterliche Welt eingedrungen, hieß es oben. Wenn ihr auf unser Aristoteles-Kapitel zurückschaut, werdet ihr daran erinnert, dass Aristoteles **Stoff** (Materie) und **Form** unterscheidet. Aller Stoff der Welt dränge zur Form, das heißt zu konkreter Gegenständlichkeit (denkt an das Beispiel mit dem Holzschnitzer), und zwar durch eine dem Stoff innewohnende, geheimnisvolle Kraft (der Begriff Entelechie steht für diese Kraftentfaltung). Die reinste Form, welche von dieser Kraft bewirkt werde, sei **Gott**.

Wie nun erfolgt bei Thomas die Versöhnung von Glaubens- und Vernunftwahrheit, wenn es um das Wesen der Welt geht? Im Einklang mit Aristoteles unterscheidet auch er Stoff und Form. Auch entwickele sich das Wesen der Form, also das der konkreten Gegenstände, gemäß dem, was die Form vom Stoff empfangen habe. Und doch sind die Unterschiede zwischen Thomas und Aristoteles fundamental. Bei Aristoteles trägt der Stoff die Kraft zum Wandel von vornherein in sich: kein Stoff ohne diese Kraft. Nach Thomas dagegen empfängt der Stoff die Kraft von außen, und zwar von Gott. Und der nächste Unterschied: Dieser Gott ist keine unpersönliche Macht wie bei Aristoteles, sondern der Gott der christlichen Offenbarung. Zudem ist es der Gott, der erschafft und in das weltliche Leben eingreift. Das bedeutet zweierlei:

1. Entgegen Aristoteles ist die Welt nicht ewig (das heißt: nicht schon immer vorhanden und unvergänglich), sondern eine Schöpfung Gottes aus dem Nichts. Damit ist auch das pantheistische Gottesbild (Gott und Schöpfung seien identisch) vom Tisch.
2. Die Schöpfung erfolgte aufgrund vorher vorhandener Vorstellungen Gottes. Wir sprechen hier bewusst nicht von Ideen Gottes, weil dies zu sehr an Platons Ideen erinnern könnte, die Thomas jedoch ablehnte. Dazu war er zu sehr Aristoteliker, also Anhänger der Meinung, dass die Ideen keine Realität besäßen.

Die zeitliche Begrenzung alles Weltlichen findet bei Thomas aber noch auf andere Weise Ausdruck, die nicht unerwähnt bleiben darf, weil sie zum Kern thomasischer Metaphysik zählt. Aristoteles wählte das Begriffspaar *Potenz* (Möglichkeit) und *Akt* (Wandel vom Stoff in die konkrete Form). Das bedeutet, wie schon beschrieben, durch den Stoff selbst bewirkte Veränderung zu einem Gegenstand. Thomas dagegen wählt das Begriffspaar **Essenz** (von Gott geschaffenes, tieferes Wesen der Sache) und **Existenz** (das konkrete Dasein). Damit meint er, dass Existenz (zum Beispiel unser Leben) immer begrenzt und vor allem von außen gesetzt sei (durch die schaffende Liebe Gottes und die Eltern), nicht dagegen ein Resultat sich selbst vollziehenden Wandels von Stoff in Form. Darüber hinaus entwickelt Thomas auch ein Bild vom Aufbau der Welt. Kurz gesagt: je mehr Geist, desto höher der Rang. Das bedeutet: je erhabener die Form gegenüber dem (Ausgangs-)Stoff, desto höher die Seinsstufe. Von unten nach oben ergibt sich so folgende Reihe:

- tote Dinge, Pflanzen, Tiere, Menschen (Wesen mit unsterblicher Seele, aber diese sei im Leben noch an den Leib gebunden),
- Engel (dem Menschen überlegen, weil zwar auch geschaffene, aber doch körperlose, reine Geister),
- schließlich auf der höchsten Stufe (wieder im Einklang mit Aristoteles) der reine, zudem ungeschaffene Geist: Das sei Gott, der Vollkommene, der Unendliche, die Fülle des Seins, der nichts weiter hinzugefügt werden könne. Thomas fasst zusammen: »Das Wesen Gottes ist nichts anderes als sein Sein.« Kommt euch das bekannt vor? »Ich bin, der ich bin.« (Mose 3,14)

4. Der Gottesbeweis des Thomas

Oben wurde bereits erwähnt, dass Thomas meinte, die Existenz Gottes mit der Vernunft (unter Einbeziehung von Erfahrung) beweisen zu können. Damit sind wir beim berühmten **thomasischen Gottesbeweis**. Er stützt sich auf fünf Pfeiler:

1. Jede Bewegung setze einen Anstoß voraus. Da die Kausalkette jedoch nicht endlos sein könne, müsse es am Anfang einen **Beweger** geben, nämlich Gott, der selbst nicht bewegt werde (so schon Aristoteles).
2. Gleiches gelte für jede andere Wirkung. Nichts sei Ursache seiner selbst. Auch diese Reihe ende bei Gott.
3. Es gebe Dinge, die sein könnten oder auch nicht. Das aber bedeute, dass alles auch einmal nicht sein könnte. Das wäre das Ende der Schöpfung.

Also müsse es Dinge geben, die notwendig seien, entweder aus sich heraus oder abgeleitet von anderem. Aber auch hier sei eine unendliche Kette nicht denkbar. Am Anfang sei etwas aus sich heraus Notwendiges, wiederum Gott.

4. Alles in der Welt mehr oder weniger Vollkommene bedürfe eines Maßstabs. Wie könnte man sonst Beurteilungen vornehmen? Dieser Maßstab könne nur Gott als das höchste Vollkommene sein.

5. An sich vernunftlose, ansonsten leere Dinge müssten mit Zielen versehen werden. Urheber solcher Ziele und Zwecke sei Gott als die höchste Intelligenz.

Und wieder die Frage an euch: Überzeugt euch dieser Beweis? Lässt sich Gott beweisen?

5. Was ist der Mensch?

Platon betrachtete die **Seele** als Gefangene des Leibes. Ganz anders Thomas. Die Seele bedürfe des Körpers, bilde eine Einheit mit ihm (keine Trennung von Intellekt und Sinnlichkeit), sei jedoch unsterblich. Vor allem sei sie es, welche die Individualität des Menschen ausmache. Sie liefere ihm Lebenskraft, Triebe, Bewegungsdrang, Verstand, Gedächtnis, sowie Erkenntnis – und Urteilsfähigkeit. Ausgestattet mit einem freien Willen, könne er zwischen Gut und Böse unterscheiden und dem höchsten Ziel, der Glückseligkeit, zustreben. Im Leben bestehe sie in der Wahrheitssuche (das seien intellektuelle Akte), danach (vergessen wir nicht: Thomas ist als Christ stark auf das Jenseits orientiert) in der Anschauung Gottes. Wie wird die Wahrheit gesucht? Mittels eines tugendhaften Lebens, einmal in der Verfolgung der Kardinaltugenden, die wir bereits aus der Antike kennen (Weisheit, Tapferkeit, Gerechtigkeit und das rechte Maß), sowie der speziellen christlichen Tugenden (Glaube, Liebe, Hoffnung). Orientierung lieferten die Gesetze, als da sind das ewige göttliche Gesetz und das daraus abgeleitete *Naturgesetz*, das der Mensch mithilfe seiner Vernunft erkenne. Da das Naturgesetz nur Grundprinzipien enthalte, müsse der **Staat** durch menschliche Gesetze Konkretisierungen vornehmen. Der Staat sei daher eine Notwendigkeit und ebenfalls von Gott gesetzt. Aufgabe der Obrigkeit sei es, dem Gesetz zu dienen sowie Frieden, Ordnung, Gerechtigkeit und Wohlstand zu schaffen. Und wer ist für die jenseitige Seligkeit zuständig? Das sei die **Kirche**. Ihr weist Thomas also die höhere Aufgabe zu, mit der Folge, dass die weltlichen Herrscher unter den kirchlichen Würdenträgern rangieren.

6. Die Spätscholastiker

In der Hochscholastik standen Vernunft (Wissenschaft) und Glaube in wechselseitigen Diensten. Nun, in der Spätscholastik, geht es im Kern um die Trennung beider voneinander. Der Engländer Roger Bacon hielt nichts von philosophischen Haarspaltereien und Vermischungen. Vernunftgemäße, wissenschaftliche Erkenntnis stütze sich auf Erfahrung, Beobachtung und Experiment. Beim Glauben dagegen stehe die Bibel im Mittelpunkt.

Im Wesentlichen deckt sich dies mit der Auffassung des Schotten Johannes Duns Scotus. Auch er plädiert für eine klare Unterscheidung zwischen Philosophie und Theologie. Was philosophisch als wahr gelte, könne theologisch falsch sein. Die Metaphysik (das Übersinnliche – ein Gegenstand der Philosophie) sei mit dem Thema Gott überfordert.

Sein Schüler, der Engländer *Wilhelm von Ockham*, trieb die Auseinandersetzung mit der Kirche so weit, dass er der Häresie (Abweichung von Glaubenssätzen) angeklagt wurde und sich einer Bestrafung nur durch Flucht nach München, wo er bis zu seinem Tod lebte, entziehen konnte. Gottes Existenz und Wesen könnten per Vernunft nicht bewiesen beziehungsweise ergründet werden, meinte er. Das Gleiche gelte für die Wahrheit der christlichen Dogmen. Es gebe eben, was Thomas nicht akzeptieren wollte, zwei Wahrheiten, weshalb Philosophie und Theologie geschieden werden müssten, ebenso Staat und Kirche.

Diese Dämmerung der vernunftgestützten Theologie ermöglichte das Aufblühen der **Mystik**, speziell der deutschen Mystik. Hauptvertreter: der Dominikaner *Johannes Eckhart*, genannt *Meister Eckhart*. Er entstammte einer ritterlichen Familie aus dem Raum Gotha (Thüringen). Nicht mehr die Vernunft ist nun der Ort, wo Gott auf den Menschen trifft, sondern die Seele. In Abgeschiedenheit, tiefer Versenkung und auf weltliche Güter verzichtend werde der Mensch eins mit Gott (***unio mystica***, von der wir schon gehört hatten). Und wichtig: Der Mensch könne dies schon lebzeitig und ohne Kirche erreichen. Das war Letzterer dann doch zu viel. Vor einem geistlichen Gericht musste Meister Eckart widerrufen.

Schließlich noch ein Wort zu Nikolaus von Kues (Cusanus), dem deutschen Humanisten am Übergang vom Spätmittelalter zur Neuzeit. Wie die anderen Vertreter der Spätscholastik (von vielen wird er schon der Renaissance zugeordnet) ist er davon überzeugt, dass sich Gott mit dem Verstand nicht erschließen lasse. Damit nicht genug: Die Philosophie des Cusanus steht für die ganz generelle »*wissende Unwissenheit*« des Menschen. So gesehen ist jede unserer Betrachtungen, jedes unserer Urteile immer nur ein subjektives Ereignis. Zu Recht spricht man daher davon, dass der Mensch an diesem Epochenübergang zum archimedischen Punkt der Welt mutiert ist. Objektive Wahrheit könne der Mensch nicht erfassen, er spiegele auch nicht eine solche, sondern er setze sie subjektiv in einen von ihm begriffenen Zusammenhang, was bedeutet: Auch wenn der menschliche Geist in einer Beziehung zum göttlichen Geist stehe, so male jeder die Weltkarte doch nur nach seinen Vorstellungen. Mehr vermöge er nicht. Für einen Beweis von Gottes Existenz und Wesen durch die Vernunft, wie es noch die Hochscholastiker gesehen hatten, ist da kein Platz mehr.

13. Kapitel
ERASMUS VON ROTTERDAM
(1466–1536)

1. Sein Leben

Der Name verrät seine Herkunft. Erasmus wurde in Rotterdam als nichtehelicher Sohn eines Priesters und einer verwitweten Arzttochter geboren. Und womit verbindet ihr seinen Namen? Natürlich mit dem EU-Programm für Schüleraustausch und Auslandsstudium. Und wenn ihr Näheres über ihn erfahren habt, werdet ihr verstehen, warum die EU dem Programm gerade seinen Namen gegeben hat. Prägende Stationen waren die Lateinschule in Deventer und acht Jahre im Augustinerkloster Gouda, wo er die Priesterweihe empfing. Es folgte eine jahrzehntelange Odyssee: Theologiestudium in Paris, dann England, wo er sich mit dem großen Denker und Lordkanzler Thomas Morus befreundete (dessen Hauptwerk *Utopia* – der Name einer Insel, auf der sich auf ideale Weise Freiheit und Gerechtigkeit realisieren). Morus erlitt ein schlimmes Schicksal. König Heinrich VIII. (ja, der mit den sechs Ehefrauen) befahl nämlich Morus' Enthauptung wegen dessen Kritik daran, dass sich Heinrich zum Oberhaupt der Anglikanischen Kirche hatte erklären lassen. Erasmus' Reise ging weiter: wieder in die Niederlande, nach Paris, zurück nach England, dann Turin, wo er zum Doktor der Theologie promovierte, noch einmal England (Griechischlehrer an der Universität Cambridge), sodann im heute belgischen Löwen Erzieher des burgundischen Prinzen Karl, dem späteren Karl V., Kaiser des Heiligen Römischen Reiches deutscher Nation. Aber noch immer kam Erasmus nicht zur Ruhe: Basel, wo er seine wichtigsten Werke verfasste, Anderlecht, Freiburg, schließlich wieder Basel, wo er 1536 verstarb.

Erasmus übersetzte das Neue Testament noch einmal ins Lateinische, schrieb rund 150 Bücher, wobei das bis heute bekannteste das satirische Werk *Lob der*

Torheit ist, in dem er viele fundamentale Irrtümer seiner Zeit anprangert. Gerühmt wird er auch wegen seiner distinguierten Ausdrucksweise, u. a. in über 2000 bis heute erhaltenen Briefen.

2. Geistiger Hintergrund

Welche geistige Lage fand Erasmus vor? Es war die Zeit des Umbruchs, den er dann wesentlich mitbeförderte. Mit Umbruch ist der Übergang vom Spätmittelalter zur Neuzeit, konkret: zur **Renaissance** gemeint. Renaissance, mit dem Ausgangspunkt Italien (wegweisend schon Dante Alighieri, sodann u. a. Petrarca, Boccaccio, da Vinci, Michelangelo), bedeutet **Wiedergeburt** der antiken griechischen und römischen Kultur, vor allem von Philosophie, Wissenschaften, Literatur, bildenden Künsten und Architektur. Die Abwendung vom scholastisch-aristotelischen und theozentrischen Denken (Gott im Mittelpunkt) lieferte den Humus für das Entstehen des sogenannten **Renaissance-Humanismus**. Er steht für ein hohes Bildungsideal, das es jedem Menschen ermöglichen soll, seine Persönlichkeit optimal zu entwickeln. Diese individualistische Vorstellung vom Menschen als dem Ebenbild Gottes verbindet sich mit dem Ziel, durch Studium von Sprachen, Rhetorik, Geschichte, Literatur und zuerst antiker Philosophie eine Befreiung von verpflichtenden Vorentscheidungen, vor allem der Theologie, zu erreichen.

3. Förderer und Gegner der Reformation

Man kann darüber streiten, ob Erasmus, der Theologe, überhaupt zu den Philosophen zu zählen ist. Aber er gehört in dieses Buch, weil er engagiert gegen die Scholastik kämpfte, dem Zeitalter der **Aufklärung** den Boden bereitete (zu ihr kommen wir noch) und der bedeutendste Humanist seiner Zeit war. Seine schon genannte Satire *Lob der Torheit* wollen wir nur kurz streifen. Zwar ging es ihm hier und da in der Tat um ernst gemeinte kritische Sticheleien, aber dass man ein Tor sein müsse, wenn man heirate, dass die den Tieren am nächsten kommenden Menschen die glücklichsten seien, dass das beste Glück auf Täuschung beruhe, weil es am billigsten sei, und dass die eingebildeten Professoren das Glück ihrem Dünkel verdankten: Bei solchen Ergüssen müssen wir uns nicht aufhalten. Zweifellos ernst gemeint ist dagegen die Kritik gegen kirchliche Praktiken wie Absolution und Ablass, gegen Mönchsorden, die in Wahrheit wenig religiös seien und sich stattdessen in Äußerlichkeiten ergehen würden, und vor allem gegen die Päpste, soweit sie ihre Macht missbrauchten, um mit ihrem Bannstrahl die Menschen in die unterste Hölle zu stürzen, anstatt sich auf geistliche Waffen zu beschränken. Mit seiner Kritik vor allem an den kirchlichen Institutionen wurde Erasmus zu einem der Wegbereiter der **Reformation**. Die Missbilligung der Scholastik wurzelte vorrangig darin, dass in Sachen Religion nicht die hiermit überforderte Vernunft, sondern das Herz sprechen müsse. Er wendet sich gegen übertriebenes Diktat von Theorien und Dogmen, gegen das Bestehen absoluter Wahrheiten und Monopole des Glaubens sowie gegen moralische Überheblichkeit. »Ich weiß, dass ich nichts weiß«, dieser Satz des Sokrates, mit dem wir uns oben schon beschäftigt haben, hat für Erasmus zentrale Bedeutung. Nur der Glaube, der zu Weisheit und Toleranz führe, sei der richtige. Er ermögliche schon im Diesseits ein Friedensreich. Und nun wisst ihr auch, warum das eingangs erwähnte EU-Programm den Namen Erasmus trägt. Zu Recht!

Wenn auch, wie anfangs erwähnt, manches aus dem Gedankengut des Erasmus die Reformation förderte, so gingen er und der Reformator Martin Luther letztlich doch getrennte Wege, ja, sie wurden entschiedene Gegner. Luther wollte die Religion allein aus der Heiligen Schrift erneuern, Erasmus setzte dem das **individualistische Menschenbild** der Renaissance entgegen, das auch mit den kirchlichen Lehren von Leibfeindlichkeit und Askese in Widerspruch geriet. Ebenso wenig konnte er sich mit dem Menschenbild des Paulus befreunden, das den Menschen in einen Gegensatz von **Sünde** und **Gnade** stellt. Der entscheidende Anlass für den Bruch zwischen Erasmus und Luther war jedoch ihr Streit um die **Willensfreiheit**. Erasmus war ihr glühender Verfechter, Luther ein ebensolcher Gegner. Letztlich haben vielleicht auch die Charaktere der beiden zur Entzweiung beigetragen. Erasmus war von eher zurückhaltender Natur, dem das Ungestüme in Luthers Wesen gar nicht lag. Trotz seiner nachhaltigen Wirkung auf den europäischen Humanismus war Erasmus insofern eine tragische Figur, als er wegen seiner Wegbereitung für die Reformation zum einen die Katholiken gegen sich aufbrachte, zum anderen auch die Protestanten, weil sie ein unzweifelhaftes Bekenntnis zur Reformation vermissten und ihm außerdem seine Opposition zu Luther übelnahmen.

Noch eine Abschlussbemerkung zu Erasmus: Wie eingangs erwähnt, wird er mit dem Umbruch vom Mittelalter in die Neuzeit in Verbindung gebracht. Bestätigt euer Eindruck dies? Hat man nicht tatsächlich das Gefühl, dass die Gedanken des Erasmus uns schon näher sind als das, was wir von den ihm vorhergehenden Philosophen gehört haben?

14. Kapitel
NICCOLÒ MACHIAVELLI
(1469–1527)

1. Eure Meinung ist gefragt

Wir kommen zu einem sehr umstrittenen Theoretiker der Staatsphilosophie: dem Florentiner Niccolò Machiavelli. Es wäre interessant, eure Meinung zu seinen Ideen zu erfahren, denn sie sind – salopp ausgedrückt – wirklich krass. Aber vielleicht dennoch vernünftig oder zumindest nachvollziehbar? Bevor wir seine Philosophie näher kennenlernen, kurz ein paar Worte zu seinem Leben.

Machiavelli, Sohn eines Rechtsanwalts, machte sich früh vertraut mit den Werken der antiken Klassiker. Dabei entwickelte er schon bald eine Abneigung gegen die politischen Manipulationen der Familie der Medici, die ihr Vermögen und ihren Einfluss vor allem dem Textilhandel und Bankgeschäften verdankten. Eine Reihe von Großherzögen der Toskana, drei Päpste und zwei Königinnen von Frankreich gingen aus dieser Dynastie hervor. Nach der Vertreibung der Medici aus Florenz begann Machiavelli eine politische Karriere und brachte es bis zum Zweiten Kanzler der Republik Florenz, zuständig für Außen- und Verteidigungspolitik. Auf internationaler Ebene führte er Verhandlungen mit europäischen Größen wie dem französischen König Ludwig XII., Papst Julius II. und Kaiser Maximilian I. Ein herausragendes Werk Machiavellis war der Aufbau einer Miliz (was ihm zusätzlich die Leitung der Militärbehörde einbrachte). Diese Miliz war es, die 1509 unter seiner Führung Pisa eroberte. Nach der Rückkehr der Medici nach Florenz und Wiedergewinnung ihrer Regierungsmacht (ermöglicht durch den spanischen Vizekönig) verlor Machiavelli, der als Kritiker der Medici bekannt war, alle politischen Ämter. Damit nicht genug: Er wurde verhaftet, gefoltert, wieder freigelassen, lebte jedoch in Verbannung, die später aber allmählich gelockert wurde. Auf einem Landgut schrieb er sein berühmtes Werk *Il principe* (Der Fürst), außerdem das ebenfalls gewichtige Buch *Discorsi*. Versuche, noch einmal politisch Fuß zu fassen, scheiterten.

2. Wie soll ein Herrscher regieren?

Ihr erinnert euch an die Philosophie der Antike: Tugend war ein zentraler Begriff der Morallehre für die Staatsführung. Anders Machiavelli. Er trennt Politik und Moral. Grund hierfür ist sein negatives **Bild vom Menschen**. Dieser sei undankbar, wankelmütig, heuchlerisch, gierig, skrupellos, egoistisch, unveränderlich animalisch-triebhaft. Davor dürfe ein Herrscher nicht die Augen verschließen. Nicht ethische Ideale, sondern Realismus sei gefragt. Erfolgreiches Herrschen erfordere *virtù* (das heißt bei Machiavelli *männliche Kraft*) und *fortuna*, also günstige äußere Umstände, die der Mensch nicht beeinflussen könne. Das Ziel alles fürstlichen Regierens (womit Machiavelli nicht nur Fürsten im engeren Sinne meint) sei klar: Machterwerb und Machterhalt. Dabei heilige der Zweck die Mittel.

Was versteht Machiavelli darunter? Sein extremes Denken werdet ihr kaum für möglich halten. Zwar solle der Herrscher danach trachten, dass das Volk ihn liebe, weil sonst die Gefahr von Aufständen drohe, jedoch werde er, wenn er immer nur das Gute tue, wegen der überwiegend schlechten Menschen scheitern. Das bedeute, um die Stabilität des Staates zu wahren, müsse er notfalls auch Böses tun, lügen, betrügen, täuschen, verraten, das Wort brechen, List und Gewalt, ja sogar brutale Gewalt anwenden (einschließlich Mord) und lieber rücksichtslos als vorsichtig handeln. Alles dies – und nicht Gerechtigkeit – halte den Staat zusammen. Wie gesagt: Trennung von **Politik** und **Moral**. Auch taktische Schläue gehöre dazu, denn bei allem müsse der Herrscher wenigstens den Anschein tugendhaften Handelns wahren. Der Objektivität wegen sei jedoch darauf hingewiesen, dass diese Philosophie nur für den Herrscher in seiner öffentlichen Funktion gelte, nicht für ihn als Privatperson. Und wie man liest, hat sich Machiavelli privat tatsächlich auch tugendhaft verhalten.

In seinem zweiten Werk (*Discorsi*) setzt Machiavelli den Schwerpunkt etwas anders. Hier erweist er sich als italienischer **Nationalist**, der das glanzvolle, antike Rom preist. Seine Gedanken sind in diesem Buch also zeitgebundener, weniger allgemein als in *Il principe*. Im Fadenkreuz seiner Kritik steht vor allem die **Kirche**, die durch ihr schlechtes Verhalten den Sittenverfall und durch übertrieben weltliche Politik die Schmach des seit 1000 Jahren auseinandergebrochenen Reichs verschuldet sowie die Einigung Italiens verhindert habe. Um dieses Reich wiedererrichten zu können, bedürfe es des starken Herrschers, so wie Machiavelli ihn beschrieben hatte. Aber Machiavelli mildert ab: Sollten es die Verhältnisse zulassen, sei die Republik die beste Staatsform, der Staat also, in dem die oberste Gewalt vom Volk ausgehe.

Nun zur angekündigten Frage: Was haltet ihr von Machiavellis Staatsphilosophie? Ist sie zu Ende gedacht? Ist sie aus seiner Zeit heraus verständlich? Stimmt sein Menschenbild? Meinte er das, was er schrieb, überhaupt ernst oder handelt es sich, wie viele ihm nachfolgenden Denker glauben, nur um eine Satire? Oder ist seine Philosophie vielleicht auch nur als Warnung an alle Herrscher zu verstehen, wie man Macht gerade nicht ausüben sollte? Und zu guter Letzt: Fallen euch Staatsführer der Gegenwart ein, die offenkundig bei machiavellistischem Gedankengut Anleihe nehmen?

3. Zum geschichtlichen Hintergrund

Eine der eben gestellten Fragen zielte auf die Umstände zur Zeit Machiavellis. Um gerecht über ihn urteilen zu können, müssen sie also kurz beschrieben werden. Unzweifelhaft litt er an der Zerrissenheit, der jahrhundertelangen politischen Apathie seines Landes. Statt Einigung Italiens herrschte Chaos. 1494 Einfall Frankreichs, Kapitulation der Medici, Herrschaft des Dominikanerpriors Savonarola, der jedoch als Ketzer verbrannt wurde, nachdem er den Papst der Verkommenheit beschuldigt hatte. Des Weiteren: Zerfall des Landes in fünf Mächte (Vatikan, Königreich Neapel, Stadtstaaten Venedig, Mailand, Florenz), Kampf Frankreichs, Spaniens und des Heiligen Römischen Reichs um ebendiese Mächte, Niederlage der mit Florenz verbündeten Franzosen im Krieg gegen den Papst, damit Rückkehr der Medici. In dieser politisch-geistigen Ausnahmesituation, in der die Einigung Italiens in weiter Ferne lag, sah sich Machiavelli gezwungen, *Il principe* zu Papier zu bringen. Erscheint seine Staatsphilosophie dann doch in einem etwas anderen Licht oder ist und bleibt sie unverzeihlich?

15. Kapitel
FRANCIS BACON
(1561–1626)

1. Licht und Schatten

Den berühmtesten Satz Bacons kennt ihr alle: »*Wissen ist Macht.*« Jedenfalls hat er es sinngemäß so ausgedrückt. Und er selbst bestätigte diese Weisheit, zumindest auf Zeit. Schon mit Zwölf begann er das Studium der Freien Künste am Trinity College in Cambridge, nur vier Jahre später wurde er Mitarbeiter des englischen Botschafters in Frankreich. Es folgten sehr verschiedene Stationen: Rechtsanwalt, Mitglied des Unterhauses, Erster Kronanwalt des Landes, schließlich 1618 englischer Lordkanzler wie vor ihm bereits Thomas Morus. Dies das Licht, nun der Schatten: 1621 Anklage und Verurteilung wegen Bestechung, Verlust aller Ämter. Bacon verteidigte sich damit, dass Geschenke seine Entscheidungen nie beeinflusst hätten. Er lebte dann noch fünf Jahre und starb in Verarmung. Diese fünf Jahre hatten es aber in sich, geistig gesehen, denn er brachte so viel Bedeutendes zu Papier, dass er als Begründer des englischen **Empirismus** zu den großen Philosophen zählt. Ihr erinnert euch: Empirismus bedeutet Wahrheitsfindung durch Erfahrung. Und was er schrieb, war stilistisch so brillant, dass nicht wenige meinten, er sei der eigentliche Verfasser der Shakespeareschen Werke.

2. Warum eigentlich Wissenschaft?

Kommen wir zurück zu dem Satz »Wissen ist Macht«, denn er verrät schon viel über den Zweck wissenschaftlicher Arbeit, so wie Bacon es sah. In seinem Werk *Neues Organon* betont er zunächst: Wissen wird nicht um seiner selbst willen angehäuft, sondern dient einem Ziel. Das war vor Bacon, so meinte er jedenfalls, nicht selbstverständlich. Nützlichkeit – darum geht es ihm, weshalb man im Zusammenhang mit Bacon auch von **Utilitarismus** spricht (lat. utilitas = Nutzen, Vorteil). Aber welcher Nutzen? Einfach die Freude daran, die Welt besser kennenzulernen oder vielleicht auch, Glaubensdogmen zu festigen? Nein, der Mensch als »Herr der Erde«, das sei die Vision der Wissenschaft. Damit will er, obwohl er sich zu den Lehren der Kirche bekennt, auch die Dominanz der Theologie über die Wissenschaft brechen. Das Wissen sei nicht mehr der priesterlichen Verwaltung vorzubehalten. Es bedürfe umfassenden, arbeitsteiligen Experimentierens und ständigen technischen Fortschritts, um die Natur beherrschen zu können, und das wiederum ganz vorrangig mit dem Ziel, die Lebensbedingungen der Menschen zu verbessern. Wohlfahrt, sozialer Fortschritt – so der Anspruch aller wissenschaftlichen Arbeit. Dies führe letztlich auch zu einer höheren Moral.

Wenn es oben hieß, Bacon gelte als Begründer des englischen Empirismus, so bedeutet das jedoch nicht, dass er ausschließlich auf Erfahrung, nicht dagegen auf Vernunft baute. Nein, beides war ihm wichtig. Mit einem Bild aus der Tierwelt veranschaulicht er es. Ameisen sammeln und sammeln, dann verbrauchen sie. Sie seien die reinen Empiriker. Übertrage man das Bild auf die Menschen, bedeute dies, dass sinnlos Wissen gestapelt werde. Spinnen dagegen stünden für den Rationalismus, denn sie spönnen ihre Netze aus sich heraus, so wie die Rationalisten Wahrheit allein aus ihrer Vernunft gebären (lat. ratio = Vernunft, logischer Verstand). Die perfekte Mischung aus beidem liefern nach Bacon die Bienen: Ihren Saft zögen sie aus den Blüten der Natur (empirisches Element), verdauen täten sie ihn dann aus eigener Kraft (rationalistisches Element). Auf den Menschen bezogen bedeute Letzteres: Mittels seiner Vernunft ordne, systematisiere und urteile er. Aus allem Erfahrenen würden allgemeine Prinzipien und Gesetze entwickelt.

3. Was aber steht wissenschaftlicher Erkenntnis im Wege?

Wie nun kann sich der Mensch die Natur nutzbar machen, wie kann er sie beherrschen? Nachdenken über Ursprünge und Hintergründe der Natur, also metaphysische Spekulationen, helfen nach Bacon nicht weiter. Zunächst einmal sei der geistige Erkenntnisapparat einzusetzen, bestehend aus Gedächtnis, Fantasie und Verstand. Diesen Dreien entspricht bei Bacon die Aufteilung der Wissenschaften in Geschichte, Poesie und Philosophie. Aber alle drei führten

nicht weiter, wenn sich der Mensch nicht von seinen üblichen Vorurteilen befreie. Bacon nennt sie *Idole* und unterscheidet vier solcher **Trugbilder**. Wir müssen sie kennenlernen, wenn wir verstehen wollen, was Bacon meint.
1. Trugbilder des *Stammes*. Dazu zählen Sinnestäuschungen, aber auch die Neigung des Menschen zum Wunschdenken oder vorschnell zu urteilen.
2. Trugbilder der *Höhle* (Platon) sind individuellerer Natur und wurzeln in Anlage, Erziehung und persönlichen Gewohnheiten.
3. Unter Trugbildern des *Marktes* versteht Bacon unterschiedlichen oder gar falschen Sprachgebrauch.
4. Trugbilder des *Theaters* sind schließlich falsche oder unbewiesene Lehren, die unkritisch von Philosophenschulen übernommen werden.

Der Mensch sieht sich also vor einer schwierigen Aufgabe, wenn es um das Erkennen von Wahrheit geht, womit Bacon, wie wir nun wissen, Erkenntnisse meint, die für die Wohlfahrt nützlich sind. Bacon fügt hinzu, dass der Mensch durchaus nicht ideale Voraussetzungen für diese Aufgabe mitbringe, denn zwischen der Vernunft, nach der die Welt gebaut sei, und unserer menschlichen Vernunft bestehe keine wirkliche Harmonie. Aber wir müssten uns bemühen. Gefordert sei vom Staat garantiertes, methodisches, geradezu kriminalistisches Forschen, Schritt für Schritt, Experiment für Experiment, stets uns bewegend zwischen Dogma und Skepsis, geleitet von der induktiven Methode. Sie bedeute: Wir gingen immer von konkreten Beobachtungen und Versuchen aus, um von dort zu allgemeingültigen Regeln zu gelangen. Erkenntnis bewahrheite sich, wenn weitere Erfahrung sie bestätige und sie auch zuverlässige Vorhersagen liefere. Dabei seien wir – und das ist das Entscheidende bei Bacon – der **Wahrheit** umso näher, je mehr unsere Erkenntnis praktischen Nutzen stifte. Wie anders doch noch die Scholastik: Ihr Ausgangspunkt waren (christlich geprägte) Grundprinzipien, von denen aus dann die Natur begriffen werden sollte.

Zum Abschluss folgende Fragen an euch: Empfindet ihr die Philosophie Bacons als Befreiung von mittelalterlichen Zwängen? Inwieweit deckt sich seine Philosophie mit dem heutigen Wissenschaftsverständnis? Trägt das konsequente Nützlichkeitsdenken in der Forschung zu einer humaneren Welt bei, oder führt es eher zur Begrenzung der Forschung und fördert Entmenschlichung?

16. Kapitel
THOMAS HOBBES
(1588–1679)

1. Der Krieg – Vater aller Dinge

Die Philosophie Hobbes' wäre sicher eine andere gewesen, hätte er nicht die Erfahrung der schlimmen Ereignisse rund um den englischen Bürgerkrieg (1642–1649) gemacht. Es war der Kampf zwischen dem absolutistischen König Karl I. und dem englischen Parlament, der mit Karls Enthauptung endete. Die Wurzeln dieses Konflikts reichen aber weiter zurück. Schon Karls Vater, der schottische König Jakob VI., hatte auf das göttliche Recht der Monarchen gepocht (Herrschaft allein aufgrund von Gottes Gnaden). Das war mit den englischen Parlamentariern (»Roundheads«) nicht zu machen. Nach einer Reihe von Schlachten und wilden Jahrzehnten mit Verwüstungen und vielen Toten auf beiden Seiten besiegten sie 1649 unter ihrem Anführer Oliver Cromwell die »Royal Cavaliers«. Das bedeutete Abschaffung der Monarchie und Etablierung der englischen Republik (die allerdings 1660 zugunsten der Monarchie wieder aufgelöst wurde).

Wenn wir zudem die Kriege der Reformation auf dem Kontinent in den Blick nehmen (Dreißigjähriger Krieg 1618–1648 und Hugenottenkriege 1562–1598), wird noch deutlicher, in welche Welt Hobbes hineingeboren wurde und welcher Geist ihn prägte, auch wenn er sich als gefährdeter Royalist in den Jahren 1640 bis 1651 ins Pariser Exil begeben hatte. Und was war nun die Folge von alledem? Hobbes entwickelte ein äußerst negatives Bild vom Menschen, zu dem es ohne die Wirrungen seiner Zeit wohl nicht gekommen wäre. Ihr seht: Wir sind wieder bei einer der in der Einleitung genannten Grundfragen der Philosophie: *Was ist der Mensch?*

2. Hobbes' Bild von der Welt

Mit Hobbes beschäftigen wir uns vor allem wegen seiner **Staatsphilosophie**, denn sie wird bis heute diskutiert. Wir verstehen sie aber nur, wenn wir wissen, wie er den Menschen sah. Sein Urteil wurzelt neben den genannten spektakulären politischen Ereignissen in seiner Interpretation der Natur. Wir müssen also einen Umweg machen.

Bringen wir es auf den Punkt: Hobbes ist **Materialist** – ein Begriff, den wir schon kennen: Alles Geschehen in der Natur wird auf mechanische Vorgänge zurückgeführt. Keine Metaphysik, alles Bewegliche und Beharrliche lässt sich nur als Körper denken. Kompliziert wird es bei Hobbes nun dadurch, dass er rationalistische und empiristische Elemente in sich vereinigt. **Rationalist** (lat. ratio = Vernunft) ist er insofern, als er unter dem Einfluss von Euklids Geometrie (für Hobbes die einzige wahre Wissenschaft), Galileis Mechanik und Descartes' mathematischer Methode die Erscheinungen der Natur mithilfe von Begriffen und strenger Systematisierung auf Gesetze und universale Prinzipien zurückführen möchte. Der Geist wird zu einem Berechnungssystem, man kann auch von Mathematisierung der Naturerkenntnis sprechen. Das muss hier zur Erklärung des rationalistischen Elements genügen. Als **Empirist** – und das ist er in erster Linie – baut er auf die Erfahrung (griech. empeirikós = erfahren), das heißt: Alles mathematisch Erdachte und Gefolgerte sei nur geistiges Konstrukt und könne erst dann als wahr gelten, wenn es durch die Erfahrungen in der Praxis bestätigt werde.

3. Funktioniert der Mensch wie die Natur?

Die Frage klingt fast ein wenig provokativ, doch Hobbes beantwortet sie tatsächlich mit »ja«. Als Materialist ist er konsequent. Nicht nur die Natur, sondern auch der Mensch wird rein mechanisch betrachtet. Das bedeutet: Die Empfindungen unserer Sinne seien bloße Affekte, mechanische Reaktionen auf Reize. Angenehmem stimmten wir zu (Vitalisierung der Lebensgeister), Unangenehmes werde zurückgewiesen. Es herrsche strenge Determination, Triebe folgten der Notwendigkeit, der menschliche Wille sei also nicht frei. (Zwischenfrage an euch: Wo bleibt da die Seele, und wie groß ist dann noch der Unterschied zum Tier?) Bei Descartes werden wir dieser Vorstellung wiederbegegnen (sein berühmter Satz: »*animalia sunt automata*«). So gesehen wird sogar moralisches Handeln zu einem körperlichen Vorgang. Ja, wenn der Mensch durch mechanische Anstöße fremdbestimmt sei, könne von Moral eigentlich gar nicht mehr gesprochen werden, denn tugendhaftes Verhalten setze Freiheit voraus. Und wie weit haben wir uns damit doch auch von der Scholastik entfernt, wo noch Vernunft und Glauben versöhnt werden sollten! Um aber kein falsches Bild zu vermitteln: Hobbes ist nicht Atheist. Gott wird nur aus der Philosophie ausgeklammert. Er sei das einzige unkörperliche Wesen und für den Menschen unbegreiflich.

Wie verläuft Hobbes' weiterer Gedankengang? Sei der Mensch ein von Affekten beherrschtes Wesen, werde er stets Zwecke bilden, die auf Eigennutz gerichtet sind. Er bilde sich zum Egoisten, moralische, übergeordnete Werte und Maßstäbe blieben außer Betracht. Selbst der Zusammenschluss mit anderen sowie Kriegführung und Friedensuche dienten dann nur eigenen Zielen, das aber nur, weil es die Vernunft gebiete. Der **Naturzustand** (ein zentraler Begriff bei Hobbes) des Menschen stelle sich wie folgt dar: Alle seien gleich, jeder könne fordern und tun, was er wolle. Selbsterhaltung – darum gehe es allen. Jeder sei dem anderen ein **Wolf** (»homo homini lupus«). Das hat Hobbes in seiner Zeit zur Genüge erlebt. Feindliche Willkür, Angst vor Not, rücksichtsloses Machtstreben, Hobbes spricht vom »***Krieg aller gegen alle***«.

4. Wie zähmt Hobbes den Wolf?

Es gelte, den Naturzustand, in dem es weder Sicherheit, Rücksicht, Moral noch Gerechtigkeit gebe, zu beenden. Das sei das höchste Gebot der Vernunft. Aber wie? Die Menschen schließen freiwillig einen **Staats- bzw. Gesellschaftsvertrag**, was wir uns jedoch nur als Idee, nicht als historisch tatsächlich geschlossenen Vertrag vorstellen müssen. Inhalt: Man begibt sich seiner persönlichen Naturrechte und überträgt alle Souveränität inkl. des Gewaltausübungsrechts auf eine Versammlung oder einen einzelnen Herrscher. So werde die Willkür des einzelnen Bürgers begrenzt. Die neue Herrschaft repräsentiere den Gesamtwillen, man könne es auch so ausdrücken: Der Wille aller wird zu einem Willen, was auch Auflehnung gegen den Staat ausschließe. Hobbes setzt voraus, dass der Herrscher Stabilität und Frieden wolle und daher die ihm anvertraute Macht nicht missbrauchen werde. Diese Erwartung betreffe allerdings nicht das Verhältnis zwischen Staaten, da bleibe es bei »*homo homini lupus*«. Die Macht des Souveräns sei absolut, also unbeschränkt, der Herrscher allmächtig, er entscheide auch über Recht, sogar Religion sowie auch über Moral. (Was ist gut, was böse? Hier gälten allerdings wieder nur Nützlichkeitsgesichtspunkte.) Wir spüren den Einfluss Francis Bacons, dessen Sekretär Hobbes eine Zeit lang war. Und noch ein Wichtiges, das für uns mit Blick auf unsere heute verfassungsrechtlich garantierte Gewaltenteilung nur schwer vorstellbar ist: Gesetzgebung, Rechtsprechung und Regierung liegen für Hobbes in einer Hand, denn die Regierung (Exekutive), die das Schwert der Gerechtigkeit trage, müsse auch Recht sprechen und die Urteile vollstrecken können.

Hobbes gibt dieser umfassenden Staatsmacht einen ebenso sonderbaren wie anschaulichen Ausdruck: Sein Hauptwerk nennt er *Leviathan*, den er auf dem Buchcover auch abbildet. Dabei handelt es sich um einen den allmächtigen Staat verkörpernden, an ein Seeungeheuer angelehnten Riesen (zusammengesetzt aus vielen Einzelmenschen), der sich über eine weite Landschaft ausbreitet. Die ursprüngliche Figur des Leviathan stammt aus dem Buch Hiob.

Abschließende Fragen an euch, nachdem wir das Gedankengebäude Hobbes' kennengelernt haben, ausgehend von der Naturphilosophie über das Menschenbild bis zur Staatstheorie: Birgt ein solches System Gefahren? Ist es vielleicht sogar naiv? Habt ihr aktuelle Staaten vor Augen, deren Ideologie dem Denken Hobbes' nahesteht?

17. Kapitel
RENÉ DESCARTES
(1596–1650)

1. Ein Satz verändert die Welt

»*Cogito ergo sum.*« Die meisten von euch werden diesen Satz des Descartes schon einmal gehört haben: »Ich denke, also bin ich.« Aber fallen wir nicht mit der Tür ins Haus. Ebenso wie es bei Descartes selbst war, wollen wir uns Schritt für Schritt dem Kernsatz seiner Philosophie nähern. Jedoch können wir eines schon einmal mit etwas Stolz festhalten: Dieser Satz, einer der berühmtesten der Philosophiegeschichte, soll Descartes in einer deutschen Stadt eingefallen sein. Wo genau? Das weiß man nicht. Ulm, Lauingen und Neuburg an der Donau nehmen es für sich in Anspruch. Warum deutsche Stadt? Man kann das Leben des in der Nähe von Tours geborenen Franzosen in zwei Abschnitte einteilen – einen reisefreudigen und einen sesshaften: mit 22 militärische Ausbildung in den Niederlanden, dann, »um das Buch der Welt« zu studieren, Aufenthalte in Kopenhagen, Polen, Ungarn, Österreich und Böhmen, anschließend – und damit sind wir bei der deutschen Station – Soldat in den Diensten des Herzogs von Bayern und Teilnehmer am Dreißigjährigen Krieg, danach Italien und drei Jahre Paris. Dann zog er sich für 20 Jahre in die niederländische Stille zurück, wo er sich in aller Ruhe und ungestört nurmehr den Wissenschaften widmen wollte, was im Wesentlichen auch gelang. Er hätte dort bleiben sollen. Doch er, der sich inzwischen einen großen Namen gemacht hatte, folgte dem Drängen der schwedischen Königin Christine, die von ihm lernen wollte. Descartes fühlte sich in Stockholm jedoch alles andere als wohl. Schweden sei »ein Land der Bären, mitten unter Felsen und Eis«, schrieb er. Und tatsächlich wurde ihm das kalte Klima zum Verhängnis. Erst 54 Jahre alt, starb er an einer Lungenentzündung.

2. Worauf will Descartes hinaus?

Der Mensch solle die Natur in den Griff bekommen, das heißt: beherrschen können. Dies gelinge jedoch nur, wenn man sie genau kenne. Es geht Descartes folglich um **Wahrheit**, das jedoch ohne Wenn und Aber, also ohne irgendwelche verbindliche Vorannahmen, vor allem, ohne festgelegt zu sein durch religiöse Dogmen. Das war natürlich eine Kriegserklärung an christliche Kirchen und Scholastik. Descartes wusste, wie heiß der Boden für ihn geworden war, weshalb er – das Schicksal Galileis vor Augen – sein erstes Werk *Le Monde* (»Die Welt«), in dem er die Kopernikanische Lehre verteidigt hatte, nicht veröffentlichte. Die Kirche sah noch immer die Erde im Mittelpunkt und bestritt die Unendlichkeit des Alls.

3. Der Weg zur Wahrheit

Descartes gilt als Begründer der modernen Philosophie. Es wird also spannend. Was unterscheidet ihn von seinen Vorgängern? Erinnert ihr euch? Hobbes hatte Descartes bereits für sich selbst als wegweisend erwähnt. Letzterer, der Erfinder der analytischen Geometrie, will also die exakten Methoden der **Mathematik** auf die Philosophie übertragen. Das beseitige alle Unsicherheit und führe die Philosophie aus dem Dunkel. Vier Grundprinzipien seien zu beachten:

1. Ausgangspunkt wissenschaftlicher Arbeit dürfe nur sein, was wahr und gewiss sei.
2. Bei jeder Untersuchung seien zunächst kleinste Einheiten zu bilden, in denen man zu Lösungen komme, wovon dann zu Grundsätzlicherem übergegangen werden könne.
3. Man beginne mit dem Einfachen, um dann erst das Schwierige zu behandeln.
4. Vollständige Benennung aller relevanten Probleme.

Mithilfe dieses Prüfungsmusters (mathematische Methode und die vier genannten Grundprinzipien einer Untersuchung) nimmt Descartes buchstäblich alles Denkbare in den Blick: das All, Natur, Körper, Geist, ja, auch die Metaphysik mit den Fragen nach Gott und der menschlichen Seele. Aber was ihn unablässig quält, ist das Grundprinzip Nummer 1: die Gewissheit als Ausgangspunkt. Wo ist das absolut sichere Fundament, auf das alles andere gebaut werden kann? Gibt es ein solches überhaupt? Hängen nicht sämtliche Erkenntnisse in der Luft, bleibt nicht alles Wissen schwankend, wenn es an einer festen, unangreifbaren Basis mangelt? Descartes ließ diese Frage nicht los, wobei ihm immer klarer wurde, dass alle bisherige Philosophie auf Grundannahmen beruhte, die er als schwankend betrachtete. Er meinte, so wie man es bisher versucht hatte, würde man niemals auf letztgültige Wahrheiten stoßen. Für ihn gab es daher schließlich nur einen Weg: Alles von Grund auf umstürzen und alles, auch wirklich alles erst einmal in Zweifel ziehen (der sogenannte *methodische Zweifel*).

Das Zweifeln betreibt Descartes mit aller Radikalität. Er fängt an mit der Außenwelt, also allem, das wir durch unsere Sinne erfahren. Jedoch: Täuschen uns unsere Sinne vielleicht, fragt er. Sodann: Aber ich bin doch wohl eine leibliche Existenz, spekuliert er weiter. Nun ja, ich könnte auch träumen. Doch dass es Raum, Zeit und Körper gibt, ja, dass 2+3=5 ist, wer will das bezweifeln, ist er zunächst überzeugt. Oder etwa doch nicht? So klar dies scheint, überlegt er, vielleicht ist der Mensch so angelegt, dass er trotz höchster subjektiver Gewissheit letztlich doch getäuscht wird. Aber wer täuscht ihn dann? Vielleicht sogar Gott? Welche Frage! Gott soll nicht mehr die »Quelle der Wahrheit« sein, Gott als Täuscher? Dieser Gedanke kommt Descartes, aber er verwirft ihn schnell, um der Finsternis, die ihn mit seinem sogar Gottes Güte infrage stellenden, radikalen Zweifel bereits zu umgeben beginnt, zu entgehen. Dennoch bleibt Descartes bei der Methode des Zweifels, aber nun verlässt er dessen destruktiven Weg und sucht nach einem Halt, vor allem nach **Geborgenheit in Gott**. Dazu bedürfe es eines Fundaments und einer Gewissheit, mit der Gott und alles in der Welt erkannt und die Existenz von alledem bewiesen werde.

Und tatsächlich findet Descartes diese Gewissheit. Damit sind wir beim Kern seiner Philosophie. Ich kann alles in der Welt in Zweifel ziehen, sagt er, nur nicht, dass es mich gibt. Begründung: Gäbe es mich nicht, könnte ich nicht zweifeln. Umgekehrt: Weil ich zweifle, weil ich denke, bin ich. Damit sind wir beim eingangs zitierten »*cogito ergo sum*«, im Original der Schrift *Discours de la Methode* allerdings noch französisch (»*je pense, donc je suis*«). Das *ergo* beziehungsweise *donc* (deut.: also) suggeriert, es handele sich um eine Schlussfolgerung. Das aber hätte Descartes, der erst einmal wirklich alles bezweifeln wollte, dann doch für zu kühn gehalten. Er verstand seinen berühmten Satz daher nur als Ausdruck einer Intuition, weshalb es in einer früheren Meditation auch zurückhaltender hieß: »*cogitans sum*« (denkend bin ich). Sodann treibt Descartes seinen Gedankengang aber auf die Spitze: Selbst wenn Gott mich täuschen sollte, würde auch das meine Existenz voraussetzen. »*Ich werde getäuscht, also bin ich*«, formuliert Descartes anschließend wieder mutiger unter Verwendung des Wortes *also*.

Nun hatte er sein Fundament gefunden, das heißt eine Erkenntnis, die er für vollkommen unanfechtbar hielt: das *Ich*. Und das Besondere, philosophiegeschichtlich betrachtet: Er siedelt die Quelle dieser ursprünglichsten Gewissheit – nämlich der eigenen Existenz – im Innersten des Menschen selbst an, nicht dagegen leitet er sie, wie es noch im Mittelalter geschah, von Gott ab. Das ist bedeutsam, denn von nun an gehört es zum (neuzeitlichen) Denken, den Menschen als autonomes Wesen zu betrachten, autonom, weil der Mensch meint, zu seiner Selbstgewissheit des Gottes nicht zu bedürfen.

Hier, wo Philosophie und Religion aufeinandertreffen, eine *Zwischenfrage* an euch, bevor wir Descartes' Argumentation weiter verfolgen, und zwar eine sehr persönliche Zwischenfrage: Wenn ihr über die eigene Existenz nachdenkt, spielt Gott für euer Selbstverständnis irgendeine Rolle, das heißt, bezieht ihr eure Existenz (zumindest auch) auf Gott oder seht ihr sie ganz unabhängig von ihm?

4. Wie kommt Descartes aus der Sackgasse?

Wir hatten ja schon gehört, dass Descartes unwohl wurde, als er begonnen hatte, an Gottes Güte und Wahrheit zu zweifeln. Jetzt brauchte er ihn aber wirklich. Warum? Ich mag meiner Existenz ja sicher sein, aber wie gelange ich von dieser Sicherheit zu der Sicherheit, dass zum einen die sogenannten *eingeborenen* Ideen, die ich von etwas habe (etwa von einem Dreieck) richtig sind, und wie kann ich zudem sicher sein bezüglich der sogenannten *erworbenen* Ideen, das heißt der die Außenwelt betreffenden Wahrheiten? Anders ausgedrückt: Woher nehme ich die Gewissheit, dass das, was uns die

Sinne von der Außenwelt vermitteln, auch wirklich wahr ist? Descartes' Antwort: Die Gewissheiten verdanken wir dem wahrhaftigen **Gott**. Er ist der Garant dafür, dass wir nicht nur die eingeborenen Ideen verstehen, sondern auch dafür, dass die von uns wahrgenommenen Dinge wirklich existieren, und zwar so, wie sie sich uns zeigen. Gott führt uns nicht in die Irre, sondern ist die Quelle der Wahrheit. Gott hat uns die Vernunft geschenkt, damit solch klare Erkenntnis möglich ist. Erkenntnisstreben ist folglich durchaus religiöser Natur. Aber er hat uns nur die Möglichkeit der Erkenntnis von Wahrheit gegeben. Unser Wille ist frei, das heißt: Wenn wir uns nicht gründlich um Gewissheit kümmern, sind Irrtümer nicht ausgeschlossen. Und Descartes fügt noch einen bemerkenswerten Gedanken hinzu: Gott habe die Vernunft derart geschaffen, dass sich die Idee von einem Gegenstand, so wie sie sich im Kopf bilde, und der wahrgenommene Gegenstand der Außenwelt genau entsprächen. Andernfalls könnte unser Geist den Gegenstand gar nicht erfassen. Und noch eines wird in diesem Zusammenhang deutlich: Entgegen immer wieder vertretener Auffassung ist Descartes nicht reiner Rationalist, der nur über die Vernunft nach Wahrheit sucht, sondern auch Empirist, denn Gegenstand seines Denkens ist ja jener Stoff, den er durch *Sinneserfahrung* gewonnen hat.

Aber mit dem bisherigen Gedankengang gibt sich Descartes noch immer nicht zufrieden. Es sei erinnert an den methodischen, das heißt radikalen Zweifel, dem sich Descartes verschrieben hatte. Und was ist es, das noch der Klärung bedarf? Descartes meint: Wenn Gott es sei, der uns mit solcher Vernunft ausgestattet habe, die uns Wahrheitserkenntnis und Gewissheit ermögliche, dann müsse man sich natürlich vor allem erst einmal der Existenz Gottes versichern. Descartes versucht dies und liefert für seinen **Gottesbeweis** im Wesentlichen drei Begründungen:

1. Alles Irdische sei endlich und unvollkommen. Beides lasse sich aber nur denken, wenn man das Unendliche und Vollkommene (gemeint ist das Göttliche) voraussetzt.
2. Wir bezögen das Unendliche und Vollkommene in unser Denken ein. Das eine wie das andere könne aber nicht durch das Nichts oder durch uns selbst, die wir endlich seien, verursacht, sondern nur von Gott selbst

als dem Unendlichen und Vollkommenen in uns eingepflanzt worden sein.
3. Vollkommenes wäre nicht vollkommen, wenn es nicht existierte.

Dazu gleich drei **Anschlussfragen**:

Zu 1.: Wenn wir irdisch Unvollkommenes (nur) denken, beweist das zwingend die tatsächliche Existenz von Vollkommenem?

Zu 2.: Ist die Vorstellung von der Wirkursache (dass also alles eine Ursache haben müsse) ein unanfechtbares, ewiges Naturgesetz?

Zu 3.: Wenn für uns Vollkommenes zwingend nur als Existentes vorstellbar ist, woraus lässt sich ableiten, dass es dann notwendigerweise in der Wirklichkeit auch vorhanden ist? Haben wir es hier nicht mit Zirkelschlüssen zu tun?

5. Wie funktioniert der Mensch?

Seid nicht schockiert! »*Animalia sunt automata*«, so lautet einer der berühmten Sätze Descartes'. Wirklich? Tiere sollen Automaten sein? Ja, was den Körper betrifft, bezieht er das sogar auf Menschen. Wie kommt er dazu? Descartes trennt Körper und Seele streng. Das Einzige, was Körper auszeichne, sei ihre Ausgedehntheit (Länge, Breite, Höhe, *res extensa*, ausgedehnte Dinge). Hier zeigt sich wieder Descartes' geometrische Sicht. Körperlose Ausdehnung gebe es nicht, daher auch keinen leeren Raum (wie anders noch Demokrit!). Alle körperlichen Vorgänge würden mechanistisch gedeutet. Veränderung und Bewegung kämen nur durch unmittelbaren Druck und Stoß zustande, nicht durch irgendwelche Fernkräfte. So werde auch die Biologie zur Physik, folglich Lebewesen zu Automaten.

Die denkenden Dinge sind die *res cogitans* (cogitare=denken, das kennen wir schon), womit er die Seele, das Bewusstsein und eben auch das Denken meint. Das ist konsequenter **Dualismus**. Körper und Seele (Letztere spricht er den Tieren ab) seien zweierlei, vollkommen wesensverschieden. Der Tod des Körpers führe folglich auch nicht zum Tod der Seele, sie sei unsterblich. Die Dualität von Körper und Seele bedeute auch eine scharfe Trennung des Subjekts Mensch von seiner Außenwelt, Subjekt und Objekt seien – den Vorstellungen der Physik folgend – geistig nicht mehr miteinander verbunden.

Dies steht für ein vollkommen neues Weltbild, ja, es ist das **Weltbild der Moderne**. Wie anders noch das Erleben in den mythischen Zeitaltern, wie wir im 1. Kapitel gesehen haben. Dort waren Materielles und Ideelles verschmolzen. Der Mensch fühlte sich eins mit einer ihm vertrauten Landschaft, ebenso mit ihrer Geschichte. Das war seine Ratio, das Erleben gemäß seiner Vernunft. Nicht etwa dachte er, dass er und die Landschaft streng genommen in keiner Verbindung zueinander stünden, er sich also eigentlich etwas vormache. Solche Zweifel kamen ihm nicht einmal in den Sinn.

Aber wenn Leib und Seele so voneinander getrennt sind, wie kann der Mensch dann funktionieren? Es ist doch der Wille, also Teil des Bewusstseins, der sagt: »Jetzt gehe einmal geradeaus«, und der Körper tut es dann. Es muss doch eine irgendwie geartete Interaktion zwischen Seele und Leib stattfinden. Dieses Dilemma – das in der Philosophie berühmte Leib-Seele-Problem – sah Descartes natürlich auch. Er fand die Lösung in der **Zirbeldrüse**, eine kleine, kiefernzapfenförmige Drüse im Zentrum des Hirns. Nach heutiger Kenntnis steuert sie die innere Uhr, reguliert den Schlaf und erhöht die Intuition. Descartes meinte, dass die Seele in der Zirbeldrüse besondere Wirksamkeit entfalte, das heißt: Einfluss auf die Lebensgeister nehme und auch die Leidenschaften beherrsche, was in Verbindung mit den Einsichten der Vernunft und entsprechender Wissensmehrung auch moralisches Verhalten fördere. Aber es finde auch eine Wechselwirkung statt, denn was der Körper von außen an Sinnesreizen empfange, leite die Zirbeldrüse an die Seele weiter. Eine Wechselwirkung also.

18. Kapitel
BLAISE PASCAL
(1623–1662)

1. Ein Wunderkind

Wieder einmal wird es sich als fruchtbar erweisen, wenn man dieses Buch wirklich von Anfang an gelesen hat. Man ist sozusagen ständiger Teilnehmer der Reise durch die Geschichte der Philosophie und kann deren Entwicklung mit viel mehr Verständnis nachvollziehen, vor allem wird man Schritt für Schritt vertrauter mit den wichtigsten Begriffen. Aber ihr wollt ja vielleicht auch etwas über das Leben der großen Philosophen erfahren, wenn wir uns damit auch nicht lange aufhalten können.

Der Franzose Pascal war ein Wunderkind. Das ist wahrlich nicht übertrieben. Eine Schule hat er nicht besucht, sein Vater, Präsident des Steueramts, war sein Lehrer. Mit zwölf kam Blaise von selbst auf die euklidische Geometrie, mit 16 erdachte er Neues über Kegelschnitte, als 19-Jähriger erfand er eine Rechenmaschine, von der er dann 50 verschiedene Versionen entwickelte, mit 23 schuf er das Gesetz über die kommunizierenden Röhren, und er war noch jung, als er die Entwicklung der Wahrscheinlichkeitsrechnung entscheidend beförderte. So früh so genial, und dann so früh gestorben, mit 39.

2. Mit und gegen Descartes

Pascal hat Descartes gründlich studiert und war von dessen mathematischer Erkenntnismethode mit den Zielen Klarheit und Deutlichkeit fasziniert. Pascal hätte auf Descartes Weg weitergehen und zu einem der bedeutendsten Mathematiker der Geschichte werden können. Aber das war nicht sein Weg, dazu war er zu sehr Philosoph, vor allem hatte er vorrangig immer das Menschliche im Blick. Er traute also der Mathematik nicht vollends und es gelang ihm tatsächlich, eine Reihe von mathematischen Grundsätzen überzeugend infrage zu stellen. Er erkannte, dass sich selbst die Mathematik immer wieder auf **Axiome** (Vorannahmen) gründet, die dem Wandel unterliegen. Also biete auch die Mathematik nicht immer Letztgültiges, ja, allem wissenschaftlichen Denken, das sich auf Theorien stütze, lägen Prinzipien zugrunde, die einfach vorausgesetzt, aber nicht beweisbar seien. Doch damit nicht genug: Pascal war nun ganz generell von der nur begrenzten Erkenntnisfähigkeit menschlicher Vernunft überzeugt. Wenn sich aber, so folgert er weiter, absolute Wahrheiten nicht ergründen ließen, dann könne es bei der Erkenntnis immer nur um eine gewisse Annäherung beziehungsweise Vervollkommnung, das heiße aber auch, immer nur um Provisorisches, gehen. Erinnert euch an unser 1. Kapitel, wo wir bei der Darstellung der modernen Erkenntnistheorie auf Ähnliches gestoßen sind, nämlich dass der Mensch wegen der sich immer wieder wandelnden a prioris (das sind die bei jeder Theorie vorausgesetzten Vorannahmen) nie letztgültige Wahrheiten finden wird? In diesem Licht erscheint Pascal als bewundernswert vorausschauend.

3. Der Mensch – zwischen dem All und dem Nichts

Der Mensch, der nichts genau weiß, nicht einmal – wie wir gesehen haben – Genaues wissen kann, bewegt sich orientierungslos zwischen Extremen, findet nirgendwo Halt. So sieht es Pascal. Da ist auf der einen Seite das unvorstellbare, unendliche All, in dem selbst die Erde wie ein winziger Punkt erscheint, zum anderen das kleinste Insekt, das wiederum geteilt werden kann, ja, selbst Atome sind teilbar, und jedes trägt noch ein Universum in sich. Aus der Sicht des Kleinsten sind wir Riesen, aus der Sicht des Größten kümmerlich klein. Keine Chance auf Wahrheit, ein unruhiges, von ewigen Zweifeln geplagtes Herumirren in der Dunkelheit. Pascal formuliert es so: »*Ein Nichts im Hinblick auf das Unendliche, ein Alles im Hinblick auf das Nichts.*« Der Mensch schwebe »*zwischen diesen beiden Abgründen des Unendlichen und des Nichts*« und »*gleichermaßen unfähig, das Nichts zu sehen, aus dem er gezogen, wie das All, in das er verschlungen ist*«. So sei er »*für sich selbst der wunderlichste Gegenstand der Natur*«, sein eigenes Ich nicht begreifend, traurig, ohne Licht, leer, gelangweilt, verlassen, ohnmächtig, dem Tod verfallen, dahintreibend »*auf einer unmessbaren Mitte, immer ungewiss und schwankend*«, zwischen

Skeptizismus und strengem Dogmatismus hin- und hergestoßen. Gerade das, was den Menschen auszeichne – das Denken – begründe sein Elend.

4. Die Rettung – Wetten?

Pascal sieht die Größe des Menschen darin, sein eigenes Elend zu erkennen. Aber ist das ein Trost? Nein, nicht wirklich. Jedoch lässt uns Pascal mit unserem Elend nicht allein. Er bietet eine Art **Wette** an. Das klingt merkwürdig, aber die Pascalsche Wette ist in der Philosophie tatsächlich ein Begriff. Worum geht es dabei? Pascal hielt das Denken Descartes für zu intellektuell. So käme der Mensch nie zu seinem Glück. Die Vernunft scheitere auf ganzer Linie. Wo bleibe da Gott, wo das Herz, das doch seine ganz eigene Logik besitze? Im geschichtlichen Verlauf habe sich der Mensch seltsam verirrt. Er habe sich einst auf der Stufe der Vollkommenheit befunden, von der er jedoch herabgefallen sei, ein Fall von seiner »*ersten*« zu seiner »*zweiten Natur*«.
Nun zur Wette: Um eine *Entscheidung* komme der Mensch nicht herum: Glauben wir an **Gott** oder nicht? Wenn wir rein vernunftgemäß Gewinn und Verlust wögen, wäre es klüger, auf den Glauben zu wetten. Werde die Wette gewonnen, gewinne man alles: das höchste Gute und Wahre. Werde die Wette verloren, verliere man nichts, so Pascal. Vernachlässigen wir ein wenig, dass diese Wette etwas der Stringenz entbehrt, weil uns die Existenz Gottes vielleicht erst nach unserem irdischen Ende bewiesen wird. Aber es ist klar, was Pascal meint. Jedoch fügt er auch hinzu: Eine Garantie für eine Haltung in Sicherheit liefere die Glaubenszuversicht nicht.
Und wie wettet ihr?
Pascal bekennt sich zum christlichen Verständnis unserer Existenz, wenn auch nicht uneingeschränkt. Viele der **christlichen Dogmen** lägen im Dunkel. So ist für ihn zum Beispiel die Erbsünde das »*allerunbegreiflichste Geheimnis*«. Da die Vernunft bei vielen solcher Rätsel, die dem christlichen Glauben innewohnten, an ihre Grenzen stoße, müsse das Herz sprechen. »*Nichts ist der Vernunft so gemäß wie die Verleugnung der Vernunft […] Es ist das Herz, das Gott fühlt, und nicht die Vernunft*«, schreibt Pascal. Da Gott der »*verborgene Gott*« sei und sich – so Pascal wörtlich – daher ein »*unendliches Chaos*« zwischen Gott und dem Menschen auftue, sei Religion »*nicht sicher*«. Glaubensgewissheit

könnten wir folglich nur durch das Herz gewinnen. Welcher Kontrast zu den Gottesbeweisen Descartes!

19. Kapitel
BARUCH DE SPINOZA
(1632–1677)

1. Allseits beschimpft

Die jüdische Familie Spinozas entfloh der Inquisition aus Portugal nach Amsterdam, wo Baruch (das bedeutet der »Gesegnete«) geboren wurde. Fast in seinem ganzen Erwachsenenleben verdiente er seinen Unterhalt mit dem Schleifen von optischen Linsen. Einen Ruf an die Heidelberger Universität lehnte er, der lebenslange Kämpfer für Demokratie und Meinungsfreiheit, später einmal ab, um seine wissenschaftliche Arbeit ungehindert der Wahrheit widmen zu können. Intensive philosophische und religiöse Studien ließen ihn bald mit zentralen **jüdischen Lehren** auf Kriegsfuß geraten. Die Folge: öffentliche Exkommunizierung, ja, sogar ein Mordanschlag war auf ihn unternommen worden. Seine erste große Arbeit widmete er dem Werk Descartes'. Da einer von Spinozas Freunden wegen Ketzerei verurteilt wurde und im Gefängnis starb, veröffentlichte Spinoza zu Lebzeiten nichts mehr, auch nicht sein Hauptwerk *Ethik*. Er war aber noch gar nicht gestorben, da begann man schon, Häme über ihn auszuschütten, und das dann auch weit über seinen frühen Tod hinaus (er starb mit 44). Waren es zunächst die Juden, die über ihn herfielen, folgten bald die **Christen**. Man nannte ihn einen dummem Teufel, blinden Gaukler, wahnwitzigen, trunkenen Menschen, elenden, frevelnden, gottlosen, verderblichen Wicht sowie Autor von »*Werken der Finsternis*«, der in die Hölle gehöre. Noch Leibniz bezeichnet eines von Spinozas Büchern als »*unerträglich freche Schrift*«. Was war der Grund für solcherlei Aufregung?

2. Gott und Welt

Zunächst diente vor allem Descartes Spinoza als Vorbild, also: Wahrheitsfindung mithilfe strenger Deduktion und geometrischer Methode. Dabei verfolgte er das Ziel, eine Philosophie zu entwickeln, die den verlorenen jüdischen Glauben ersetzt. Seine Gedanken fasste Spinoza in dem Frühwerk *Kurze Abhandlung von Gott, dem Menschen und seinem Glück* zusammen. Dann im niederländischen, christlichen Umfeld widmete er sich der Bibel, um alle Dogmen »*unbefangen und mit freiem Geiste*« zu prüfen. Dies mündete in fundamentale Kritik an der **Heiligen Schrift**. Die Wundergeschichten seien nicht wörtlich zu nehmen und Jesus sei nicht Gottes Sohn, sondern der edelste Mensch. Auch sei das Leben kein Jammertal und nicht die Pforte zu Paradies oder Hölle. Vor allem aber hat Spinoza ein Gottesbild vor Augen, das mit dem der vorgenannten Religionen hart kontrastierte und die oben zitierte Schmähkritik erklärt. Das müssen wir uns genauer anschauen.

Wir erinnern uns: Descartes unterschied konsequent alles Körperliche von Geist und Denken (womit sich ihm auch das Leib-Seele-Problem stellte, nämlich die Frage der Abhängigkeit zwischen beiden). Hier nun entfernt sich Spinoza von Descartes. Auch für Spinoza gibt es nur eine Substanz, sogenannte **Identitätsphilosophie**, also kein Dualismus von Materie und Geist. Alles Seiende in der Welt habe in dieser **einen Substanz** seine Wurzeln, sei also ein Modus, ein Ausdruck dieser Substanz. Wenn wir auf die Vorsokratiker zurückblicken, entdecken wir Ähnliches in der Idee vom Urgrund. Für Spinoza war solche (nicht stofflich zu verstehende) Ursubstanz schon immer, sie sei ewige Ursache von sich selbst, also nicht geschaffen, vor allem: Außer ihr gebe es nichts. Spinoza entwickelt diesen Gedanken radikal zu Ende: Nicht einmal Gott existiere *neben* beziehungsweise *außerhalb* dieser Substanz. Nein, Substanz, Geist sowie alles Körperliche (also die Natur) und vor allem auch Gott seien eins (so im lateinischen Urtext wörtlich: *substantia sive natura sive deus*, was heißt: »Substanz oder Natur oder Gott«).

Das hat für das **Gottesbild** elementare Konsequenzen: Materie und Geist sind von derselben Substanz (die aber noch über unendliche andere, uns unbekannte Attribute verfüge); und weiter: Gott ist identisch mit beiden. Die eine und einzige Substanz ist Gott. Alles Sein führt auf Gott und seinen göttlichen Verstand zurück, was bedeutet, dass sich im göttlichen Verstand von allem Ideen finden, ohne dass Gott jedoch der Schöpfer von allem ist. Man kann es auch so formulieren: Gott ist vereint mit allem Geist (Denken, Fühlen und Seelisches) sowie mit aller Materie, ja, er ist dies alles. Noch anders ausgedrückt: Die Wirklichkeit ist die Offenbarung Gottes. Und was folgt daraus? Dieser Gott Spinozas ist unpersönlich, ist nicht der jenseitige Gott der abrahamitischen Religionen, wie wir ihn aus Judentum, Christentum und Islam kennen. So erklärt sich auch die Beschimpfung Spinozas als Heide oder Atheist, wobei hinzuzufügen ist, dass er die Kirche wegen des Fanatismus der Geistlichen der Aufsicht des Staates unterstellen wollte, womit er natürlich ebenfalls viel Hass erntete.

Das Gottesbild, bei dem Gott nicht als transzendentes Wesen, sondern als mit der Welt identisch angesehen wird, nennt man **Pantheismus** (griech. pan=alles, theos=Gott). Wir haben davon schon in anderem Zusammenhang gehört. Goethe, Herder und Lessing sympathisierten mit solcher Vorstellung. Die auch diskutierte Frage, ob Spinoza nicht eher dem (vom Pantheismus zu unterscheidenden) **Panentheismus** zuzurechnen ist, soll hier nicht vertieft werden. Letzterer bedeutet, dass Gott mit der Welt eins ist, sie aber auch übersteigt (insoweit dann doch auch ein transzendentes, jenseitiges Wesen).

3. Weitreichende Folgen

Halten wir fest: Eine Substanz, eine einzige Wirklichkeit und Gott identisch mit der Welt. Damit sah Spinoza nicht nur den Konflikt zwischen Wissenschaft und Religion entschärft, weil beide vom selben handeln, sondern er meinte auch, gleichzeitig das **Leib-Seele-Problem** gelöst zu haben, wenn nämlich Körperliches und Geistiges aus derselben Substanz bestünden und parallel agierten. Zudem: Der Gott, der eins sei mit Natur und Denken, der zwar innere Ursache für alles, jedoch nicht Person im Sinne der uns vertrauten Religionen sei, greife nicht verändernd in den Lauf der Dinge ein. Alles geschehe mit **Notwendigkeit** (ein wichtiger Begriff bei Spinoza) nach vorgegebenen Naturgesetzen. Folglich stehe alles von Anfang an fest. Das bedeutet: strenger **Determinismus**, kein freier Wille, weder Gott noch die Menschen vermögen, auf das vorbestimmte Geschehen Einfluss zu nehmen. Man kann es sich denken: Auch daraus resultiert der gegenüber Spinoza erhobene Vorwurf des Atheismus, wenn nämlich Gesetze herrschen, nicht ein göttliches Wesen. Aber die Folgen für die Menschen reichen noch weiter: Letztlich seien, so

Spinoza, wenn jede Zukunft unabänderlich feststünde, auch jede Furcht und Hoffnung sinnlos. Und wie steht's um unsere Seele? Hier ein weiterer Tiefschlag für Christen: Da sie von selber Substanz wie der Körper sei und damit auch sein Schicksal teile, gehe sie mit ihm unter. Keine Unsterblichkeit also.

4.Tröstliches

Dass alles vorbestimmt sei, heißt für Spinoza nicht, dass man nicht glücklich sein, nicht Seligkeit erlangen könne. Im Gegenteil! Wenn alles von einer einzigen, vom Göttlichen durchdrungenen Substanz sei, dann habe auch der Mensch an dieser Substanz teil. Was bedeutet das für uns? Hebt es uns nicht ungeheuer hinan? Spinozas Antwort: »[D]*ie menschliche Seele [ist] ein Teil des unendlichen Verstandes Gottes. [...] Wenn wir daher sagen, die menschliche Seele nehme dieses oder jenes wahr, so sagen wir nichts anderes, als dass Gott [...] diese oder jene Idee habe.*« **Goethe** greift dies auf: »*Und eine Gottheit sprach, wenn ich zu reden wähnte, und wähnt' ich, eine Gottheit spreche, sprach ich selbst.*« So gehoben, wird sich der Mensch natürlich fragen, ob man wirklich glücklich werden kann, wenn man einerseits göttliche Substanz mit dem Allerhöchsten teilt, andererseits nicht über einen freien Willen verfügt und alles vorbestimmt ist. Damit sind wir bei Spinozas **Ethik** beziehungsweise Tugendlehre. Er antwortet: Glücklich wird, wer sich mit Gott und der Unendlichkeit identifiziert, wer mit Vernunft seine weltlichen Begierden zähmt und seine Emotionen und Leidenschaften beherrscht, wer nicht aufbegehrt gegen den unabänderlichen Lauf der Dinge und wer sich, so Spinoza wörtlich, der »*geistigen Liebe zu Gott*« (*amor intellectualis erga deum*) und auch der Liebe zu seinem Schicksal hingibt. Ist die menschliche Seele Teil des göttlichen Verstandes und – so Spinoza – Gott als das Vollkommene in unendlicher Liebe zu sich selbst begriffen, sind die Liebe zu Gott und Gottes Liebe zu den Menschen identisch. Eines dürfen wir jedoch nicht übersehen: Spinozas Ethik zielt mit den genannten Forderungen wie jede Ethik auf ein **Sollen**. Wird damit letztlich nicht doch wieder Freiheit vorausgesetzt? Der Widerspruch ist an sich offenkundig: einerseits Vorbestimmung von allem, andererseits Freiheit. Spinoza sagt dazu, Gott sei die Notwendigkeit (alles geschehe zwingend). Notwendigkeit sei aber Freiheit. Das muss erstaunen. Wie begründet Spinoza dies? Gott sei frei, weil er nach der eigenen Notwendigkeit existiere. Der Mensch sei frei, wenn er Gottes Notwendigkeit mit Freuden einsehe und anerkenne. Eine überzeugende Begründung?

5. Kann man so leben?

Splitten wir die zuletzt gestellte Frage gleich etwas weiter auf:
1. Glaubt ihr, dass von Beginn an alles in der Welt festgelegt war, also auch alles, was euch persönlich betrifft, also euer Weg, Wollen, Wünschen und Handeln?
2. Wenn ihr glaubt, alles sei festgelegt, besitzen wir dann überhaupt Freiheit? Verwechselt Spinoza da nicht die Freiheit des Denkens und Handelns mit der Freiheit, die Tatsache, dass alles determiniert ist, einzusehen und anzuerkennen oder eben zu verneinen?
3. Kann der Mensch sündigen, wenn sein Wille determiniert ist?
4. Wenn Gott mit allem in der Welt, also auch mit dem Bösen und Schlechten, identisch sein soll, würden wir uns ihm dann liebend anvertrauen wollen (wobei allerdings einzuräumen ist, dass Spinoza das Böse als nichtexistent betrachtet, wenn man es als Teil des Ganzen sieht; beim vollkommenen Gott gebe es keine Negation, kein verselbstständigtes Schlechtes)?
5. Folgen wir einmal Spinoza. Ist es ein Widerspruch, einerseits göttliche Substanz mit Gott zu teilen, andererseits gleichsam ohnmächtig vollkommen festgelegt zu sein? Spinoza verneint den Widerspruch, weil Gott selbst in Notwendigkeit gebunden sei. Aber entspricht ein solcher Gott euren Vorstellungen?
6. Welchen Sinn hätte es, etwas zu fürchten, zu wünschen oder zu erhoffen, wenn doch schon alles festgelegt ist? Kann der Mensch solcherlei Gedanken überhaupt ausschalten?
7. Schließt der Glaube, alles sei vorbestimmt, aus, ein erfülltes und verantwortungsbewusstes Leben zu führen, ein Leben, in dem man sich Gott in Demut und Dankbarkeit anvertraut?
8. Falls euer Glaube das nicht ausschließt: Wäre euch solche Hingabe an Gott auch dann möglich, wenn es sich um den Gott Spinozas handeln

würde, also den unpersönlichen Gott, der durch Naturgesetze selbst festgelegt ist, der mit der Welt sowie allem Geistigen und Materiellem, was zu ihr gehört, identisch und folglich wohl kein transzendenter Gott ist?

20. Kapitel
JOHN LOCKE
(1632–1704)

1. Seien wir dankbar!

Warum? Weil wir dem Engländer Locke in der Tat unendlich viel zu verdanken haben, bis heute. Wie kein Philosoph vor ihm hat er für die Freiheit und Mündigkeit des Menschen, also für den Liberalismus gekämpft. Basierend auf den Grundsätzen des Individualismus und der Toleranz forderte er Freiheit der Meinungsäußerung, der Religion und des Handels, zudem war er ein glühender Verfechter von Privateigentum. Seine Ideen flossen teilweise wörtlich ein in die amerikanische Unabhängigkeitserklärung von 1776 und von dort in die »Erklärung der Menschen- und Bürgerrechte« der Französischen Revolution von 1789. Ohne Locke würde auch unser deutsches **Grundgesetz** sicher nicht über einen so weitreichenden Grundrechtskatalog verfügen. Auch Locke begab sich übrigens wie Hobbes aus politischen Gründen, also wegen eigener Gefährdung, für einige Jahre ins Exil, und zwar in die Niederlande. König Karl II. hatte 1660 die Monarchie wiedererrichtet und 1679 das Parlament aufgelöst. Erst nach der »Glorious Revolution« 1688 kehrte Locke in seine Heimat zurück.

2. Was kann unser Verstand leisten?

Diese Frage war für Locke vorrangig. Denn was nützt das angestrengteste Grübeln, wenn man sich nicht zuvor Klarheit darüber zu verschaffen sucht, wie es überhaupt um das menschliche Geistesvermögen bestellt ist? Wie entstehen Gedanken, Ideen, Bilder, Meinungen? Sind sie zuverlässig oder nur Täuschungen, Illusionen, Träume? Wie geschieht Erkenntnis? Wie kommen wir Wahrheiten auf die Spur? Ist das überhaupt möglich? Damit befasst sich Locke in seinem *Essay über den menschlichen Verstand*.

Wie gut, dass wir uns schon mit Descartes befasst haben, denn jetzt werden wir Locke besser verstehen. Aber gehen wir zuvor noch einen Schritt zurück, zu Platon. Wahre Erkenntnis erfolge in uns, meint er. Wir kämen mit angeborenen Ideen auf die Welt, hätten sie über dem Schrecken der Geburt nur vergessen. Erkenntnis sei also Wiedererinnerung, kein von außen bewirkter Bildungsvorgang. Wer uns lehre, sei folglich nicht Pädagoge, sondern Hebamme. Descartes greift dies auf. Allein die in uns liegende Vernunft lasse uns eine geometrische Figur wie zum Beispiel ein Dreieck als das verstehen, was es ist. Gleiches gelte für Gott, dessen Existenz wir ebenfalls nur mithilfe der Vernunft begreifen könnten. Nein, sagt nun Locke entgegen Descartes, wir sind, wenn wir auf die Welt kommen, ein weißes Blatt Papier, eben ohne irgendwelche angeborenen Ideen. Aber woher kommt dann unser Wissen? Allein aus der **Erfahrung**, so Locke. Hier spricht der Empiriker. Alles, was wir in unserem Geist trügen, sei uns durch unsere Sinne vermittelt worden. Kein Wissen also ohne sinnliche Erfahrung.

Und doch werden wir Locke nicht gerecht, wenn wir ihn als reinen Empiriker einstufen. Was wäre alle sinnliche Erfahrung, was wäre alles, was auf uns einströmt, wenn es nicht auf einen Verstand träfe, der schon bestimmte Voraussetzungen für die geistige Verarbeitung all dessen mitbringt, so fragt Locke. Hier erleben wir ihn dann doch auch als **Rationalist**, welcher der Ratio, also der Vernunft, eine nicht hinwegdenkbare Aufgabe zuweist. So seien in unserem Verstand zum Beispiel Vorstellungen von **Substanz** angelegt, ohne die wir alles, was außerhalb von uns selbst körperlich ist, gar nicht als Objekt wahrnehmen beziehungsweise einordnen könnten. Gleiches gelte für die **Kausalität**. Unser Geist zwinge uns geradezu, Ursächlichkeit als naturgesetzlich gegeben anzusehen. Wir könnten gar nicht anders, als zu glauben, dass alles eine Ursache haben muss.

So können wir Locke folglich als rationalistischen Empiriker bezeichnen (auch wenn er von nicht wenigen nur als bloßer Empiriker gesehen wird), der ausdrücklich zwei Erkenntnisstämme im Blick hat, nämlich die Sinneswahrnehmung (im Originaltext: *sensation*) und die nachdenkende Betrachtung (*reflection*).

Führen uns denn nun Erfahrung und Verstand zu letztgültigen Wahrheiten?

Diese Sicherheit haben wir laut Locke nicht. Das begründet er – nicht ganz einfach – wie folgt: Es seien verschiedene Unterscheidungen vorzunehmen:
1. *äußere Erfahrung* (das, was die Sinne wahrnehmen, sozusagen der Rohstoff unserer Erkenntnis, von Locke auch einfache Ideen genannt),
2. *innere Erfahrung* (das, was unser Geist daraus macht, sogenannte zusammengesetzte Ideen, etwa, wenn wir ein Pferd sehen, von diesem einen Pferd aber zugleich abstrahieren und uns vorstellen, was alle Pferde gemeinsam haben, die »Pferdheit« also).
3. Sodann unterscheidet Locke die von unseren Sinnen wahrgenommenen Körper nach *primären* und *sekundären Qualitäten*. Primäre Qualitäten befänden sich *real* in den Körpern wie Ausdehnung (Größe) oder Festigkeit. Sie seien Gegenstand unserer äußeren Erfahrung und bildeten sich ab in unseren sogenannten einfachen Ideen. Körper verfügten aber auch über sekundäre Qualitäten. Beispiel: Gerüche oder Farben. Sie sind nach Locke nicht in den Körpern, sondern zusammengesetzte Ideen unserer inneren Erfahrung, also von unserem Verstand *erzeugt*.

Entscheidend ist nun, dass für Locke nur die primären Qualitäten (Ausdehnung, Festigkeit etc.) wahr sind, weil sie sich in den Körpern befänden. Die sekundären Qualitäten (Gerüche, Farben etc.) seien wie gesagt nur Produkte unserer inneren Erfahrungen, die ihrerseits von unseren jeweils sehr subjektiven Sinnesorganen abhingen. Was folgt für Locke daraus? Betrachteten wir zum Beispiel ein braunes Pferd, könnten wir Menschen die Farbe »Braun« nicht von dem Pferd trennen. Beides gehöre in unserer Anschauung zusammen: braunes Pferd. Nun sei Braun aber, so Locke, nur eine sekundäre Qualität und damit nicht wahr. Das bedeute weiter: Wir könnten in unserem Wahrnehmen und Urteilen überhaupt nicht darauf vertrauen, dass sich die Empfindungen unseres Geistes mit der Wirklichkeit decken. Locke will uns damit natürlich nicht abraten, unseren Verstand zu benutzen, was auch gar nicht möglich wäre, sondern nur erklären, dass wir die Dinge nicht so wahrnähmen und beurteilten, wie sie eigentlich sind. Aber damit können wir wohl leben, und müssen es ja auch. Jedoch lohnt es, in Mußestunden einmal über die Bedingtheit menschlicher Erkenntnis nachzudenken.

3. Eine konsequente Freiheitsphilosophie

Lockes oberster Grundsatz: Der Mensch ist ein im Willen freies, souveränes und nach Freiheit strebendes Wesen, individuell und seiner selbst gewiss. Und woher nimmt der Mensch diese Selbstgewissheit? Locke argumentiert: Wenn jemand sagt: »Ich habe dies und das getan«, dann sind in diesem Bewusstseinsakt Subjekt und Objekt identisch: der dies äußert – und über den er es äußert. Indem ich mir nämlich etwas Vergangenes als meine Tat zurechne, schaffe ich eine Identität meiner Person, die ihrer eigenen Geschichte entspricht. Ihr werdet jetzt sehen, dass diese Philosophie des freiheitlichen Individuums weitreichende Konsequenzen hat. Wir werden sie nun im Einzelnen kennenlernen.

1. Die erste Folge dieses freiheitlichen Vernunftwesens Mensch ist seine **Selbstverantwortung**, wozu er aber auch gemäß seinen individuellen Talenten erzogen werden muss. Er empfängt Belohnung für seine guten Taten und muss geradestehen für die schlechten, weshalb Locke auch den christlichen Gedanken der *Erbsünde* ablehnt.
2. Freiheit bedeutet auch ***religiöse Freiheit***, wobei jedoch die Vernunft befragt werden darf, ob ein Glaube noch sinnvoll ist. Der Mensch ist für sein Seelenheil selbst verantwortlich, aber Locke wirbt ausdrücklich für den Glauben an Gott, wobei er die höchste Übereinstimmung mit der Vernunft im christlichen Glauben sieht. In den Wirrnissen des Lebens benötige der Mensch zur Personwerdung eines Halts. Diesen finde weder der Atheist noch der Polytheist, also der, welcher an viele Götter glaube.
3. Ebenfalls Folge des Freiheitsideals ist sein Plädoyer für das ***Privateigentum***, das er sogar für gottgewollt hält. Wer über seinen Körper und seine Kräfte verfügen könne, dem stünden auch rechtlich die Früchte seiner Arbeit zu. Man kann sich denken, dass diese Auffassung auf Widerspruch stieß, denn was zum Beispiel Diener, Knecht oder Kinder erarbeiten, stand nach der überkommenden Ordnung dem Herrn beziehungsweise Familienvater zu. Ein anderer Aspekt, der gegen Privateigentum eingewandt wurde: Es bewirke vor allem in Verbindung mit der Einführung des Geldes sehr unterschiedliche Einkommens- und

Vermögensverhältnisse. Dem hielt Locke entgegen, dass die Menschen nun einmal nicht gleich begabt oder fleißig seien und dass von einer erfolgreichen Wirtschaft alle profitierten. Wir sehen, dass hier die großen ideologischen Konflikte des folgenden Jahrhunderts bereits angelegt wurden.
4. Der freie Mensch möchte sich entfalten, am liebsten auch in eigener Sache Richter sein. Das ist der Naturzustand, den Locke im Gegensatz zu Hobbes jedoch nicht als »*Krieg aller gegen alle*« betrachtet. Aber da der Mensch parteiisch zu sein pflege, bedürfe es einer neutralen, übergeordneten Instanz, das sei der Staat. Hobbes wieder sehr ähnlich hat Locke einen **Gesellschaftsvertrag** vor Augen, den die Menschen mit der Gemeinschaft, dem Staat, schließen (was natürlich nur als Fiktion verstanden werden kann, denn so entsteht ein Staat faktisch nicht). Inhalt des Vertrags: Übertragung eines Teils der den Menschen zustehenden Rechte. Ziel: Schutz von Leben, Freiheit und Privateigentum.
5. Nun darf dieser Staat aber auch nicht zu mächtig sein. Zum Schutz vor staatlicher Willkür fordert Locke deshalb eine **Teilung der Gewalten**. Gesetzgebung (Legislative) und Exekutive (Regierung, staatliche Verwaltung) dürften nicht in einer Hand liegen. Montesquieu erweiterte diese Idee später zu einer Dreiteilung, indem er auch die Rechtsprechung (Judikative) verselbstständigte. (Dass Locke zusätzlich eine sogenannte »föderative« Gewalt gefordert hatte, die Auflehnung gegen Despotismus in anderen Staaten legitimierte, kann hier vernachlässigt werden.) Vorgenannte Schutzmechanismen genügten Locke jedoch nicht. Da die Staatsmacht der Regierung nicht von Gott verliehen sei, könne sie vom Volk auch wieder entzogen werden, im Falle des Machtmissbrauchs sogar durch Revolution.

Fazit: Was bedeutet nun alles dies, nämlich Garantie von Menschenrechten, Gesetzgebung durch von der Exekutive unabhängige Parlamente und Ableitung der Macht vom Volk (»Volkssouveränität«)? Das ist im Kern nichts anders als der demokratische Verfassungsstaat heutigen westlichen Zuschnitts. Für euch Jugendliche scheint ein solches System vielleicht selbstverständlich, denn ihr habt nichts anderes erlebt. Aber es ist hoffentlich deutlich geworden, dass politisch einmal ganz anders gedacht und empfunden wurde und dass unsere Freiheitsrechte unter gewaltigen Opfern erst mühsam errungen werden mussten. So gehört auch Locke zu jenen, denen wir, wie eingangs erwähnt, in der Tat Unendliches zu verdanken haben.

21. Kapitel
GEORGE BERKELEY
(1685–1753)

1. Erfahrung ist alles

Hinter diesem simplen Satz, der als Lebensmotto aus einem Abreißkalender stammen könnte, verbirgt sich eine große Philosophie: der **Empirismus**, ein Begriff, den wir nun schon mehrfach gehört haben. Griechisch *empeiria*, Erfahrung, darum geht es. Berkeley, Ire englischer Abstammung, der es auch zum anglikanischen Bischof gebracht hat und nach dem eine Stadt sowie eine Universität in Kalifornien benannt sind, zählt zu den führenden Vertretern des Empirismus. Seine Hauptgedanken hat Berkeley mehrfach niedergeschrieben, am verständlichsten im Werk *Drei Dialoge zwischen Hylas und Philonous*. Dabei vertritt Letzterer die Position Berkeleys gegenüber Hylas, einer männlichen Figur aus der griechischen Argonautensage. Argonauten waren diejenigen, die das Goldene Vlies geraubt hatten, also das Fell des goldenen Widders, der sprechen und fliegen konnte.

Nun zum Kern der Philosophie Berkeleys, wobei es sich als Vorteil erweist, dass ihr Descartes und Locke schon kennengelernt habt. Locke hatte primäre (zum Beispiel Ausdehnung und Festigkeit) sowie sekundäre (Farbe, Geruch) Qualitäten unterschieden. Nur die ersteren hielt er für wahr, letztere verwies er in den unverbindlichen Bereich des Subjektiven. Für Berkeley gibt es nun nur noch **Vorstellungen** (*ideas*), was ein gänzliches Hinweg vom Objekt zum denkenden Subjekt Mensch bedeutet. Berkeley formuliert es so: *Esse est percipii* – Sein ist Wahrgenommenwerden, oder besser: Sein ist Wahrnehmen oder Wahrgenommenwerden, oder noch treffender: Sein ist Wahrnehmen oder Wahrgenommenwerden oder Wahrgenommenwerden*können*.

Was will er damit sagen? Das Sein, also alles das, was uns umgibt, ist identisch mit dem, was wir uns vorstellen. Anders ausgedrückt: Nur das, was unser Geist hervorbringt (Vorstellungen von den Dingen oder auch Ideen), ist von wahrer, aber eben ausschließlich geistiger Substanz, nur diese Vorstellungen und Ideen sind wahre Wirklichkeit, sind die Dinge selbst. Das heißt nichts anderes als: Die Welt besteht in unserer Vorstellung. Alles andere sind Trugbilder. Damit sagt Berkeley nicht, dass es keine Welt, also überhaupt keine Wirklichkeit außerhalb unseres Geistes gebe, nur sei sie nicht materieller Natur, nicht von Festigkeit, weshalb auch nicht von »physischen Objekten« gesprochen werden könne. Unsere Wahrnehmungen würden auch nicht durch irgendeine äußere, physische Welt hervorgebracht, zumal Körperliches und Geistiges gar nicht ähnlich sein könnten.

Also nochmals: Zwar gebe es eine Welt, jedoch nur in unseren Vorstellungen, also nur verkörpert in den Ideen, die sich unser Geist von der Welt bildet. Deshalb habe es einfach keinen Sinn, über eine von unserem Geist unabhängige äußere Welt zu spekulieren. Gleichzeitig sagt Berkeley aber, Erkenntnis könnten uns nur Erfahrungen liefern, es sei nicht vorstellbar, dass es irgendetwas Seiendes gibt, das wir ohne Zuhilfenahme einer sinnlichen Wahrnehmung, unserer einzigen Erkenntnisquelle, beschreiben könnten. Das gelte sogar für ein Dreieck beziehungsweise der abstrakten Idee von ihm (anders Locke), weil sich ohne Wahrnehmung überhaupt keine abstrakten Ideen formulieren ließen. Damit erteilt Berkeley jeglichem Materialismus eine klare Absage und bekennt sich zugleich zu konsequentem **Empirismus** und **Immaterialismus**. Aber drängt sich nicht die Frage auf, wie wir dann Erkenntnis durch Erfahrung gewinnen wollen, wenn wir die Existenz einer äußeren, körperlichen Welt verneinen? Das muss uns Berkeley noch erklären, und er tut es.

2. Welche Rolle spielt Gott?

Alles etwas verwirrend! Wahre Wirklichkeit nur im Geist? Der Baum, den ich sehe, der Stuhl, auf dem ich sitze, sollen keine Materie sein? Und nur Wahrnehmen ist Sein, also Bestehendes? Hört denn der Gegenstand auf zu existieren, wenn ich wegschaue? Und was ist von dem Baum zu halten, wenn drei Personen ihn gleichzeitig anschauen? Haben wir es dann, da ja Erkenntnis und Wahrheit nur im Geist sein sollen, mit drei verschiedenen Bäumen zu tun, wenn jeder der drei Betrachter eine etwas andere Vorstellung von dem einen Baum besitzt? Und ist es nicht ein Widerspruch, einerseits Erkenntnis durch Erfahrung zu bejahen, andererseits eine äußere Welt zu verneinen, eine Welt, die man sich gemeinhin als voll von physischen Objekten vorstellt, die doch eigentlich der Gegenstand unserer Erfahrung sein müssten?

Hier nun bringt Berkeley **Gott** ins Spiel. Dieser habe den Menschen geschaffen, womit schon einmal das Subjekt existiere, das der Wahrnehmung und Erfahrung fähig sei. Die Frage nach dem Verschwinden eines Gegenstands, wenn der Mensch ihn nicht mehr anschaue, beantwortet Berkeley so: Es gebe einen, der immer schaue, der immer mit der Welt beschäftigt sei: Gott. Deshalb bleibe der Gegenstand, auch wenn wir ihn nicht mehr sehen. Und wie löst Berkeley das Problem, dass eine äußere, physische Welt nicht existieren, der Mensch dennoch Erkenntnis durch Erfahrung gewinnen können soll? Besteht Erkenntnis nicht in Vorstellungen und Ideen, und müssen diese nicht von irgendwoher gespeist werden? Woher, wenn nicht durch die äußere Welt? Hier unterscheidet Berkeley: Es gebe Bewusstseinsinhalte, die wir willentlich beherrschen könnten, etwa wenn wir unsere Fantasie spielen lassen würden. Aber unser Geist träfe auch auf Inhalte, die sich unserer Macht entziehen, zum Beispiel die Ordnung der Welt mit ihren bestimmten inneren Strukturen und Zusammenhängen. Darauf hätten wir keinen Einfluss. Wir fänden sie einfach vor, würden sie uns nicht aussuchen. Die Welt sei, wie sie sei.

Aber irgendwoher muss doch der den Willen, die Ideen und Vorstellungen bildende Geist das »Material«, die Anregungen beziehen, wenn nicht von der körperlichen Welt, die Berkeley ja verneint. Vielleicht doch von unserem eigenen Geist? In gewissem Sinne ja, denn nach Berkeley ist er es, der die Ideen und Vorstellungen hervorbringt. Aber der Mensch kann nun beim besten Willen nicht eine ganze Welt von sich aus in seinem Geist herstellen. Der Stoff muss doch irgendwie von außen kommen. Ja, das sieht Berkeley auch so. Aber nicht eine äußere, physische Welt, nicht der Mensch selbst seien es, welche die Ideen erzeugen, sondern allein Gott. Also: Nicht wir denken, sondern ES denkt. Gott hat den wahrnehmenden Menschen geschaffen, zugleich ist Gott permanenter Urheber unserer Wahrnehmungen. Eine sehr religiöse Philosophie also.

Eine Frage bleibt dennoch: »*Es irrt der Mensch, solang' er strebt*«, heißt es in Goethes Faust. In der Tat: Unsere Wahrnehmungen und Einschätzungen sind oft falsch. Wenn aber nach Berkeley Gott der Urheber unserer Wahrnehmungen ist, müsste er uns ja wohl auch immer wieder täuschen wollen. Aber tut ein Gott das? Berkeley hat eine einfache Antwort. Die Konsequenz seiner Philosophie ist tatsächlich, dass jeder Mensch seine eigene Sicht habe, also sähen die drei oben Genannten auch drei verschiedene Bäume. Folglich täusche uns Gott nicht, denn nicht unsere Wahrnehmungen seien falsch, sondern unsere Urteile über sie.

Berkeley liefert noch ein weiteres Beispiel: Ein Ruder steckt halb im Wasser. Erscheine es mir gekrümmt, dann sei es wirklich gekrümmt. Meine Behauptung, in Wahrheit sei es doch gerade, bedeute ein falsches Urteil. Die Lichtbrechung im Wasser interessiert Berkeley offenbar nicht. Aber führt das nicht zu einem heillosen Durcheinander, wenn jeder seine eigene Wahrnehmung und Wahrheit besitzt? Kann eine menschliche Ordnung so überhaupt funktionieren? Ja, sagt Berkeley, weil Gott ständig eingreife und die verschiedenen Wahrnehmungen und Handlungen koordiniere.

3. Euer Urteil

Eine erstaunliche Philosophie! Denkt einmal über sie nach. Ist in unserem Leben alles nur Illusion? Der Stuhl soll nicht körperlich existieren, er sei nur eine Idee, weil wir ja keine anderen Instrumente zur Wahrnehmung der Wirklichkeit besäßen als unseren Geist? So sieht es Berkeley in der Tat. Aber nehmen wir nicht wahr durch unsere Sinne, wozu auch der Tastsinn gehört, und könnte der nicht den Stuhl erfühlen? Auch dieser Einwand würde Berkeley nicht beeindrucken. So wie Schmerz oder Hunger als Gefühl nicht verallgemeinert werden könnten, weil sie nur der Betreffende spüre, so verhalte es sich auch mit den sinnlichen Wahrnehmungen, die immer nur im Geist der jeweiligen Person stattfinden. Dort bilde sich Wahrheit, wenn auch eine individuelle. Wer dagegen dualistisch zwischen der (objektiven) Realität einer äußeren Welt und einer Realität im Geist des einzelnen Menschen unterscheide, habe, so Berkeley, keinen Boden unter den Füßen. Denn er lebe stets im totalen Zweifel, ob die Vorstellungen im eigenen Denken auch wirklich jener objektiven Realität der äußeren Welt entsprechen. Dieses Problem habe jedoch der nicht, für den es nur die Welt im Geist gebe.

22. Kapitel
GOTTFRIED WILHELM LEIBNIZ
(1646–1716)

1. Viele Männer in einem

Ein Wunder, dieser Mann. Womit soll man anfangen? Als genialer Mathematiker war Leibniz Erfinder der Differentialrechnung, auch der Infinitesimalrechnung, worüber er allerdings mit Newton, der sie vorher bereits entwickelt hatte, was Leibniz jedoch nicht wusste, einen erbitterten Urheberrechtsstreit führte. Außerdem Erfinder des binären Zahlensystems (Grundlage für unsere elektronischen Rechner!) sowie der modernen Logik (Logistik), Entdecker des Unbewussten (lange vor Sigmund Freud), Erfinder einer Rechenmaschine, Verfasser bedeutender theologischer Schriften, als Geologe und Mineraloge Ideenlieferant für Bergbau, Wasserversorgung und Kultivierung des Landes, Nationalökonom, Sprach- und Geschichtswissenschaftler, tiefschürfender Jurist (Dr. jur.), Diplomat, Hofrat in Hannover, russischer Geheimer Justizrat, Reichsfreiherr und Reichshofrat in Wien, Bibliothekar und natürlich Philosoph (Beginn des Philosophiestudiums mit 15!). Eine ganze Akademie stelle er für sich dar, meinte Friedrich der Große. Leibniz pflegte intensive Beziehungen zu vielen bedeutenden Persönlichkeiten und Geistesgrößen seiner Zeit, auch umfangreich brieflich. Zum Heiraten blieb da keine Muße, zumal er auch außerwissenschaftlich höchst aktiv war. So kämpfte er für die Vereinigung der christlichen Kirchen, gründete die Preußische Akademie der Wissenschaften, deren erster Präsident er wurde, und versuchte, den französischen König Ludwig XIV. von dessen Deutschlandplänen abzulenken, indem er ihm einreden wollte, lieber das strategisch viel wichtigere Ägypten zu erobern. Damit blitzte er jedoch ab. Die Zeit der Kreuzzüge sei vorbei, ließ man ihn süffisant wissen.

2. Noch ein Gottesbeweis

Gott spielt in der Philosophie Leibniz' *die* zentrale Rolle. Deshalb will er dessen Existenz auch beweisen. Welche Gründe liefert er?

1. Zunächst einmal den sogenannten **ontologischen Gottesbeweis**, den wir schon von Anselm von Canterbury und Descartes kennen, also: Gott sei das Vollkommene, und Vollkommenes sei nur vollkommen, wenn es auch existiere. Aber Leibniz fügt noch eine logische Komponente hinzu. Logik erfordere Widerspruchsfreiheit. Es sei jedoch ein Widerspruch, wenn man sage, Gott sei vollkommen, aber existiere nicht. Außerdem sei kein Wesen denkbar, das sich im Widerspruch zu Gott finden könnte, denn das würde voraussetzen, dass es so stark wie Gott sei, und das gebe es nicht.
2. Die Welt sei durchdrungen vom Prinzip der **Zweckverfolgung**. Das Ziel liefere also die Ursache, den Anstoß für jegliches zweckgerichtetes Streben. Für Leibniz existiert nichts, so nennt er es, *ohne zureichenden Grund*, also zum einen nichts ohne Ursache, aber auch nichts ohne einen Zweck, ohne ein Ziel. Alles, was sei, bestehe also, weil seinem Entstehen eine bestimmte Zwecksetzung vorausging. Der stärkste *zureichende Grund* für die Existenz von irgendetwas oder irgendjemand ist nach Leibniz die Existenz von Gott. Einfach ausgedrückt: Gott musste einfach sein. Nichts und niemand könne diesem *zureichenden Grund* etwas entgegensetzen.
3. Sodann verweist Leibniz auf *ewige* **Wahrheiten**, wie zum Beispiel die mathematischen. Niemand anderer als Gott könne der Ursprung hierfür sein.
4. Auch für alles **Zufällige** müsse es einen zureichenden Grund geben, der tiefer liege als das Zufällige selbst. Das sei allein Gott.
5. Die Welt sei voller unendlicher Möglichkeiten. Solle etwas davon Wirklichkeit werden, so bedürfe dies einer **Veranlassung**. Das jedoch, welches als Veranlasser fungiere, müsse nun seinerseits wieder eine Ursache haben, und so fort. Eine unendliche Kette, die nur bei Gott enden könne.
6. Schließlich könne nur ein **göttlicher Geist** der Initiator und Verwalter

der Ordnung in der Welt sein. Dazu aber Näheres in anderem Zusammenhang.

3. Gott und das Übel in der Welt

Ihr habt bei der Lektüre dieses Buches schon viel Anlass gehabt, über Gottes Existenz nachzudenken. Nun kommen wir zu einem Aspekt, der Leibniz besonders beschäftigt hat: Es existiert so viel Übel in der Welt. Man denke nur an die Naturkatastrophen, Kriege, Krankheiten sowie die unzähligen von Menschen begangenen Verbrechen und sonstigen Bösartigkeiten. Warum lässt Gott solches zu, ja, ist nicht alles dies Grund genug, an der Existenz Gottes überhaupt zu zweifeln, oder noch krasser gedacht: Ist dies nicht der Beweis dafür, dass es Gott nicht gibt, schon gar nicht den liebenden Gott der Christen? Ein liebender, allwissender und allmächtiger Gott als Verursacher von so viel Leid?

Leibniz bestreitet das Böse in der Welt nicht, er kennzeichnet es sogar näher. Er unterscheidet drei Übel: das metaphysische (die Welt ist nicht vollkommen), das physische (Schmerzempfindung und Leiden) sowie das moralische (Sündhaftigkeit). Und doch rechtfertigt Leibniz Gottes Schöpfung. Das ist sein großes Thema der sogenannten *Theodizee*, ein Thema, wie wir aus der Antike schon wissen, mit langer Geschichte. Der Begriff kommt aus dem Griechischen: *theos*=Gott, *dike*=Gerechtigkeit. Leibniz sucht nach einer Rechtfertigung des Bösen in der Welt, womit er auch Gottes Tun rechtfertigen möchte. Leibniz geht sogar noch weiter, indem er erklärt, Gott habe die **beste aller möglichen Welten** geschaffen, eine spektakuläre Aussage, die zu Leibniz' Berühmtheit beigetragen hat. Aber muss das Übel beziehungsweise so viel Übel wirklich sein, werdet ihr fragen. Eine sehr berechtigte Frage. Umso spannender ist, wie Leibniz seine Meinung begründet.

Im Ergebnis ist die Begründung ganz einfach. Unsere Welt sei nicht ewig, sondern endlich, und Endliches müsse nun einmal unvollkommen sein. Außerdem: Wären die Welt und wir vollkommen, dann wären wir wie Gott, Gott schaffe aber keine neuen Götter. Eine Welt mit ausschließlich Gutem könne nur eine göttliche sein. Wäre unsere Welt nur gut, dann hätte Gott seine göttliche Welt also lediglich verdoppelt. Aber, so Leibniz, Gott hatte die Wahl.

Er hätte sich auch für eine andere Schöpfung entscheiden können. Er wählte diese Welt, weil er sie für die beste hielt. Gebe es eine bessere, hätte er sie nicht gekannt. Das jedoch widerspräche seiner Allwissenheit und Allmacht. Das klingt so, als ob Gott das Böse vorsätzlich in die Schöpfung einweben wollte. Darin sind sich die nach ihm gekommenen Philosophen jedoch nicht einig. Manche meinen, Gott würde das Böse nur dulden.

4. Lenkt uns Gott oder sind wir frei?

Eine altbekannte Frage und sie zählt zu den schwierigsten, die sich der Menschheit stellen. Obwohl eine sichere Antwort nicht möglich ist, haben sich viele, nicht nur Philosophen, immer wieder um sie bemüht. Auch Leibniz tat es. Aber seine Antwort offenbart, auf wie schwankendem Grund er sich befindet, denn sie ist durchaus widersprüchlich. Einerseits knüpft er nämlich an das bereits genannte Prinzip vom *zureichenden Grund* an, indem er jedes Ereignis als Glied einer Kausalkette, die den göttlichen Willen ausdrücke, betrachtet, eine Kette also, die immer auf Gott zurückführe. Der allwissende Gott wisse stets von Anfang an, wie ein Mensch handeln werde. Das bedeutet Bindung unseres Willens, also **Determination**. Andererseits betont Leibniz, dass es des Bösen bedürfe, damit der Mensch sittlich handeln könne. Das wiederum setzt Autonomie, also Freiheit des Willens voraus, andernfalls könnte der Mensch für sein Tun nicht verantwortlich gemacht werden. Ihr seht: ein unlösbarer Widerspruch.

5. Streben nach Glück – helfen Monaden?

Wer sich mit Leibniz noch nicht näher befasst hat, wird mit der Überschrift wenig anfangen können. Aber wir werden das klären. Glück setzt, so Leibniz, intellektuelle Klarheit voraus. In einem Prozess der Vervollkommnung und einem ethischen Verlangen folgend, die **Wahrheit** zu erfassen – darum geht es. Was aber ist Wahrheit? Leibniz unterscheidet zwei Arten: Vernunft- und Tatsachenwahrheiten. Erstere seien notwendig (hier zeigt sich der Rationalist), letztere zufällig. Erstere hingen wieder mit dem Satz »*Nichts ist ohne zureichenden Grund*« zusammen. In Bezug auf die Wahrheiten bedeutet das: Vernunftwahrheiten sind deshalb notwendig, also letztgültig, weil sie auf einen zuverlässigen Grund zurückweisen, und dieser Grund ist Gott. Aber wie verläuft nun dieser Weg von einer (unangreifbaren) menschlichen Wahrheitserkenntnis zurück zu Gott? Warum notwendige Wahrheit, warum unangreifbar? Wie stellt sich Leibniz das vor? Es ist ein kühnes, metaphysisches Bild, das er von der Wirklichkeit malt. Und damit sind wir bei den *Monaden*. Was sind Monaden? Zunächst zum Begriff: griechisch *monás* bedeutet Einheit. Descartes definierte Körper so, dass sie ausgedehnt seien, also über Volumen verfügen. Aufgrund seines mechanistischen Weltbilds hatten Körper für ihn kein Innenleben, Impulse mussten von außen kommen. Das sieht Leibniz anders. Für ihn ist das Entscheidende die eigene Kraft der Körper. Diese bezögen sie von den in ihnen wohnenden Monaden. Das seien winzigste, ausdehnungslose, unteilbare, lebendige, aktive, ganz und gar individuelle (dazu später mehr), also jeweils unverwechselbare Kraftpunkte voller Energie. Ausdehnungslos müssten sie sein, weil sie sonst teilbar wären, und teilbaren fehle die Individualität. Das Entscheidende: Sie seien zwar überall in den Körpern, der Körper sei also aus ihnen zusammengesetzt, man dürfe sie sich aber nicht räumlich vorstellen, auch nicht an bestimmten Orten im Körper, denn sie seien rein geistige Wesenheiten.

Leibniz hält das ganze Weltall dank der Monaden für beseelt. Letztere seien gleichsam die Atome der Natur. Dann jedoch müssen sie mehr sein, als wir bis hier erfahren haben. In der Tat. Leibniz meint, jede Monade besitze eine Seele, das heißt: auch Vorstellungen, sowie ein von Vorstellung zu Vorstellung strebendes Wesen. Was bedeutet das? Leibniz spricht von *Perzeptionen* (lat. *erfassen, ergreifen*). Das ist die erste Stufe der Erkenntnis. Und auf Monaden bezogen: Mit ihrer Hilfe werde etwas sinnlich wahrgenommen, woraus dann im Wege einer strebenden Vervollkommnung unbewusst immer strukturiertere und geordnetere Bilder der Wirklichkeit hergestellt würden (was auch unterhalb der Schwelle des Bewussten geschehen könne, womit Leibniz zum Begründer einer Theorie des Unbewussten wurde). Wenn nun alles beseelt sei, dann deshalb, weil alles, auch die ganze Natur, voller Leben sei. Es gebe nichts Totes im Universum, die (unsterblichen) Monaden seien überall, auch im vermeintlich Toten. Was bedeutet das für Sachen? Was uns als wirklich erscheint (zum Beispiel der Körper eines Tischs), ist für Leibniz nur Schein. Letztlich sei der Tisch (durch die Monaden) also etwas Geistiges. Und was ist dann der Mensch? Er konstituiere sich aus lauter unsterblichen Seelenmonaden. Eine davon sei die Haupt- beziehungsweise Zentralmonade. Sie sei die wirkliche Seele des Menschen, sie regiere und steuere alle anderen ihr zugeordneten Monaden. Und weil die Monaden unsterblich seien, gelte das auch für die Seele. Auch in dem, was uns tot vorkommt, soll es tatsächlich lebendige Monaden geben? Ja, sagt Leibniz, aber er unterscheidet dann doch, und zwar nach dem Grad der Klarheit der Vorstellungen, über die Monaden verfügen. »*Nackte*« Monaden nennt er die, welche nur verworrene Vorstellungen von der Wirklichkeit haben. Das sei alles Anorganische, also der aus unserer üblichen Sicht unbelebte Teil der Natur, wie zum Beispiel Mineralien. Auf der nächsten Stufe fänden sich die Monaden, deren Vorstellungen schon klarer seien. Empfindungen und Gedächtnis zeichne sie aus. Gemeint sind vor allem die Tiere. Auf der darüberliegenden Stufe stehe der Mensch mit noch klareren Vorstellungen. Ganz oben residiere Gott, der Schöpfer der Monaden. In seinem Geist gebe es ausschließlich deutliche Vorstellungen. Seine Sicht der Welt, also der Wirklichkeit, sei die der Wahrheit entsprechende.

Und nun wissen wir auch, was Leibniz meint, wenn er vom Glück intellektueller Klarheit spricht, das über die oben genannten *Vernunftwahrheiten* führe. Sie seien, wie oben erwähnt, im Gegensatz zu den Tatsachenwahrheiten notwendige (letztgültige) Wahrheiten. Und notwendig seien sie, weil sie auf dem vernunftgemäßen Satz basierten: »*Nichts ist ohne zureichenden Grund.*« Und was ist dieser Grund, der letzte Grund von allem? Das ist **Gott**. Er ist die *Urmonade*, wie Leibniz ihn ausdrücklich nennt, Schöpfer des Universums, Schöpfer aller Monaden, Urgrund aller Wahrheit.

6. Prästabilierte Harmonie

Auch diese Überschrift sagt euch vermutlich nichts. Aber Leibniz hat noch eine Nuss zu knacken. Wie bringt man die unzähligen Monaden eigentlich unter einen Hut? Wie kann die Welt so überhaupt funktionieren? Die Situation ist sogar noch komplizierter als bisher beschrieben. Nach Leibniz' Vorstellung sind die Nomaden »*fensterlos*«, also verschlossen. Wie können sie dann aber die Außenwelt wahrnehmen oder überhaupt wissen, dass es eine

Außenwelt gibt? Wie kommunizieren sie miteinander? In der Welt ist so vieles miteinander verbunden, und so vieles beeinflusst einander und muss es tun, sonst würde nichts funktionieren. Aber wie kann es mit und durch fensterlose Monaden funktionieren, die doch nach Leibniz die (geistige) Substanz von allem in der Welt bilden?

Leibniz löst das wie folgt: Die Monaden seien völlig autark. Sie bedürften keiner Beziehung zur Außenwelt und auch keiner Beziehung untereinander, denn jede Monade sei »*eine kleine Gottheit*«. Das heißt, jede Monade spiegele einerseits immer einen ganz speziellen Aspekt des Universums wider (ist insoweit also individuell), trage aber zugleich die ganze Welt, folglich auch die Vorstellungen aller anderen Monaden in sich, und sie nehme jede Veränderung in jeder anderen Monade wahr, letztlich also alles kosmische Geschehen. »*Kleine Gottheit*« bedeutet zudem, dass jede Monade das Wissen von Vergangenheit, Gegenwart und Zukunft in sich trage. Da ist es dann aber doch erlaubt zu fragen, ob die Zentralmonade eines antiken griechischen Töpfers tatsächlich die (vielleicht auch nur verschwommene) Vorstellung von Neil Armstrongs Raumanzug besaß.

Leibniz würde die Frage bejahen. Begründung: Jede Monade habe von Beginn an ein Programm, sozusagen ein inneres Gesetz, das sie lenkt. Das allein jedoch würde ein Monaden-, ein Gesetzeschaos nicht verhindern. Es bedürfe noch der Abstimmung zwischen den Monaden. Da sie dies wegen ihrer Fensterlosigkeit nicht selbst bewirken könnten, müsse alles bereits vom Ursprung her festgelegt worden sein. So sieht es Leibniz in der Tat, und er führt den Begriff der *prästabilierten Harmonie* ein. Damit will er sagen: Alle Monaden, die ja für jeweils verschiedene Aspekte der ganzen Wirklichkeit stünden, seien im Vorhinein unveränderbar zu einem Miteinander verbunden gewesen, sodass ein harmonisiertes Ganzes entstanden sei. Und kein anderer habe dies getan als Gott. Was nun aber diese von Anfang an erfolgte Festlegung für die Freiheit des menschlichen Willens und unsere persönliche Verantwortlichkeit bedeutet, haben wir oben schon erörtert, auch das Dilemma, in das Leibniz unweigerlich geraten ist.

7. Politische Visionen

Ist es möglich, eine politische Philosophie nach dem Muster der Monadologie zu entwickeln? Man möchte meinen, beides habe nichts miteinander zu tun. Doch Leibniz verfolgt sein System konsequent. Die Monadenwelt findet sich bei ihm auch in der Idee von **Europa** wieder. Im Zentrum das Deutsche Reich, entstanden aus dem Universalreich des Mittelalters. Drumherum ranken sich die europäischen Staaten, deren Schicksal in besonderem Maße von Deutschland abhängt, das Ganze in der Art einer *prästabilierten Harmonie*. Aus diesem metaphysisch-historischen Bild erwachsen konkrete politische Forderungen: Nation und Europa, sie seien in ein vernünftiges, also im Rationalismus wurzelndes Verhältnis zu bringen. Das bedeutet für Leibniz: Aufbau einer europäischen föderativen Struktur mit dem Deutschen Reich, welches lange Zeiten Schrecken verbreitet habe, als kraftvolle, endlich Frieden stiftende Mitte – im Interesse aller europäischen Staaten. Daher auch Verhinderung einer zu starken französischen Kultur, vor allem aber Besinnung auf die Europa verbindende christliche Religion.

23. Kapitel
DAVID HUME
(1711–1776)

1. Man muss sein Spiel erst finden

Dieser geniale Schotte verfolgte einen recht abenteuerlichen Weg, bis er endlich ganz bei der Philosophie landete. Schon mit zwölf Jahren besuchte er die Universität in Edinburgh, wo er sich mit Latein, Griechisch, Logik und Metaphysik befasste, begann dann aber mit 17 auf Drängen seiner Familie ein Jurastudium. Dieses ließ er jedoch ohne Examen fahren, was er mit einer »*unüberwindlichen Abneigung gegen alles außer Philosophie und allgemeiner Gelehrsamkeit*« begründete. So stürzte er sich in intensive philosophische Studien. Nach einer Phase gesundheitlicher Probleme entschloss er sich, seine wissenschaftliche Arbeit durch eine kaufmännische Tätigkeit im englischen Bristol zu ergänzen. Dort jedoch verspottete man ihn wegen seiner schottischen Nationalität und Aussprache, auch wegen seines großen Wissens. 1734 übersiedelte er nach Frankreich, dessen Lebensstil ihm gefiel. Dort verfasste er sein erstes Hauptwerk *Traktat über die menschliche Natur*, ein bedeutendes Werk der Philosophiegeschichte. Nach England zurückgekehrt, hoffte er auf positive Resonanz. Doch sein Buch blieb weitgehend unbeachtet. Eine Universitätskarriere scheiterte am Einspruch des Klerus. Man sah in ihm einen Atheisten, Skeptiker und Amoralisten. Wir werden sehen, ob das stimmt.

So blieb Hume nichts, als in verschiedenen Positionen seinen Lebensunterhalt zu verdienen, zunächst als Tutor des 3. Marquess of Annandale und als Kriegsgerichtsrat, dann als Sekretär des General St. Clair. Bald jedoch hatte er mit diversen Veröffentlichungen Erfolg (vor allem mit seiner *History of Great Britain*), nur nach wie vor nicht mit oben genanntem *Traktat*. Seine weiteren Stationen: Bibliothekar im Edinburgher Juristenkolleg, Privatsekretär des britischen Botschafters in Frankreich, Botschaftssekretär, Geschäftsträger der

Pariser Botschaft und schließlich, nach London zurückgekehrt, Unterstaatssekretär im britischen Außenministerium.

2. Der ärgste Schlag gegen den Rationalismus

Das klingt hart. Wir erinnern uns: Rationalismus kommt von *ratio* = Vernunft und bedeutet Wahrheitsfindung primär durch den Gebrauch der Vernunft. Hauptvertreter: Descartes. Ihn attackierten vor allem die Empiriker Locke und Berkeley, die bei der Erkenntnis auf Erfahrung durch die Sinne setzten. Hume nun bildet den Gipfel des **englischen Empirismus**. Wenn Kant sagte, die Lektüre von Hume habe ihn »*aus seinem dogmatischen Schlummer geweckt*«, Kants Philosophie ohne Hume also offenbar gar nicht denkbar ist, so besagt das viel über die Bedeutung Humes. Beiden, Hume und Kant, geht es um die **Wahrheit**. Wie finden wir sie, wie also findet letztgültige Erkenntnis statt? Bleiben wir bei Hume. Wenn wir der Wahrheit von Tatsachen auf die Spur kommen wollen, müssten wir zuallererst wissen, wie der menschliche Verstand funktioniert. Es geht also um die Bildung von Gesetzen, die das Denken und Fühlen von Menschen über alle Zeiten und Regionen hinweg korrekt beschreiben. Und hier nimmt Hume nun Anleihe bei Newton. Er wolle der »*Newton der Geisteswissenschaften*« werden, sagt er. Hume meint nämlich, der menschliche Geist sei nach ähnlichen Regeln zu untersuchen, wie es Newton mit der Natur tat, denn bei Natur und Mensch gehe es um das Wirken von Kräften. Die experimentellen Methoden der Naturwissenschaften seien folglich auf die Wissenschaften vom Menschen zu übertragen. Und Experiment bedeute: Erfahrung und Beobachtung, was man sich – dem Gegenstand geschuldet – natürlich nicht als eine Laborarbeit mit technischen Geräten vorzustellen habe. Auf diese Weise gelte es, Licht ins Dunkel unserer Erkenntnis zu bringen. Das ist für Hume zugleich ein **Angriff auf die Metaphysik**, die keine Wissenschaft, sondern sinnlose Anstrengung aus Eitelkeit sei – und ein Angriff auf den **rationalistischen Aberglauben**. Beide, Metaphysik und Aberglauben, verbannt er ins Reich der Pseudophilosophie.

3. Wie funktioniert unser Verstand?

Um einem Irrtum vorzubeugen: Hume meint nicht, dass es keine letztgültigen Wahrheiten gebe, ja, der menschliche Verstand sei auch fähig, sie zu erkennen. Das beziehe sich aber nur auf die sogenannten *notwendigen* Wahrheiten, die wir zum Beispiel in Algebra, Arithmetik und Geometrie fänden. Anders die *Tatsachen*wahrheiten. Sie stünden, und das ist das Entscheidende bei Hume, immer auf schwankendem Grund. Deutlicher ausgedrückt: Wie die Welt, speziell die Natur, wirklich beschaffen sei, entziehe sich unserer Erkenntnis. Wir könnten – und insoweit ist Hume in der Tat Skeptiker – immer nur vermuten beziehungsweise auf Wahrscheinlichkeiten bauen. Das müssen wir nun näher betrachten.

Ähnlich wie Locke unterscheidet Hume **Eindrücke** (*impressions*) und **Ideen** (*ideas*). Die Eindrücke entstünden durch unsere Sinne (Sehen, Hören, Tasten etc.), aber auch durch innere Regungen, womit vor allem das Wünschen und Wollen gemeint sei. Diese jeweils aktuellen und unmittelbaren Perzeptionen, die wir schon von Leibniz kennen und die einfach oder komplex sein können, seien sozusagen das Material, das nun auf der zweiten Stufe, den Ideen, im Geist zu bestimmten *Vorstellungen* verarbeitet werde. Es handele sich dabei um Abbilder des Wahrgenommenen sowie Erinnerungen oder auch Erwartungen, die aber allesamt blasser seien als die unmittelbaren Eindrücke der ersten Stufe. Aber wie werden diese Vorstellungen hergestellt? Durch Assoziationen, deren Funktion Hume mit Newtons Gesetz von der Anziehungskraft zwischen Himmelskörpern vergleicht. Hume unterscheidet drei solcher Assoziationen:

1. Gesetz der Ähnlichkeit. Beispiel: Wir sähen ein Aquarell mit einer Berghütte und stellten uns dabei die wirkliche Berghütte in der Natur vor.
2. Gesetz der Berührung in Raum und Zeit. Der Gedanke an das Hotelzimmer Nr. 110 lasse auch an die Nachbarzimmer 109 und 111 denken.
3. Gesetz der Kausalität. Vor uns ein zersplitterter Baum – wir dächten an den Blitz, der ihn zerstört hat.

Insbesondere die Assoziation *Kausalität* erscheint uns doch plausibel, oder? Beherrscht nicht das Verursachungsprinzip unser ganzes Denken, unser ganzes Leben? Aber genau bei diesem Punkt überrascht uns Hume. Er sagt nämlich, wo wir von Kausalität überzeugt seien, handele es sich in Wahrheit nur um einen **Glauben**. Eine kühne These! Fragen wir Hume doch einfach. Der Schmerz soll nicht durch die Flamme verursacht worden sein, in die wir die Hand gehalten haben? Die Kugel soll nicht deshalb rollen, weil sie mit einem Stock angestoßen wurde? Ohne Flamme hätten wir den Schmerz doch nicht, und die Kugel läge noch ruhig da, wenn sie nicht von dem Stock in Bewegung gesetzt worden wäre! Alles nur Glaube, insistiert Hume, alles nur gewohnheitsmäßige Betrachtung! Wir sähen nur das Nacheinander: erst die Hand in der Flamme, dann der Schmerz; erst der Stoß gegen die Kugel, dann ihr Rollen. Unsere Erfahrung lehre uns zwar, dass eine Hand in der Flamme Schmerz auslöse, weil dies immer und immer wieder so ablaufe. Aber unsere Vernunft könne uns nicht sagen, warum dies so sei. Es geschehe, wie es geschehe, mehr nicht. Der tiefere Grund einer kausalen Verknüpfung zwischen Ursache und Wirkung erschließe sich uns nicht. Kein Gegenstand enthülle uns ein inneres Wesen, das von Ursache setzender Kraft sei. Wir könnten ja schließlich nicht hineinschauen. Das »Weil« des Rollens der Kugel bleibe ein Rätsel. Es könne im Gegenstand selbst stecken, aber auch im schöpferischen Geist des Menschen oder im Willen Gottes.

4. Wie lebt man mit Humes Philosophie?

Überlegt bitte einmal, welche Konsequenzen diese Philosophie hat. Wo das Kausalitätsprinzip infrage gestellt wird, geht man davon aus, dass die Kugel trotz Anstoßes auch einmal liegen bleiben kann. Aber sie ist nach Anstoß doch noch nie liegen geblieben, würden wir entgegnen. Ja, bisher, würde Hume gelassen erklären, es könne jedoch auch anders kommen. Und die Sonne? Sie soll morgen vielleicht nicht aufgehen, obwohl sie es seit Milliarden Jahren tut? Auch das irritiert Hume nicht. Wir wüssten es einfach nicht, würden Sonnenaufgänge außerdem ja höchstens rund 100 Jahre erleben, also nur einen Bruchteil der Existenz des Sterns. Vor allem aber: Zu verneinen, dass die Sonne morgen aufgehen wird, bedeute keinen Verstoß gegen die Logik, stehe also nicht im Widerspruch zu einem Vernunftgesetz.

»Es war immer so«, lässt Hume also nicht gelten. Unzulässigerweise würden wir aus vergangener Beobachtung und Erfahrung auf Zukünftiges schlie-

ßen. Wir konstruierten Kausalbeziehungen mit voraussehbarer Wirkung, wo wir jedoch auf nichts Zwingendes zurückgreifen könnten. Umgekehrt wäre es genauso wenig zwingend, von einer Wirkung auf eine Ursache rückzuschließen. Fazit: Es sei dem Menschen nicht möglich, irgendwo in der Welt beziehungsweise der Natur eine *notwendige* kausale Verknüpfung zu finden.
Aber so kann man ja nicht leben, werdet ihr einwenden. Unser Dasein ist doch erfüllt vom Ursache-Wirkung-Prinzip. Auf dieser Grundlage erklären und planen wir alles, und nicht anders handeln wir und können gar nicht anders handeln. Das räumt Hume ein, nur betont er, dass unsere Wirklichkeitserfahrung mangels objektiv feststellbarer Kausalitäten eben vollkommen subjektiv sei, was bedeutet: Unsere Vorstellungen würden zunächst gespeist von dem Stoff, der uns durch unsere sinnlichen Wahrnehmungen geliefert wird (und keine Vorstellung gehe auch über diese sinnlichen Wahrnehmungen hinaus), die Verarbeitung des Wahrgenommenen erfolge sodann ganz individuell von Mensch zu Mensch in unserem Geist. Dabei müssten wir, um ein halbwegs normales Leben führen zu können, Kausalitäten, obwohl sie objektiv nicht beweisbar seien, unterstellen, und das täten wir auch. Dies geschehe auf der Grundlage von Gewohnheiten und Erfahrungen. Wo führe es denn hin, wenn wir unseren Sinnen ständig misstrauen? Deshalb gingen wir einfach davon aus, dass die Flamme den Schmerz verursacht habe.
Nun werden auch verschiedene **Begriffe** verständlich, die man Hume zuordnet: *skeptisches Paradoxon* beziehungsweise *gemäßigter Skeptizismus*, weil Hume zwar Kausalität für nicht erkennbar erklärt, aber klarstellt, dass man ohne Vertrauen auf bestimmte Ursache-Wirkung-Beziehungen nicht leben könne (»*Be still a man*«, sagt er). Des Weiteren verweisen die Begriffe *Erkenntnispsychologie, empiristisch-psychologistische Philosophie* und auch *historisch-psychologischer Relativismus* auf Hume, weil er auf Erkenntnis durch Erfahrung setzt, die Verarbeitung des durch die Sinne Wahrgenommenen aber ganz in die subjektive Sphäre des einzelnen Menschen verlagert, womit die Wahrheit abhängig wird von Verstand und Gefühlen des jeweiligen Individuums. Diese Kombination aus Erkenntnistheorie und Psychologie heißt nichts anderes als: Was immer wir über die Realität beziehungsweise die Außenwelt sagen (auch als Naturwissenschaftler), nie ist eine Aussage möglich ohne unsere

ganz subjektiven *Vorstellungen*. Und weiter: Dann gibt es in der Tat unzählige Wahrheiten. Man kann sich vorstellen, dass das in der weiteren Philosophiegeschichte nicht unwidersprochen blieb. Dazu kommen wir noch.

5. Moral und Religion

Auch in der **Moral** bleibt Hume konsequent. Dem Rationalismus abgewandt, setzt er nicht vorrangig auf Vernunft, sondern auf Erfahrung. Was lehre sie uns? Tugend sei kein Wert an sich. Sie müsse zum einen mit der menschlichen Natur zusammenpassen, zum anderen dem Einzelnen nützen (als Konzession an seine Selbstliebe), aber nicht nur ihm, sondern auch der Gemeinschaft. Moral stehe also im Dienst des staatlichen Wohls. Daran hätten sich Politik und Rechtsordnung zu orientieren, die für Ordnung, Stabilität, Sicherheit, Eigentum, Wohlstand und Gerechtigkeit sorgen müssten. Diese Ziele machten den **Staat** unverzichtbar. Natürlicher Egoismus einerseits (Herrschaft der Affekte) und die Sozialität des Menschen, also der Sinn, auch für andere etwas tun zu wollen, sowie seine Sympathie für das Gedeihen des Ganzen andererseits, seien ins Gleichgewicht zu bringen, sodass am Ende jeder profitiere. Und das Entscheidende: Dieses Ziel erreiche man nur, wenn man das Leben kenne, also durch **Erfahrung**. Hier offenbart sich wieder der *Empirist*, der übrigens von sich selbst sagt, er habe das Machtverhältnis von Vernunft und Wirklichkeit auf den Kopf gestellt.

Und auch bei der **Religion** stellt Hume die Erfahrung in den Mittelpunkt. Zunächst einmal meint er, mit der Vernunft lasse sich Gott nicht beweisen. Damit verneint er zugleich Descartes' Auffassung von den sogenannten *angeborenen Ideen*, zu denen Descartes auch Gott zählt. Aber dann fügt Hume hinzu: Mit der Erfahrung sei Gott ebenso wenig beweisbar. Wir erinnern uns: Erfahrung findet sich nach Hume in den *Vorstellungen*, die wir uns aufgrund von Sinneseindrücken (*impressions*) machten. Aber an solchen konkreten, Gott betreffenden Eindrücken fehle es, weshalb wir von ihm auch kein Bild herstellen könnten, weder von seinem Wesen noch von seiner Transzendenz. Ja, mangels *impressions* wüssten wir nicht einmal, ob es ihn überhaupt gibt. Damit bricht Hume zugleich mit der ganzen **Metaphysik**. Und weil er zudem die Möglichkeit der Erforschung von Kausalität verneint, ist ihm Gott auch von daher nicht zugänglich, denn wir könnten beim besten Willen nichts darüber sagen, ob Gott wirklich der Schöpfer, also der Verursacher des Universums ist, gebe es auch noch so viele Religionen, für die der Schöpfergott im Zentrum aller Dogmen steht. Vor diesem Hintergrund können wir uns nun auch vorstellen, warum Hume als *Atheist* beschimpft wurde.

Hume formulierte nicht nur solche *fundamentalen* Einwände gegen den Glauben, sondern übte auch inhaltliche Kritik speziell an der **christlichen Religion**, wobei ihm vor allem die ständige Bedrohung des Menschen mit göttlicher Strafe und dem Jüngsten Gericht ins Auge stach. Das führe zur Deformation des Menschen. Jedoch müssen wir diese kritische Haltung primär im Lichte seiner Philosophie betrachten. Dagegen als »Privatmann« äußerte er Verständnis dafür, dass Menschen glauben, denn sie erlebten Ängste und Nöte sowie das Wechselspiel des Glücks und wüssten nicht, was mit ihnen nach dem irdischen Ende geschieht. Alles dies lasse sie auf ein gnädiges, von Gott verfügtes Schicksal hoffen.

Bleibt noch eine Frage an euch: Hume behauptet, was Gott betrifft, empfangen wir keine Sinneseindrücke, was nichts anderes bedeutet, als dass wir Gott nicht erfahren würden. Man wird dem nicht widersprechen, wenn es darum geht, ob wir Gott konkret beschreiben könnten. Aber stimmt es denn wirklich, dass wir nichts von ihm erfahren, dass wir nicht einmal Göttliches erfahren? Haucht uns das Göttliche nicht immer wieder an, zum Beispiel in der Natur, in der Musik, in der Liebe oder bei Geburt und Tod? Sind das nicht Offenbarungen, die (und da sind wir wieder bei der von Hume so problematisierten Kausalität) unmittelbar auf Gott, ja auf Gott als Verursacher verweisen? Denkt einmal darüber nach.

24. Kapitel
ADAM SMITH
(1723–1790)

1. Gehört Adam Smith in ein Philosophiebuch?
Das fragt ihr euch vielleicht auch. Denn möglicherweise habt ihr schon etwas von ihm gehört, dann jedoch eher als Wirtschaftstheoretiker oder Begründer der modernen Nationalökonomie. Aber Smith ein Philosoph? Oja, das ist er, aber darüber gleich mehr.
Wir hatten bisher ausschließlich mit genialen Menschen zu tun. Auch der in Edinburgh geborene Smith gehört zu ihnen. Schon mit 14 begann er, dessen Vater vor Adams Geburt gestorben war, das Studium in Glasgow: Klassische Philologie, Moralphilosophie, Mathematik und Physik. Es folgte ein Studium in Oxford, dann aber kehrte er nach Edinburgh zurück, wo er als Dozent für Rhetorik und englische Literatur wirkte. Bald erhielt er an selbiger Stelle die Professur für Moralphilosophie. Mit 36 Jahren erschien sein erstes bedeutendes Werk *Theorie der moralischen Gefühle*. Vier Jahre später beendete Smith zunächst seine akademische Karriere, um als Privatlehrer mit dem Neffen eines schottischen Herzogs durch Frankreich zu reisen. Währenddessen begann er sein berühmtes Werk *Der Wohlstand der Nationen. Eine Untersuchung seiner Natur und seiner Ursachen*. Nach Schottland zurückgekehrt, benötigte Smith noch einige Jahre, um das Werk zu vollenden. 1787 wurde er Rektor der Universität Glasgow. Drei Jahre später starb er in Edinburgh.

2. Worauf muss ein Wirtschaftssystem vor allem basieren?
Im vorigen Absatz seid ihr sicher schon über einen mehrfach erwähnten Begriff gestolpert: **Moral**. Das ist kein Zufall, denn sie bildet für Smith in der Tat die wichtigste Grundlage einer Wirtschaftsordnung. Und da Moral ein traditionell von der Philosophie behandeltes Thema ist, lässt sich nicht be-

zweifeln, dass Smith zu den Philosophen zählt. Wir werden ihn in zwei Stufen kennenlernen:
1. Was ist für ihn moralisches Verhalten?
2. Was folgt aus der Moral für die Gesetze einer Wirtschaftsordnung?

Moral bedeutet für Smith zunächst einmal von Sympathie getragenes Mitfühlen, also Teilnahme am Schicksal anderer, in die es sich verstehend hineinzuversetzen gelte. Das forderten Natur und Religion, und dazu sei der Mensch – entgegen der Philosophie Hobbes' (»*Der Mensch ist dem Menschen ein Wolf*«) – auch imstande. Anderen zu dienen, fördere zudem das eigene Glück. Unter Anspannung des Gewissens und Beherrschung unserer Affekte müssten wir mit Klugheit unser eigenes sowie das Handeln der anderen beobachten und werten. Unsere Position sei dabei die eines **unparteiischen Beobachters** (»*impartial spectator*«). Was ist damit gemeint? Wenn wir diese Rolle einnähmen, könnten wir zutreffender beurteilen, wie der andere uns aufgrund unseres Verhaltens sieht und ob seine Einschätzung dem entspricht, wie wir von ihm gesehen werden wollen. Wenn uns dies noch keine hinreichende Klarheit verschaffe, wir also einfach nicht herausbekämen, wie der andere über uns denkt, bliebe immer noch unser Gewissen als Handlungsmaßstab. Aus solcher individuellen Wertung bilde sich dann der allgemeine Maßstab für das **Sittengesetz**.

Solche Philosophie des Mitfühlens bedeutet für Smith nun aber nicht, dass der Mensch nicht auch eigene Interessen verfolgen dürfe. Im Gegenteil. Egoistisches Vorteilsstreben (auch nach Luxus) sei sogar ein entscheidender Motor für eine florierende Wirtschaft. Wer eigenen Gewinn anstrebe, stifte zugleich Nutzen für den allgemeinen Wohlstand. Dies geschehe – so formuliert es Smith – sozusagen »*von unsichtbarer Hand*«. Warum »*von unsichtbarer Hand*«? Das Gesamtwohl hätten viele vielleicht gar nicht im Auge, aber dennoch sei es die automatische Folge individuellen Profitstrebens.

Wir können bis hier resümieren: Moralisches Handeln ist für Smith (soweit es mit Wirtschaft zusammenhängt) eine Kombination aus mitfühlendem Hineindenken in den anderen sowie Eigennutz. So gesehen wird Moral zur Basis von Sozialverhalten, mehr noch, zu einer **Volkswirtschaftslehre**, ja, der wirtschaftende Mensch verdiene sich, wie es jemand einmal formulierte, als *homo oeconomicus* nur dann Anerkennung, wenn er zugleich als *moral man* agiere.

3. Welche Wirtschaftsordnung erfüllt die Forderungen der Moral?

Moralischen Gesetzen, so Smith, genüge nur der **demokratisch-liberale Rechtsstaat**. Er gewähre höchstmögliche Freiheit. Dazu bedürfe aber auch er selbst der Stärke. Solche Freiheit sei Grundvoraussetzung für eine erfolgreiche Wirtschaft. Das beinhalte freien Wettbewerb, freie Meinungsäußerung, Schutz des Privateigentums und so wenig Staatsdirigismus und Intervention durch Gesetze wie möglich. Zugleich verhindere der freie Markt (alles plattmachende) Monopole. Der Anreiz, dem menschlichen Tauschtrieb frönen zu können und Gewinne zu machen, bilde in einem freien, arbeitsteiligen und dynamischen Wirtschaftsverkehr flexible und damit gerechtere (Tausch-)Werte für Waren, animiere zu Investitionen und schaffe so immer neue Märkte, und in Folge auch Arbeitsplätze. Solch gegenseitiges Begehren, solche nie endende, lebendige Kraft steigere die Produktivität und dank höherer Löhne auch den Wohlstand, nicht nur für eine privilegierte Aristokratenklasse, sondern für alle. Entscheidend sei dabei nicht eine Handelsbilanz mit Massen von Gütern, sondern dass möglichst viele Menschen an diesen Gütern, die durch Arbeit und Erwerb am Markt seien, teilhaben. Das gelinge aber nur bei hoher Produktivität der Arbeit und einer hohen Zahl von Menschen mit **nützlicher Arbeit** im Vergleich zu denen, die nicht arbeiten oder mit ihrem Tun zu dieser Produktivität nichts oder nur wenig beitragen. Mit dieser Sicht wendet sich Smith zugleich gegen Theorien, die das Heil nationalen Reichtums primär im Besitz landwirtschaftlichen Bodens (*Physiokratismus*) oder in der Anhäufung von Geld, vor allem Edelmetall, sehen (*Merkantilismus*). Smith betont, dass seine Erkenntnis nicht Produkt rein rationalistischen Denkens sei, sondern sich auf Erfahrung stütze. Darin können wir ihn als konsequenten Empiristen erkennen.

Noch eine abschließende, sich geradezu aufdrängende Frage: Gibt uns die Geschichte eine Antwort darauf, wer recht hat: Marktwirtschaft mit freiem Wettbewerb oder Staatsdirigismus mit Planwirtschaft? Wie seht ihr es?

25. Kapitel
MONTESQUIEU
(1689–1755)

1. Welchem Geist entwuchs Montesquieu?

Der vollständige Name des französischen Philosophen lautet Charles Louis de Secondat, Baron de La Brède et de Montesquieu. Ist das nicht eindrucksvoll? Bleiben wir aber, wie es alle tun, beim letzten Teilstück des Namens. Wir bewegen uns immer noch im Zeitalter der **Aufklärung**. Deren beiden Zweige haben wir kennengelernt: **Rationalismus** (zum Beispiel Descartes und Leibniz, die in der Vernunft die vorrangige Wissensquelle sehen) und **Empirismus** (zum Beispiel Locke und Hume, die primär auf die Erfahrung abstellen). Das ist der geistige Humus, in dem Montesquieu wurzelt, wobei Locke für ihn von besonderer Bedeutung ist. Bevor sich Montesquieu ganz seinen philosophischen Schriften widmete, war er, ein Spross hohen Amtsadels, bereits mit 25 Jahren als Nachfolger seines Vaters Gerichtspräsident in Bordeaux. Mit 39 wurde er in die renommierte »Académie française« berufen, später auch noch in die »Royal Society« in London.

Vielerlei Aspekte der Aufklärung bildeten den Rahmen für Montesquieus Denken: Aufwertung der Vernunft; strenge Analytik; Erfahrungsstreben und Experimentierwesen; die Natur, die uns, ewigen Gesetzen folgend und von der Ratio durchdrungen, als Forschungsgegenstand und Vorbild dient; Aufbrechen von Metaphysik, Mythen, Aberglauben, Vorurteilen und allem Spekulativen; Kritik an christlichen Dogmen und Kirche; sogar Atheismus, aber auch Hinwendung zu einer »natürlichen« Religiosität ohne konkrete historische Offenbarung durch Propheten oder Messias (gekennzeichnet durch die Begriffe: »Religion der Aufklärung«, »Vernunftreligion«, »Deismus«); schließlich politische Liberalität und Toleranz sowie Aufstieg des Bürgertums. Wie weit man sich doch von der christlichen Scholastik entfernt hatte!

Von alledem machte sich Montesquieu vieles zu eigen und wurde zu einem schonungslosen Kritiker seiner Zeit. In seinem ersten berühmten Werk *Persische Briefe* nahm er politischen Absolutismus und staatliche Willkür, kirchliche Lehre und Intoleranz, Organisation des Papsttums, moralische Korruption der Reichen, lockere Sitten, ja die gesellschaftlichen Zustände insgesamt aufs Korn.

2. Wie schafft man weise Gesetze?

Montesquieu gilt als Klassiker der politischen und rechtlichen Theorie. Sein Hauptwerk: *L'esprit des lois* (»Der Geist der Gesetze«). Herder spricht von einem »*gotischen Gebäude*«, und wir werden sehen, dass wir diesem in der Tat großartigen Gebäude bis heute sehr viel zu verdanken haben.

Oben haben wir zwei Elemente der Aufklärung hervorgehoben: **Erfahrung** und die **Natur als Vorbild**. Beides hat für Montesquieus Gesetzeslehre, aber auch für seine allgemeine politische Theorie zentrale Bedeutung. Er schaut sich nämlich sehr genau die Gegebenheiten an, von denen eine Nation durchdrungen ist, und leitet daraus die für diese konkrete Nation angemessene Staatsform sowie die maximal vernünftige Rechtsordnung ab. Aber es handele sich um ein wechselseitiges Spiegelbild: Die Faktoren, mit denen es eine Nation zu tun habe, prägten die Staats- und Rechtsordnung, umgekehrt könne von Letzterer auch auf den Nationalcharakter, also den Wesensgehalt der Nation, die ja eine jeweils einzigartige, durch die Geschichte geprägte Kulturgemeinschaft sei, geschlossen werden. Montesquieu nennt diesen Wesensgehalt den ***esprit général***, also den allgemeinen Geist.

Wir müssen jetzt verschiedene Fragen unterscheiden, mit denen sich Montesquieu befasst.

1. Welche Faktoren bilden den sogenannten »Geist der Gesetze«? Wie eingangs angedeutet, ist sein Ausgangspunkt die Natur der Dinge, als da sind: Territorium, Klima, Geschichte, Religion, Sitten, Wirtschaftsform, Leitsätze der Regierung.

2. Welche Ziele sollten mit den Gesetzen verfolgt werden? Montesquieu nennt vorrangig größtmögliche Freiheit, Ordnung und Wahrung sozialen Friedens, allgemeine Wohlfahrt und Vorsorge für die Ernährung

des Volkes, religiöse Toleranz, Erziehung der Menschen zu sozialem und tugendhaftem Verhalten, wobei ihm nicht speziell die christliche Moral, sondern das Verständnis für die Gleichheit aller Bürger und die Liebe zum Vaterland vorschweben. Seinen Patriotismus kombiniert er jedoch mit weltbürgerlicher Orientierung, denn Europa steht für ihn über Frankreich und die Menschheit über Europa.

3. Welche Merkmale weist Montesquieu welcher Regierungsform zu? Despotie verbindet er mit Gehorsam, Angst und Zittern, Monarchie mit Ehre, Stellung, Rang, Achtung und Unterordnung, Republik (Demokratie und Aristokratie) mit der Gleichheit der Bürger und mit Tugend. Dabei geht er davon aus, dass sich Republiken eher in territorial kleineren Staaten bilden könnten, während man Despotien eher in den Riesenreichen finde, wo das Volk Zwangsherrscher nur schwer einer Kontrolle unterwerfen könne.

Der ideale Staat

Welche Vision hat nun Montesquieu vom idealen Staat? In Stichworten lässt sich dies wie folgt zusammenfassen: Montesquieu war nie so revolutionär, dass er das *Ancien régime*, also die damalige französische Monarchie, beseitigt sehen wollte. Aber als Philosoph der Aufklärung und Gegner einer verabsolutierenden Vernunft sowie unbarmherzig verpflichtender religiöser Dogmen warb er für die **konstitutionelle Monarchie**, also eine Kombination aus Königtum und frei gewähltem Parlament, so wie wir es heute zum Beispiel von Großbritannien, Spanien oder Schweden kennen. Der Herrscher müsse auf dem Boden einer Verfassung stehen, die von der parlamentarischen Volksvertretung verabschiedet wurde. Dabei ist für ihn – und dafür ist er vor allem bekannt – die Teilung der obrigkeitlichen Macht, also die sogenannte **Gewaltenteilung**, entscheidend. Von Locke stammte die Idee der Unabhängigkeit von Regierung (Exekutive) und Gesetzgebung (Legislative). Montesquieu fordert nun auch noch die Unabhängigkeit der Rechtsprechung (Judikative). Nur das gewährleiste die Freiheit der Bürger. Die meisten westlichen Demokratien haben diese Dreiteilung verwirklicht, so wie wir in Deutschland auch. Wisst ihr, wo sie gesetzlich verankert ist?

26. Kapitel
VOLTAIRE
(1694–1778)

1. Gefängniszelle als Geistesquelle

Ihr erinnert euch: Leibniz hatte erklärt, Gott habe die »*beste aller möglichen Welten*« geschaffen. Das sieht Voltaire ganz anders. Er ist Skeptiker und betrachtet die Welt außerordentlich kritisch, ja, er schreibt sogar einen berühmt gewordenen Roman (*Candide*), um Leibniz zu widerlegen, wenn nicht gar zu verspotten. Das geschieht, indem der Autor den Protagonisten der Handlung eine Schrecklichkeit nach der anderen erleben lässt. Aber werfen wir zunächst einen (lohnenswerten) Blick darauf, was Voltaire, die französische Verkörperung der **Aufklärung**, selbst erlebt hat.

Nach abgebrochenem Jurastudium arbeitete er erfolgreich als Schriftsteller, vor allem als Satiriker. Eine Satire auf Herzog Phillipp II., der für den noch unmündigen Ludwig XV. regierte, war es dann auch, die Voltaire zum ersten Mal ins Staatsgefängnis Bastille brachte. Ihr kennt sie aus dem Geschichtsunterricht. Dort las und schrieb er nicht nur, sondern legte sich zwecks gesellschaftlicher Aufwertung auch einen neuen Namen zu. Aus François-Marie Arouèt wurde Sieur Arouèt de Voltaire.

Der Gefängnisaufenthalt entwickelte sich zu einer fruchtbaren Zeit. Bald nach Entlassung kam Voltaires hinter Gittern geschriebenes, erstes Theaterstück auf die Bühne (*Ödipus*). Der Ruhm wuchs ständig, aber ein Streit mit Chevalier de Rohan endete für Voltaire wiederum in der Bastille. Der Chevalier hatte sich über Voltaires neuen Namen lustig gemacht. Voltaire schrieb ihm darauf: »*Ich bin der Erste meines Namens, Sie der Letzte!*« Jedoch ermöglichte Voltaires Versprechen, dem Land den Rücken zu kehren, seine baldige Entlassung. Das Ziel: England. Dort folgten drei genussvolle Jahre mit geistiger Freiheit, Wissenschaft und religiöser Toleranz. Alles dies prägte Voltaires Denken in hohem Maße.

Wieder zurück in Frankreich, kam er durch finanzielle Spekulationen zu Reichtum. Aber es drohte abermals Ungemach. Voltaire veröffentlichte seine *Philosophischen Briefe*, ein Werk, das er in England verfasst hatte. Darin geißelt er die Zustände in Frankreich, zum einen die totalitär alleinherrschende Katholische Kirche, zum anderen die Monarchie, die dem Volk elementare Freiheitsrechte vorenthalte. Einer erneuten Verhaftung konnte sich Voltaire, nun 40 Jahre alt, nur durch Flucht entziehen. Der gewählte Ort: das Schloss Cirey in der Champagne. Schlossherrin: die (verheiratete) Emilie Marquise du Chatelet. Diese kluge und hochgebildete Frau, eine Wissenschaftlerin, wurde für 15 Jahre nicht nur seine Geliebte (für die Kirche natürlich ein Skandal), sondern auch geistige Gefährtin, mit der zusammen er das Buch *Die Elemente der Philosophie Newtons* schrieb. Im Schloss von Breteuil bei Paris hängt heute ein Quentin de La Tour zugeschriebenes Gemälde, das die Marquise am Schreibtisch mit einem aufgeschlagenen Werk Newtons vor sich zeigt. Ein wunderschönes Bild!

Nach Emilies Tod mit 44 Jahren entwickelte sich zwischen Voltaire, inzwischen auch ein hochrangiger Geschichtsphilosoph, und keinem Geringeren als dem Preußenkönig Friedrich II. eine mehrjährige, enge geistige Beziehung. Voltaire wohnte im Schloss Sanssouci und erhielt eine üppige finanzielle Ausstattung, offiziell als Königlicher Kammerherr. Ein Streit zwischen ihm und dem König um den Präsidenten der Preußischen Akademie der Wissenschaften führte jedoch nach rund drei Jahren intensivsten Gedankenaustauschs zum Zerwürfnis. Im Einzelnen ist die Beziehung zwischen beiden eine komplizierte Geschichte, die hier aber nicht erzählt werden kann. Seinen Alterssitz fand Voltaire am Genfer See, denn Paris hatte ihn wieder einmal verbannt. Könige, Gelehrte und Fürsten bildeten nun den Gästekreis. Die Nichte Marie-Louise betreute ihn bis zu seinem Tod.

2. Freiheit – Bedingung für Glück

In England hatte Voltaire erfahren, was Freiheit bedeutet. Das Thema ließ ihn nicht mehr los. Die Wurzeln seiner Freiheitsphilosophie liegen in der Überzeugung, dass die Vernunft – abgesehen von der Mathematik – keine letztgültigen Wahrheiten zu liefern vermöge. Eine eindeutige Absage also an den

Rationalismus, zugleich eine Positionierung zugunsten **empiristischer Erkenntnistheorie**. Man solle, so Voltaire, jedes Kapitel über Metaphysik mit »n.l.« (non liquet = es ist nicht klar) überschreiben. Es sei absurd, von Gewissheiten auszugehen. Descartes irre, wenn er an angeborene Ideen glaube, vielmehr seien Ideen Produkte der Kultur. Noch fast jede Theorie sei über den Haufen geworfen worden. Wo auch immer man hinschaue – seien es Natur, Medizin, oder Religion –, überall, wo man Wahrheit vermute, habe man es doch nur mit Vorurteilen zu tun. Somit sei **Skepsis** die einzig vernünftige Grundlage des Denkens. Was folge daraus? Sei alles ein *non liquet*, also ein *»nichts ist klar«*, dann habe jeder seine eigene Wahrheit.

Wo nun aber so viele Wahrheiten nebeneinander bestünden, müsse der Staat Freiheit und Toleranz gewährleisten. Das notwendige Paket hierfür beinhalte **Meinungsfreiheit**, insbesondere auch für die Presse, rechtliche **Gleichheit**, denn auch sie stehe mit der Freiheit in enger Verbindung, sowie Schutz des **Eigentums**, welches ebenfalls freiheitliche Betätigung fördere. Und natürlich müsse die Staatsmacht so organisiert sein, dass sich die Idee der Freiheit im Leben der Menschen auch wirklich entfalten könne. Das bedeute konstitutionelle Monarchie, also weitgehende Volkssouveränität, außerdem Gewaltenteilung, Unantastbarkeit der Person, Verurteilung von Sklaverei, Kampf der Korruption, vor allem des Adels, Fortschritt durch Wissenschaft und Bildung zum allgemeinen Nutzen sowie Schaffung von Sicherheit und Ordnung. Das sei der Rahmen, in dem der Mensch losgelöst von freiheitswidrigen und religiösen Dogmen allein aufgrund seiner im Kern wohlwollenden Natur ein tugendhaftes und somit auch glückliches Leben führen könne. Ihr merkt, dass hier bereits viele Ziele der Revolution vorweggenommen wurden. Nicht zu Unrecht nannte Nietzsche Voltaire daher einen »*Befreier der Menschheit*«.

3. Im Fadenkreuz: die katholische Kirche

»*Écrasez l'infame!*«, auf Deutsch »Zermalmt die Niederträchtige!« Das schrieb Voltaire wörtlich. Gemeint war die Katholische Kirche, seine lebenslange Hauptgegnerin. Wie kam er zu diesem vernichtenden Urteil? Zunächst einmal beklagte er deren totalitäre, der Freiheitsidee spottende Herrschaft sowie die Unmoral und Korruption der Geistlichen. Sodann stieß er sich an jeglicher **Offenbarungsreligion**. Zum einen sei Gott ohnehin nicht erkennbar, Spekulation über ihn also sinnlos, ja anmaßend, zum anderen dürften Religion und ihre Dogmen nur aus der Vernunft begründet werden. Alles andere sei Aberglaube. Religiöse Grundsätze müssten daher überall auf der Welt, folglich für alle Menschen gelten (Voltaire vergleicht dies mit den Naturkräften in Newtons Physik). Zudem führe jede Offenbarungsreligion zur Intoleranz. Fanatismus und Gewaltherrschaft der Katholischen Kirche sprächen für sich. In extremer Wortwahl weist Voltaire der Kirche die Begriffe »*blutdürstige Leidenschaft*« und »*Höllenwahn*« zu. Es sei die Aufgabe von Philosophie und Naturwissenschaft, die Menschen aus der Vormundschaft der Geistlichkeit zu befreien. Das gelte auch für deren moralischen Verdikte, denn auch die Normen der Moral hätten allein der Vernunft, nicht irgendwelchen vermeintlich im göttlichen Willen wurzelnden, von der Kirche formulierten Vorgaben zu folgen. Sogar die Begriffe »*gut*« und »*böse*« stünden für Kategorien, die allein dem sozialen Zusammenhang zwischen den Menschen zugedacht seien. Streng genommen lässt Voltaire überhaupt kein gutes Haar am **Katholizismus**. Er hält auch nichts von der Erbsünde, der Lehre vom Kreuzestod, der Dreifaltigkeit, der katholischen Gnadenlehre und dem Wunderglauben. Die Person **Jesus** hielt er jedoch für verehrungswürdig. Vermutlich wurde Voltaires Verachtung der Kirche noch durch folgende drei Ereignisse befeuert:

1. Verbot der *Enzyklopädie*, an der er mitgewirkt hatte. Das gesamte Wissen der Zeit sollte dort gesammelt werden (142 Bearbeiter, 70.000 Beiträge). Dieses Hauptwerk der Aufklärung war der Kirche ein Dorn im Auge, weil sie selbst steuern wollte, was die Menschen wissen dürfen.
2. das **Erdbeben von Lissabon** (1755). Voltaire beklagte die bigotte Haltung der Kirche, vor allem der Jesuiten, die in der Katastrophe eine Strafe Gottes für Reformen sahen.
3. die barbarische **Hinrichtung** zweier unschuldiger Protestanten. Voltaire erreichte nach langem Kampf die Aufhebung der Urteile, was den beiden jedoch das Leben nicht wiederschenkte.

4. Glaubte Voltaire an Gott?

Trotz seiner Kritik an Kirche und christlichen Dogmen war Voltaire **kein Atheist**. Eine so durchdachte, zweckmäßige Organisation wie die Welt könne nur auf eine höchste Intelligenz zurückgeführt werden, eine Intelligenz, die allerdings nach Schöpfung des Universums nicht mehr in das Weltgeschehen eingreife. Wenn etwas sei, müsse es irgendwo herkommen, so wie die Uhr zwingend auf die Existenz des Uhrmachers verweise. Ja, betont Voltaire, »*die ganze Natur ruft uns zu, dass es Gott gibt.*« Und weiter: »*Wenn Gott nicht existierte, müsste man ihn erfinden.*« Voltaire ist aber von der Existenz dieser höchsten Kraft nicht nur überzeugt, sondern er hält sie auch für notwendig, weil segensreich. Der Mensch benötige ein Zentrum, einen Zügel, eine Instanz, die auch über solche gute und böse Taten richte, die der weltlichen Obrigkeit verborgen geblieben sind.

Aber offenbart Voltaires Philosophie hier nicht einen Widerspruch? Einerseits meint er, Gott greife nach Vollendung der Schöpfung nicht mehr in das Weltgeschehen ein, andererseits sieht Voltaire in Gott dann doch eine aktive, weil richtende Instanz, wo und wann diese auch immer tätig sein mag. Jedoch: Welcher bedeutende Philosoph der Geschichte hat sich nicht auch in Widersprüche verstrickt?

27. Kapitel
JEAN-JACQUES ROUSSEAU
(1712–1778)

1. Rousseau – ein Wahnsinniger?

Eigentlich unfassbar, dass ein Mensch mit einem derart chaotischen Leben solchen Weltruhm begründen konnte. Voltaire nannte ihn einen »*Erznarr*« und »*Monstrum*« und erklärte ihn für »*wahnsinnig*«. Und in der Tat: Dem Wahnsinn verfallen, starb Rousseau verarmt in Paris. Aber warum Weltruhm? Rousseau steht für eine Zeitenwende. Im Ausgangspunkt Rationalist, wurde er zum Überwinder der Aufklärung und zu einem Wegbereiter der **Romantik**. Dazu später mehr. Aber nachdem wir Voltaires Schmähungen zitiert haben, kommen wir nicht umhin, wenigstens in Stichworten einen Blick auf Rousseaus exzentrisches Leben zu werfen.

In der damals unabhängigen Republik Genf geboren (ein Zufluchtsort vieler französischer Protestanten), bricht Rousseau Lehren als Gerichtsschreiber und Graveur ab, führt über längere Zeit ein Vagabundenleben, stiehlt Schmuck, konvertiert als gebürtiger Calvinist zum Katholizismus, kehrt jedoch später zum Protestantismus zurück, wird der Giftmischerei und Verleumdung bezichtigt, arbeitet als Musiklehrer, Kammerdiener, Erzieher und in einem Katasteramt. Dann wird er Sekretär beim französischen Gesandten in Venedig, später Notenschreiber und Dirigent, komponiert Opern, schreibt Theaterstücke und erfindet eine neue Notenschrift. Melancholie und Hypochondrie sind ihm ständige Begleiter. Selbst spätere Begegnungen mit Hume, der Rousseau nach London einlädt und sich rührend um ihn kümmert, helfen nicht. Man trennt sich im Streit. Über sein extravagantes erotisches Leben berichtet Rousseau in aller Offenheit in seinem letzten großen Werk, den *Bekenntnissen*. Nach Abenteuern mit zahlreichen venezianischen Kurtisanen verbindet er sich mit einer Wäscherin eines Pariser Hotels, die weder lesen noch schreiben kann. 23 Jahre leben sie zusammen, dann wird geheiratet. Aus der Beziehung gehen fünf Kinder hervor, die das Paar allesamt einem Waisenhaus übergibt. Nun aber zur Philosophie, denn darum geht es uns ja vor allem. Der zündende Funke ist ein Wettbewerb der Akademie in Dijon. Thema der Preisfrage: »*Hat die Erneuerung der Wissenschaften und Künste zur Läuterung der Sitten beigetragen?*« Rousseau wollte die Frage bejahen, Diderot, mit dem er sich befreundet und für dessen »*Enzyklopädie*« er inzwischen zahlreiche Beiträge (vor allem über Musik) geschrieben hatte, meinte jedoch, eine solche Antwort sei langweiliges Mittelmaß. Flexibel genug beantwortete Rousseau die Frage daher mit »nein«, gewann den Wettbewerb und war mit einem Schlage berühmt (einen gewissen Namen hatte er sich bereits mit seinen Bühnenwerken gemacht).

2. Ein neues, und doch so altes Menschenbild

»*Zurück zur Natur!*« Diesen Satz kennt ihr alle. Er stammt von der Hauptperson dieses Kapitels. Auch das wisst ihr. Aber was bedeutet dieser Imperativ? Die Antwort ist komplexer, als ihr vielleicht glaubt. Ja, zunächst ist tatsächlich die Natur gemeint. Rousseau hat die schon damals recht hektische Zivilisation vor Augen und stellt sie der friedvollen Schöpfung mit all ihrem Zauber, vor allem der ländlichen Idylle gegenüber. Sie liefere dem Menschen den Rahmen für ein glückliches Dasein. Jedoch geht es Rousseau nicht nur um die Landschaftsnatur, sondern und vor allem um die Natur des Menschen selbst. Er solle der Entfremdung von sich selbst entfliehen und zu seinen natürlichen Wurzeln zurückkehren. Das müssen wir uns nun etwas genauer anschauen. Ausgangspunkt für Rousseau ist der gute, reine, unschuldige, recht autonome **Mensch im Naturzustand**, wenn es sich auch nur um ein Ideal handele und Rousseau klar ist, dass es diesen Menschen so nie gegeben habe und auch nie geben werde. Das Entscheidende: Dieser Mensch wurde durch sein Herz und Gefühl geleitet und habe sich, wenn es um Wahrheit, Gerechtigkeit und Tugend ging, auch auf beides verlassen. Ein zentraler Gedanke bei Rousseau. Den modernen, grübelnden, von den Wissenschaften geprägten, intellektualistischen Menschen dagegen betrachtet Rousseau als gespaltenes, mit sich selbst entzweites Wesen, ja, er bezeichnet ihn sogar als »*entartetes Tier*«. Rousseau beklagt den bedauerlichen Wandel von der *amour de soi* (soi=sich) zur *amour propre* (propre=eigen). Erstere war die ursprüngliche, natürliche Selbstliebe. Sie beschränkte sich als ein Gefühl des in sich ruhenden Menschen auf Selbsterhaltung und Befriedigung elementarer Bedürfnisse. Die amour propre dagegen sei die in der Zivilisation wurzelnde, moralisch verwerfliche selbstsüchtige Eigenliebe, die nur Neid und Konkurrenzdenken produziere, mit dem Ziel physischer und materieller Unabhängigkeit durch Macht über Mitmenschen. Kant meinte dazu, Rousseau habe als Erster die tief verborgene Natur des Menschen erkannt.

Die Gesellschaft, so Rousseau weiter, habe den ursprünglich guten Menschen, dessen Wesen mit der ländlichen, ja paradiesischen Idylle korrespondierte und der sich nach dem Unendlichen sehnte, sittlich verdorben. Welche Antithese zur Idee von Erbsünde und Erlösung! Die *amour propre*, Quelle alles Bösen, stehe jedem Gutsein im Wege. Vorbei leider mit dem zwar primitiven, aber doch »**Goldenen Zeitalter**«, in dem die Familie die Basis bildete, der Mensch sich natürlich entwickeln konnte und Freiheit und Gleichheit herrschten; vorbei mit der Tugend, wofür Literatur, Kunst (gemeint ist alles künstlich Gemachte) und die unedlen Wissenschaften verantwortlich seien – und, so Rousseau weiter, jede Fortschrittsidee nur eine Illusion. Welche unheilige Kombination: Der Übergang von der Natur zur Kultur beziehungsweise Zivilisation, von der Mystik zur organisierten Religion und vom Fühlen zum widernatürlichen Denken, also zur kalten, der Wahrheitsfindung unfähigen Vernunft; dazu noch die kirchlichen und staatlichen Machtapparate: alles dies ein tiefer Abgrund und alle Möglichkeiten des Menschen, sich zum Guten zu entfalten, zugeschüttet. Mit einem Wort: Die **Aufklärung** für Rousseau – ein einziger Irrweg!

3. Eigentum – Wurzel sozialer Übel

Wenn sich Karl Marx wohlwollend auf Rousseau gestürzt hat, so darf das nicht verwundern. Rousseau meint, der soziale Unfriede habe damit begonnen, dass jemand ein Stück Land umzäunte und dies für sich allein beanspruchte. **Privateigentum**: Das bringt Rousseau zu der Behauptung, der Mensch sei frei geboren, liege nun aber als Knecht in Ketten. Wo es Eigentum gebe, müsse es der Staat schützen, und zwar durch Gesetze, die den Eigentümern wechselseitige Garantie gewährten, aber eben durch ungerechte, das Ego fördernde Gesetze. Das bedeute Einschränkung der ursprünglichen Freiheit und das Aus des urkommunistischen Paradieses. Für Rousseau der Sündenfall. Eigentum errege unangemessene Bedürfnisse und Privilegien, schüre Neid und schaffe eine ungleiche Welt von arm und reich: Hunger auf der einen, Überfluss auf der anderen Seite. Rousseaus Ausführungen gipfeln darin, Eigentum führe zu Sklaverei, Kriegen, Verbrechen, Morden und sonstigen Unmenschlichkeiten. Hierzu Voltaires bissiger Kommentar: »*Ein bösartiger Irrer!*«

4. Rousseaus Lösung: der Gesellschaftsvertrag

Rousseau beklagt das Primat von Wissenschaften und Vernunft auf Kosten des Gefühls. Die Tugend nehme Schaden, und obwohl uns der Verstand oft täusche, verließen wir uns auf ihn statt auf unser Herz, womit auch das Gewissen als maßgebliche und zuverlässige moralische Instanz ausgeschaltet sei. Jedoch begnügt sich Rousseau nicht mit dieser Klage, sondern liefert uns ein Konzept, mit dem er Besserung, wenn nicht Rettung verspricht: den **Gesellschaftsvertrag** (»contract social«, beschrieben im Werk *Vom Gesellschaftsvertrag oder Grundsätze des Staatsrechts*).

Nehmen wir einmal den Kern von Rousseaus Idee vorweg: Der Mensch verzichtet auf seine ursprüngliche, natürliche Freiheit und erwirbt dafür eine höhere Freiheit, nämlich die bürgerliche. Wie geschieht dies aber? Jeder Einzelne schließt sich mit den anderen Mitgliedern des Volkes per *Gesellschaftsvertrag*, der natürlich kein Vertrag im juristischen Sinne sei, freiwillig und gleichberechtigt zusammen und überträgt mit Hingabe seine Freiheit (Person und alles, was ihr zugehört) auf die Gemeinschaft. Bei Hobbes' Gesellschaftsvertrag – wir erinnern uns – bekam der Mensch als Gegenleistung die Sicherheit, gab die Macht jedoch an eine neu geschaffene Obrigkeit ab, bei Rousseau dagegen bleibt das **Volk der Souverän**.

Aber wie soll das funktionieren? Wie kann ich mich einerseits meiner Freiheiten entäußern und dennoch meine Interessen weiterverfolgen? Wie kann ich noch meinen individuellen Willen zur Geltung bringen, wenn ich nicht mehr im Besitz meiner natürlichen Freiheit bin und mir eine Gemeinschaft gegenübersteht, die nun über einen eigenen Willen verfügt? Rousseau löst das wie folgt: Er sieht keinen Gegensatz zwischen dem, was der Einzelne will, und dem Willen der Gemeinschaft, den er *volonté générale*, also Gemeinwille, nennt. Individual- und Gemeinwille seien identisch (Allgemeininteresse gleich Eigeninteresse). Ersterer gehe in Letzteren ein, jeder Bürger sei untrennbarer Teil des Ganzen, denn es seien die Bürger, die nun den Souverän bilden, und dessen Wille repräsentiere den Gemeinwillen. Dabei sei der Begriff *Bürger* (*citoyen*) von besonderer Bedeutung, denn ein solcher sei er nun, nicht in erster Linie Individuum. Deshalb rangiere der Gemeinwille auch vor dem Partikularwillen.

Was folgert Rousseau daraus weiter? Trotz Abtretung seiner Rechte bewahre der Bürger seine Freiheit, weil er nur solchem Gesetz folge, das er sich zum einen über den Gemeinwillen selbst gegeben habe (man gehorche also nur seinem eigenen Gesetz), zum anderen dürfe kein Gesetz dem Gemeinwillen, also dem allgemeinen Interesse, widersprechen, ja, der Bürger habe seine natürliche Freiheit sogar in eine Freiheit verwandeln können, die nun auch noch rechtlich gesichert sei. Dass alle Bürger ihre Rechte auf den Staat übertragen hätten, bedeute zudem Gewähr von Gleichheit, wobei Rousseau die von der Natur gegebenen Ungleichheiten nicht leugnet. Und auch die **Moral** ist von Rousseaus Denken berührt. Der Mensch schulde seinem Staat tugendhaftes Verhalten. Doch begründe solches noch keine Liebe zum Vaterland. Diese entstehe erst, wenn die Identifikation mit ihm auch von der oben erläuterten *amour de soi*, so wie sie im ursprünglichen Naturzustand geherrscht habe, durchdrungen sei, also einer Selbstliebe, die, anders als die Selbstsucht, das Glück in einer Gemeinschaft suche.

5. Die volonté générale

Nachdem ihr so viel über den Gemeinwillen (die *volonté générale*) gehört habt, der in der ganzen Philosophie Rousseaus den Dreh- und Angelpunkt bildet, werdet ihr fragen: Was versteht man eigentlich unter diesem Gemeinwillen, wie kann man ihn sich vorstellen? Eine berechtigte, eine schwierige Frage. Seid getröstet, Rousseau selbst zeichnet davon kein klares Bild. So viel kann man aber sagen: Es ist weder der Wille der Mehrheit noch der Wille aller.

Rousseau liefert eine Art abstrakter Formel, die vereinfacht so lautet: Es gibt zum einen ein übereinstimmendes Interesse aller, welches in erster Linie den Gemeinwillen speist, zum anderen die widerstreitenden Interessen (Rousseau nennt sie »*kleine Differenzen*«). Letztere heben sich jedoch gegenseitig auf. Das Resultat von allem ist der allgemeine Wille.

Schaut man jedoch in die Praxis, wird schnell erkennbar, dass diese Formel für die Entwicklung oder Beurteilung politischer Inhalte auch nicht weiterhilft. Letztlich ist der im Staat oder in der gewählten Regierung verkörperte Gemeinwille eine Fiktion, eine Idee vom an sich Guten, er ist also von metaphysischer, transzendenter Wesenhaftigkeit, sodass der Wille aller irren und vom Gemeinwillen verschieden sein kann, ja, der Gemeinwille entzieht sich überhaupt aller Nachprüfbarkeit.

6. Erziehung zum neuen Menschen

Mit dem Menschen der Zivilisation ließen sich vorgenannte Ideale nicht verwirklichen. Davon war Rousseau überzeugt. Es müsse eine Umerziehung beziehungsweise von Anfang an eine richtige **Erziehung** erfolgen. Deren Inhalte beschreibt er in seinem weltberühmten Roman *Émile oder über die Erziehung*, ein grundlegendes Werk der Pädagogik. Émile ist ein junger Mensch, der bis zu seinem 25. Lebensjahr für den Staat des *contract social* fit gemacht wird. Das bedeutet im Kern: Fernhalten des im Ursprung guten Menschen vom verderblichen Einfluss der städtischen Zivilisation; Vermeidung von Zwang sowie Erziehung zur Natürlichkeit, also Förderung der Sinne, des Gefühls, der Herzensbildung und der natürlichen Anlagen; in den ersten zwölf Lebensjahren noch Vernachlässigung von Tugendlehre und allem Intellektuellen, denn die Vernunft müsse sich ohne Indoktrination organisch allein aus der Natur des Zöglings entwickeln, wobei auch körperliche Kräftigung und das Erlernen eines Handwerks hilfreich seien.

Auch die sich auf der nächsten Stufe anschließende Erziehung zu moralischem Verhalten stehe in engem Zusammenhang mit dem Gefühl, denn **Tugend** leite sich nicht aus einer Philosophie, sondern aus der Tiefe des Herzens ab, woraus sich dann auch das Gewissen bilde. Auf diesem Humus gedeihe folglich auch der Staat als Träger der allgemeinen Sitten, wobei die Regierung

als Vermittler fungiere, ebenso als Überwacher möglichster Übereinstimmung zwischen dem Souverän Volk und dessen einzelnen Mitgliedern.
Schließlich sieht Rousseau auch einen Zusammenhang zwischen Gefühl und **Glauben**. Intellektuelle Gottesbeweise, von denen die Philosophiegeschichte voll ist, beeindrucken ihn nicht, ebenso wenig kirchliche Dogmen, ganz entschieden auch die christlichen nicht (Erbsünde: nein, Erlösung durch Christus: nein). Rousseau ist erfüllt von einer natürlichen Religion, die keiner Offenbarung bedürfe, da sie unmittelbar in die Herzen der Menschen dringe.

7. Kritische Fragen

Weil Rousseau in der nachfolgenden Geschichte einen so großen Einfluss ausgeübt hat, lohnt es, wenn ihr euch abschließend über seine Philosophie noch ein paar Gedanken macht. Folgende Fragen drängen sich geradezu auf:
1. Ist es den Menschen der Zivilisationszeitalter überhaupt möglich, sich von den Wissenschaften und dem vernunftgeleiteten Denken zu verabschieden und zu einem ursprünglichen, ganz an der Natur orientierten Leben zurückzukehren?
2. Hält Rousseaus Kritik am Privateigentum den geschichtlichen Erfahrungen stand? Zeugen nicht die kommunistischen und sozialistischen Gesellschaften davon, dass gerade sie prädestiniert sind, Armut zu schaffen?
3. Geht es im *contract social* letztlich nicht doch um Gleichmacherei statt um Freiheit?
4. Wer entscheidet eigentlich über den Gemeinwillen, und ist es nicht so, dass dieser entgegen der Einschätzung Rousseaus häufig vom Partikularwillen der Bürger abweicht und dann von der Obrigkeit mit Gewalt durchgesetzt wird?
5. Handelt es sich bei der Philosophie Rousseaus im Großen und Ganzen dann doch nur um eine lebensfremde Utopie?

28. Kapitel
IMMANUEL KANT
(1724–1804)

1. Ein Leben in Königsberg

Auf dieses Kapitel habe ich mich besonders gefreut, zum einen, weil es einem der größten Denker aller Zeiten gewidmet ist, zum anderen, weil es um meinen ostpreußischen Landsmann geht, auf den man nur stolz sein kann. Natürlich ist es auch eine besondere Herausforderung, sich mit diesem Genie zu befassen, auch für euch, denn Kants Gedanken sind außerordentlich tief und kompliziert, zumal auch seine Formulierungen nicht immer gleich einen Zugang erlauben. Aber es gelingt hoffentlich, auch jungen Menschen, die mit Kant noch nicht vertraut sind, verständlich zu machen, was er der Welt sagen wollte.

Ihr werdet sehen, die **Pflicht** spielt in Kants Philosophie eine große Rolle, aber so lebte er auch. Mit 16 begann er in Königsberg zu studieren, mit 21 wird er promoviert, die Habilitation folgte kurz darauf. Aber erst mit 45 wurde er nach Jahren kärglichen Broterwerbs ordentlicher Professor für Logik und Metaphysik. Er lebte weiterhin sehr bescheiden mit einem streng geregelten Tagesablauf und war bekannt für seinen Ordnungssinn und seine Pünktlichkeit. Man könnte meinen, er sei pedantisch gewesen, aber dieser höchst disziplinierte Mensch, der die Provinz Königsberg in seinen 80 Lebensjahren nie verlassen und der auch nie geheiratet hat, war ein unterhaltsamer, beliebter Gesellschafter und geschätzt wegen seines feinsinnigen und witzigen Geistes.

2. »Was kann ich wissen?«

Ihr erinnert euch an die Einleitung dieses Buchs. Da wurdet ihr auf die Frage »*Was kann ich wissen?*« schon vorbereitet. Und es ist eine der entscheidenden

Fragen Immanuel Kants. Pirschen wir uns nun Schritt für Schritt an seine Antwort heran.
Wenn es um **Wissen** geht, dann vorrangig um Wissen, welches uns die Wissenschaft vermittelt, denn sie ist nach allgemeiner Meinung spätestens seit Beginn der Aufklärung (mit Wurzeln schon in der Antike) *die* Instanz, die uns **Wahrheit** zu vermitteln vermag. Dabei steht im Rahmen wissenschaftlicher Theorien (vor allem über die Natur) die *Wenn-Dann-Beziehung*, also die **Kausalität**, im Vordergrund. Hume, den wir schon behandelt haben, stützte die Kausalität auf die Gewohnheit. Wenn eine bestimmte Ursache immer wieder dasselbe bewirkt habe, dann sei Kausalität gegeben. Nein, sagt Kant, Gewohnheit reiche nicht zur Gewissheit, darauf könne sich Wissenschaft nicht stützen. Vielmehr verlange wissenschaftliche Wahrheit Notwendigkeit und Allgemeingültigkeit. Beides erfülle Gewohnheit jedoch nicht, weil sie sich nur auf Erfahrung stütze. Diese jedoch lehre uns: 1000-mal könne ein- und dieselbe Ursache einen bestimmten Effekt haben, beim 1001. Mal jedoch einen anderen. Und weiter: Jeder Satz, der sich auf Erfahrung berufe, sei durch Erfahrung widerlegbar, mehr als Wahrscheinliches biete sich uns nicht. Aber wenn nun die Erfahrungen, die wir mit der Welt machen, keine Gewissheit liefern, was sonst kann uns sicher machen, dass es sich um Wahrheit handelt, wenn wir etwas beobachten? Kant meint, Gewissheit gewännen wir nicht durch außerhalb unseres Geistes befindliche Objekte, sondern Gewissheit liege in uns selbst, sei in unserem Geist begründet. Und warum? Unser Erkenntnisvermögen setze sich zusammen aus Anschauen und Denken. Das Denken stehe nun aber zwingend unter bestimmten Vorbedingungen, ohne die kein Mensch denken könne. Sie seien also konstitutives Element des Geistes und damit des Denkens. Und weil das so geartete Denken zwingend sei, führe es uns zu (wissenschaftlicher) Wahrheit. Und daraus folge: Wahrheit zu suchen mittels der Wissenschaften, sei legitim.
Soweit ein erster Einstieg. Natürlich könnt ihr jetzt noch nicht wissen, ja nicht einmal erahnen, warum unser Geist und nicht bloße Erfahrung zuverlässige Erkenntnisse zu liefern vermag. Wir kommen der Sache jedoch näher, wenn wir fragen, welche denn die Vorbedingungen für Kant sind, unter denen wir denken. Es geht also um die Untersuchung des Denkens selbst. Dann erst

schließt sich die Frage an, warum diese Vorbedingungen dazu führen sollen, dass es unser Geist ist, der uns zwingende Wahrheiten liefert, und nicht die Erfahrung.

3. »Reine Vernunft«

Kritik der reinen Vernunft, so lautet Kants erstes Hauptwerk. In diesem untersucht er, wie der Mensch denkt, das Thema ist also unser **Denk- bzw. Erkenntnisapparat.** »*Kritik*« bedeutet hier Beurteilung und »*rein*« die Ausblendung aller Erfahrung, die nach Kant erst durch die reine Form des Denkens ermöglicht werde. Um ihn zu verstehen, kann ich euch nun aber einige schwierige Begriffe, mit denen Kant arbeitet, nicht vorenthalten. Sie zeigen jedoch auch, wie akribisch Kant vorgeht.

Es beginnt mit der Aussage: Unser Geist urteile sehr unterschiedlich. Kant unterscheidet nämlich

a) *analytische* und

b) *synthetische Urteile* sowie

c) *Urteile a priori* (vor jeder Erfahrung) und

d) *Urteile a posteriori* (nach gemachter Erfahrung).

Beispiele sollen das jetzt erläutern. Die Bedeutungen von c) und d) ergeben sich schon aus den Klammern. Jetzt ein Beispiel zu a): Der Kreis ist rund. Das ist ein *analytisches* Urteil, denn die Rundheit ist dem Kreis von Haus aus eigen. Es wird keine Aussage, kein Attribut hinzugefügt. Beispiel zu b): Der Ball ist kaputt. Dieser Zustand ist einem Ball nicht zwingend gegeben. Es wird dem Ball also etwas hinzugefügt, sodass sich eine Synthese, also ein *synthetisches* Urteil aus *Ball* und *kaputt* ergibt.

Kant untersucht nun die verschiedenen Urteile und kommt zum Ergebnis, dass nur eines von ihnen wissenschaftlich sei. Gehen wir sie durch. **Analytische** Urteile brächten nichts Neues, denn dass der Kreis rund sei, wisse man, weil es nur runde Kreise gebe. Es werde also nur der Inhalt eines Begriffs erläutert. Auch **synthetische Urteile a posteriori** seien nicht wissenschaftlich, denn sie beruhten auf Erfahrung, die, wie ausgeführt, nicht notwendig und allgemeingültig sei. Anders jedoch die **synthetischen Urteile a priori**, also die Urteile, die darauf beruhen, dass sich in unserem Geist schon von Haus aus (also vor jeder Erfahrung) etwas befindet, das gleichsam eine ordnende Kraft besitzt. Ein Satz als Beispiel: »Die Marmelade ist rot und süß.« Das seien zunächst zwei Attribute, die nichts miteinander zu tun hätten, eine Farbe und ein Geschmack. Es sei nun unser Geist, der diese Attribute ordnend in einen Zusammenhang bringt. Und für Kant ganz wichtig: Diese Ordnung gehe nicht vom Objekt, also der Marmelade, aus, sondern es sei unser Geist, der alles auf eine bestimmte Weise zusammenfüge. Damit sind wir wieder einen Schritt weiter.

Aber die nächste Frage drängt sich schon auf: Was in unserem Geist ist es denn, das Ordnung herstellt, und zwar *a priori*, also etwas, das Ordnung herstellt, jedoch gerade nicht durch Erfahrungen, die wir per sinnlichen Eindrücken gewonnen haben? Anders ausgedrückt: Wie funktioniert unser Geist, unser Denken? Und was ist bei diesem a priori das Zwingende, das Notwendige, das für jeden Menschen gilt, wenn er denkt? Die apriorischen Formen werden also im Subjekt selbst gesucht, Formen, die Ordnung schaffen und den Geist befähigen, Urteile zu fällen, und zwar synthetische Urteile a priori, also Urteile, die das Objekt, sprich: die Wirklichkeit, erst schaffen. Diese Suche nach dem, was unseren Geist vor aller Erfahrung ordnet, steht im Zentrum von Kants Philosophie. Das behandeln wir im nächsten Abschnitt.

4. Was geschieht mit unseren Sinneswahrnehmungen?

Nochmals: Wie funktioniert unser Denken, das Denken eines jeden Menschen? Was liegt folglich jeder Erfahrung und jedem Denken zugrunde? Es ist eine ganz bestimmte Disposition unseres Geistes. Auf diesen Geist treffen Gegenstände unterschiedlichster sinnlicher Wahrnehmungen. Was macht unser Geist mit ihnen? Anders ausgedrückt: Wie ist unser **Empfindungsvermögen** eingerichtet, also strukturiert? Wie ordnet der Geist den komplexen, rohen Stoff unserer Wahrnehmungen? Das geschieht nach Kant auf dreierlei Weise. Die erste ist die, welche Kant unter dem Begriff *transzendentale Ästhetik* behandelt, wobei *transzendental* bedeutet: Es geht um eine Erkenntnisfunktion vor jeder Erfahrung (zu unterscheiden von *transzendent* = übersinnlich, über Erfahrung hinausgehend). Auf dieser ersten Stufe werden die Eindrücke, die wir durch die Sinne erfahren, zu Anschauungen in Raum und

Zeit geordnet. Nie lassen sich **Raum** und **Zeit** hinwegdenken, kein Denken ohne Raum und Zeit. Raum und Zeit sind also nicht Produkte der Erfahrung, sondern machen Erfahrung erst möglich, sind Bedingungen (a priori) der Erfahrung. Sie werden zwar als wirklich erlebt, sind aber doch nur – wie Kant betont – ideale Formen a priori des (eher passiven) Empfindungsvermögens. Es handele sich bei Raum und Zeit auch nicht um Attribute der Dinge, sondern, wie gesagt, nur um Voraussetzungen dafür, dass wir überhaupt etwas erkennen können. Schließlich – und das sah Newton ganz anders – existieren Raum und Zeit auch nicht außerhalb und unabhängig vom wahrnehmenden Menschen, sondern nur in dessen Geist.

Ahnt ihr schon, welche Konsequenzen das hat? Welche Wirklichkeit erleben wir dann eigentlich? Wenn Raum und Zeit nicht ohne den Menschen existieren, wenn jene nicht Eigenschaften der Dinge sind, sondern nur Bedingungen unserer Erfahrung, dann stoßen wir nicht auf die *Dinge an sich*, nicht auf die eigentliche, sondern immer schon durch unseren Geist gedeutete Wirklichkeit. Wir haben es also nur mit dem zu tun, was uns *erscheint*. Folgerichtig sind es für Kant auch nur **Phänomene**, die wir erkennen. Zwar leugnet er nicht ein objektives Sein unabhängig von unserem Bewusstsein, aber zugänglich sei es uns nicht.

5. Der Geist hat noch weitere Aufgaben

Wir sind immer noch bei der Frage, was unser Geist leistet, um Erkenntnis (eben auch wissenschaftliche Erkenntnis) zu ermöglichen. Das Erste war die Ordnung unserer sinnlichen Erfahrungen durch die apriorischen Formen von Raum und Zeit. Jetzt kommt der **Verstand** an die Reihe, was Kant unter dem Begriff der **transzendentalen Logik** behandelt. Was sind die Aufgaben des Verstandes, sprich: des Denkens?

Zunächst einmal: Auch der denkende, aktive Verstand, den wir vom passiven, empfangenden Empfindungsvermögen unterscheiden müssen, ordnet unseren Geist mithilfe von erfahrungsunabhängigen Formen a priori, so wie es Raum und Zeit tun. Das heißt: Auch das *Denken* des Menschen geschieht ebenso wie das sinnliche Wahrnehmen nur unter Bedingungen. Denken bedeutet Ordnen, Zusammensetzen, Herstellen, also ein Erschaffen aus dem

Stoff, der über die sinnlichen Wahrnehmungen in unseren Geist Eingang findet. Mit einem Wort: Hier erfolgt eine **Synthese**, womit wir wieder bei dem Begriff des *synthetischen Urteils (a priori)* angelangt sind. Und im Folgenden werdet ihr erfahren, wie sich Kant den Vorgang dieser Synthese im Verstand vorstellt.

Die Formen a priori, die die Synthese im Geist vornehmen, nennt Kant **Verstandesbegriffe** oder auch *Kategorien des Verstandes*. Es handelt sich um Ordnungsfaktoren, die Begriffe zu Urteilen verknüpfen, also um Werkzeuge des Urteilens und Denkens. Solche Kategorien beziehungsweise Begriffe (wir kommen gleich zu ihnen) seien unverzichtbar. Kants berühmter Satz hierzu lautet: »*Begriffe ohne Anschauungen sind leer; Anschauungen ohne Begriffe sind blind.*« Die Begriffe, mit denen Kant die Arbeit des Verstandes beschreibt, wären nicht aussagekräftig, sondern nur reine Form, wenn es das durch sinnliche Wahrnehmungen und Eindrücke gespeiste Empfindungsvermögen nicht gebe, umgekehrt wären die Anschauungen diffus ohne Einordnung unter Begriffe. Wir sehen wieder: Erkenntnis setzt **Empfindung** *und* **Verstand** voraus. Und weiter: Kant versöhnt, indem er für Erkenntnis beides voraussetzt, Empirismus (Vorrang der Erfahrung) und Rationalismus (Vorrang der Vernunft).

Nun aber zu Kants **Verstandeskategorien**, den Grundbegriffen des reinen Verstandes, wie er sie bezeichnet. Er nennt und behandelt ausführlich vier Gruppen von je drei Kategorien, die unseren Urteilen zugrunde lägen.

1. **Quantität** (Einheit, Vielheit, Allheit); dabei geht es um singuläre, partikuläre und allgemeine Urteile;
2. **Qualität** (Realität, Negation, Limitation), also bejahende, verneinende und begrenzende Urteile;
3. **Relation**, vor allem Ursache und Wirkung (Kausalität) sowie Inhärenz (Verknüpfung von Eigenschaften mit den Dingen), Subsistenz (Bestehen durch sich selbst) und Wechselwirkung in der Gemeinschaft;
4. **Modalität** (Notwendigkeits-, Möglichkeits- und Tatsächlichkeitsurteile). Diese Aufzählung soll hier genügen.

Greifen wir aber noch einmal auf die **Kausalität** zurück (die wichtigste Kategorie bei Kant), um zu verdeutlichen, was er meint. Hume schloss, wie wir hörten, die Kausalität aus der Gewohnheit. Das jedoch genüge für wissenschaftliche Urteile, die notwendig und allgemein sein müssten, nicht, erklärt Kant. Als Kategorie sei die Kausalität zwingender Teil des Verstandes, weil ohne Kausalität nicht gedacht werden könne. Da haben wir es wieder: das *synthetische Urteil a priori*, mithilfe der Kausalität als a-priori-Erkenntnisform durch den Verstand gebildet, womit das Urteil für Kant ein notwendiges und allgemeines ist.

6. Passen die Kategorien überhaupt zur Wirklichkeit?

Sind die »reinen« Begriffe (Raum, Zeit) und die Kategorien, also etwa die Kausalität, überhaupt geeignet, um die Wirklichkeit der Welt zu erfassen? Es könnte ja sein, dass die Kategorien auf eine chaotische Realität stoßen und nichts zusammenpasst, die Kategorien ihr also gar nicht entsprechen. Denn Wissenschaftlichkeit erfordert ja, dass die Kategorien objektiv, folglich notwendig und allgemeingültig, sind. Kant löst das mit der ***transzendentalen Apperzeption***. Der Begriff wird euch schocken, aber ihr werdet gleich verstehen, was es damit auf sich hat.

Zunächst zum Begriff: *transzendental* haben wir als »vor der Erfahrung« kennengelernt. Und *Apperzeption* ist das Denken des Verstandes, welches etwas erfasst und in einen Bewusstseinszusammenhang einordnet. Nun konkret zu Kant: Es geht ihm um die wissenschaftliche Wahrheit. Wir erinnern uns: Sie speist sich aus der sinnlichen Erfahrung *und* der Erkenntnis im Geist (durch »*reine*« Begriffe und Kategorien). Nun das Entscheidende: Die genannten Begriffe und der gedachte und geschaute Gegenstand widersprechen sich nach Kant gar nicht, sondern der Gegenstand werde erst im Denken hergestellt. Denken und Herstellen seien also ein und derselbe Akt. Es existiere nicht etwas, das man sich dann denke, auch stelle man im Geist nicht etwas her, ohne zu denken. Bewusstsein und der gedachte Gegenstand im Bewusstsein seien also das Gleiche.

Jetzt wird deutlich, warum es oben hieß, dass es für Kant das *Ding an sich* nicht gebe. Der Mensch erfasse ein Objekt nur so, wie es in seinem Bewusstsein erscheint. Das ist Kants berühmte »***Kopernikanische Wende***«, wie er selbst es formuliert. Ihre Konsequenzen sind weitreichend, und wir stoßen hier auf einen Vorläufer des **Idealismus**, der uns in den nächsten Kapiteln noch beschäftigen wird. Und was bedeutet die *Kopernikanische Wende* für die Naturgesetze? Wenn es unser Verstand ist, der die Objekte der Natur erfasst und nach den a-priori-Regeln zueinander in Beziehung setzt, dann liefert uns nicht die Natur die für sie geltenden Gesetze, sondern wir tragen die Gesetze gleichsam an die Natur heran, auch wenn die Gesetze durch die (von uns erfahrene) Natur ausgelöst sind. Und weiter: Wenn auf diese Weise Welt und Geist identisch sind, also kein Widerspruch zwischen beiden besteht, dann ist unsere Erkenntnis, so Kant, nach wissenschaftlichem Anspruch wahr.

7. Was treibt uns an?

Oben hieß es, dreierlei spiele sich in unserem Geist ab, um zu Erkenntnis zu gelangen. 1. und 2. haben wir behandelt, nämlich das Empfindungsvermögen (Anschauungen durch sinnliche Erfahrung) sowie die Arbeit des Verstandes (»*reine*« Begriffe – nämlich Raum und Zeit – sowie die Kategorien wie etwa die Kausalität).

Was noch fehlt, ist etwas, das uns überhaupt antreibt, erkennen zu *wollen*. Das ist für Kant die **Vernunft** (hier im engeren Sinne, nicht die Geistestätigkeit als Ganzes). Ihre Aufgabe handelt er unter dem Begriff der »***transzendentalen Dialektik***« ab. »*Transzendental*« meint – das könnt ihr euch jetzt schon denken – wieder ein **a priori**, und zwar jetzt eine dem menschlichen Geist vorgegebene Bedingung seines Wirkens. Welches Wirken ist gemeint? Es ist dies 1. das Drängen nach sinnlicher Wahrnehmung und 2. das Ordnen des Wahrgenommenen im Verstand. Dabei unterscheidet Kant drei Elemente der Vernunft. Er nennt sie *Ideen*, als da sind: *Seele*, *Welt* und *Gott*. Alle drei seien keine *Phänomene*, keine Gegenstände der Erkenntnis, also nichts zum Anschauen, weil wir bei transzendenten Dingen (hier wirklich »transzendent«, nicht »transzendental«) keine Möglichkeit der Anschauung hätten.

Im Einzelnen:

1. die **Seele**: Als dem Geist Vorgegebenes lenke sie uns, aber wir wüssten nicht, was sie sei. Nie werde sie uns als Ganzes zum erkennbaren Gegenstand. Ob solche Sicht, die die Seele nur transzendental (ein a priori!) und damit auch das Ich nur als ein logisches begriffen, dem konkreten,

wirkenden und fühlenden Menschen tatsächlich gerecht wird, steht auf einem anderen Blatt. Denkt einmal darüber nach.
2. die **Welt**: Auch sie sei nur eine *Idee*. Teile von ihr könnten wir erfassen, aber nie die Welt als Totalität. Wir wüssten nicht, ob die Welt endlich oder unendlich ist, ob ihre Materie bis ins Unendliche teilbar ist oder nicht, ob nur der Zufall herrscht oder doch etwas herrschendes Notwendiges existiert, und schließlich, ob für den Menschen alles festgelegt oder doch freiheitliches Handeln möglich ist.
3. **Gott**: Es sei erinnert: Nach Kant sind Begriffe ohne Anschauung leer, von Gott hätten wir aber eben keine Anschauung. Also sei auch er nur eine *Idee*, eine – wie Seele und Welt – *regulative*, nicht im Geist konstitutiv, also herstellend wirkende, sondern den Menschen zu Erkenntnis antreibende, die Verstandestätigkeit regelnde Idee. Kant stellt es sich so vor, dass wir leben sollten, 1. »als ob« wir über eine Seele verfügten, 2. »als ob« die Welt der Phänomene als Totalität bestehe und vom Prinzip strenger, Freiheit ausschließender Kausalität beherrscht sei und 3. »als ob« Gott existiere. Zum Atheisten macht dies Kant jedoch nicht. Nein, er sagt nur, Gott sei kein Gegenstand (wissenschaftlicher) Erkenntnis. Man könne seine Existenz nicht beweisen, aber – wie wichtig ist dies – auch nicht widerlegen. Wörtlich betont Kant: »*Ich musste das Wissen aufheben, um zum Glauben Platz zu bekommen.*«

8. Was soll ich tun?

Auch diese Frage kennt ihr bereits aus der Einleitung. Kant behandelt sie in der *Grundlegung der Metaphysik der Sitten* und der *Kritik der praktischen Vernunft*. »Praktisch« hat nichts mit Handwerkskunst zu tun, sondern meint Entscheidungen, die der Mensch bezogen auf **moralisches** Verhalten trifft. Kant liefert keine konkreten Handlungsanweisungen, die ja von Kultur zu Kultur auch sehr unterschiedlich wären, sondern führt uns wieder zu einem *a priori*. Es geht um die unseren moralischen Entscheidungen zugrunde liegenden Bedingungen, also um die Frage, unter welchen Bedingungen moralische Entscheidungen überhaupt möglich sind.

Damit sind wir bei dem, womit Kant auf breiter Basis vor allem berühmt geworden ist: dem **kategorischen Imperativ**, den wir zunächst einmal als *unbedingtes Gebot* bezeichnen wollen. Kant hat dafür eine Formel entwickelt, die wir aber nur verstehen, wenn wir uns Schritt für Schritt seinen Gedanken annähern. Deshalb bitte noch etwas Geduld.

Der Kern der Sache: Eine Handlung ist für Kant dann nicht von moralischem Wert, wenn mit ihr irgendein Ziel verfolgt wird, zum Beispiel Ansehen oder Belohnung. Ein mit solchem Motiv verbundenes Handeln wäre nur der von Kant sogenannte *hypothetische Imperativ*, das zweite Element der *praktischen Vernunft*. Wirkliches moralisches Handeln im Sinne des *kategorischen Imperativs* habe dagegen **zweckfrei** zu erfolgen. Voraussetzung sei allein der **gute Wille**, der geprägt sei vom *ich soll*, vom Gesetz, das der Wille sich selbst gebe, nach Kant eine Pflichterfüllung, die in Freiheit geschehe. Das mag erstaunen, denn wie passen Pflicht und Freiheit zusammen? Empfinden wir heute nicht gerade bei der Auferlegung von Pflichten Zwang, das heißt Unfreiheit? Kant sagt, dass *der* nicht frei entscheide, der äußere Folgen berücksichtige, also, wie erwähnt, zum Beispiel nach Belohnung schiele. Denn in seine Entscheidung fließe Erfahrung ein, Erfahrung, aus der Ziele erwüchsen, die es jedoch gerade auszublenden gelte. Frei sei dagegen jener, der erkläre: Bei allen Versuchungen, irgendwelchen äußeren Einflüssen nachzugeben, sage ich »nein«, ich unterwerfe mich nicht den Zwängen und Verlockungen der (Erfahrungs-)Welt, sondern entscheide mich aus freien Stücken für die Erfüllung der Pflicht und folge allein dem moralischen Gesetz in mir.

Kant lehrt uns in diesem Zusammenhang noch einen weiteren Satz: »***Du kannst, denn du sollst.***« Er meint, das Sollen wäre unter dem Aspekt der Moral sinnlos, wenn der Mensch nicht wählen, also nicht frei entscheiden könnte. Ihr werdet vielleicht fragen: Gibt es so etwas, kann der Mensch überhaupt etwas Gutes tun wollen, ohne an die Folgen seines Verhaltens zu denken, ohne etwas damit zu bezwecken? Ja, denkt nur an Sokrates: Indem er den Schierlingsbecher trank und nicht um sein Leben kämpfte, folgte er seiner autonomen Pflicht, dem moralischen Gesetz in ihm. Aber wir müssen gar nicht so in die Ferne schweifen. Wer wirklich liebt, tut dem anderen Gutes um des Guten selbst willen und fragt nicht nach etwaigen Vorteilen seines Handelns.

Ihr erinnert euch hier vielleicht an das oben zur Erkenntnis Ausgeführte, wo es um die a prioris im Geist (Raum, Zeit und Kategorien) ging. Das **moralische Gesetz** im Menschen, das nach einem *guten Willen* verlangt, ist nun nach Kant ebenfalls ein solches a priori, ist unbedingt, also absolut, und damit – wie die a prioris bei der Erkenntnis – notwendig und allgemeingültig, weil im Geist als Form angelegt. Wenn wir das verstanden haben, können wir jetzt auch zur wörtlichen Formulierung des Kantschen *kategorischen Imperativs* kommen. Er lautet: »*Handle so, dass die Maxime deines Willens jederzeit zugleich als Prinzip einer allgemeinen Gesetzgebung gelten könne.*« Wohlgemerkt: Es heißt nicht, dass der Wille ... Prinzip einer ... Gesetzgebung sein könne, auch nicht, dass die Entscheidung Modellcharakter für andere besitzen solle, nein, es geht um die »*Maxime deines Willens*«. Sie ist nicht der *gute Wille* selbst, sondern sie ist das Gesetz, auf das sich der *gute Wille* bezieht, woraus er sich erst ableitet. Ein Beispiel: Nehmen wir Gerechtigkeit als Maxime. Ihr zu folgen, kann je nach Situation sehr unterschiedliches Verhalten bedeuten. Aber wie auch immer, zwingende Voraussetzung für moralisches Verhalten ist, dass sich der Handelnde an der Gerechtigkeit orientiert, dass also diese (überall gültige und notwendige) Maxime seinen Willen bildet.

Wir müssen aber noch etwas klären, über das ihr vielleicht auch schon gestolpert seid: In der *Kritik der reinen Vernunft* meinte Kant, dass wir vom Kausalitätsprinzip ausgehen müssten, was ja eine Begrenzung der Freiheit beziehungsweise sogar deren Nichtexistenz bedeuten würde, in der *Kritik der praktischen Vernunft* dagegen setzt Kant die **Willensfreiheit** des Menschen voraus, weil dieser sich sonst ja gar nicht für oder gegen das moralische Gesetz entscheiden könnte. Kant löst diesen Widerspruch so, dass er für das Reich der Erfahrung, also das Reich der Erscheinungen (der Phänomene), von durchgängiger Kausalität ausgeht, die Freiheit sei jedoch kein Phänomen der äußeren Welt. Wir erlebten Freiheit nur in unseren Entscheidungen, dort sei sie nicht hinwegzudenkende Voraussetzung des moralischen Sollens.

Und wie steht es mit der **Seele**? In der *Kritik der reinen Vernunft* sprach Kant nur davon, dass wir leben könnten, »als ob« wir eine Seele hätten. Auch in der *Kritik der praktischen Vernunft* will er sie nicht beweisen, erhebt sie aber zum Postulat, sogar eine *unsterbliche Seele*. Warum ist sie ihm wichtig? Gerechtigkeit sei ein rares Gut auf Erden, und danach streben dürfe man wegen des *kategorischen Imperativs*, welcher Zweckfreiheit des moralischen Handelns verlange, ohnehin nicht. Daher bedeute die Pflichterfüllung des Menschen immer wieder auch eine Beschränkung des Glücks. Das würde jedoch kompensiert, wenn er in seiner Seele eine Hoffnung tragen dürfte, dass *nach* dem Leben in der irdischen Welt der Phänomene Pflicht und Glück in irgendeiner Weise doch noch versöhnt würden.

Der *kategorische Imperativ* ist schließlich nicht zu denken ohne **Gott**. Wie auch in der *Kritik der reinen Vernunft* will Kant ihn nicht beweisen, denn wir hätten nun einmal weder Begriff noch Anschauung von ihm. Gott als Phänomen zu betrachten, sei der Irrtum der traditionellen Gottesbeweise. Aber mit der *Kritik der reinen Vernunft* meint Kant, wie oben dargestellt, dem Glauben den Boden bereitet zu haben. Und erst der Glaube an Gott ermögliche es dem Menschen, mit der Moral ernst zu machen.

Nach alledem werdet ihr verstehen, was Kant ausdrücken wollte, wenn er schrieb: »*Zwei Dinge erfüllen das Gemüt mit immer neuer und zunehmender Bewunderung und Ehrfurcht, je öfter und anhaltender sich das Nachdenken damit beschäftigt: Der bestirnte Himmel über mir und das moralische Gesetz in mir.*«

9. Was darf ich hoffen?

Und damit sind wir bei der dritten Frage aus der Einleitung dieses Buchs. Auch sie stammt von Kant. Er behandelt sie in der *Kritik der Urteilskraft*. Da wir uns nun schon vergleichsweise viel mit Kant beschäftigt haben und auch noch andere Philosophen warten, fassen wir das Wesentliche zu dieser dritten Frage in aller Kürze zusammen.

Warum könnten wir überhaupt urteilen, fragt Kant. Weil wir etwas für andere (oder auch nur für uns) verständlich ausdrücken *wollen*, was nur gelinge, wenn wir einem Gedanken, sei es ein Urteil über die Moral oder über die Natur, Sinn verleihen. Dieses Ziel der **Sinnhaftigkeit eines Urteils** lasse sich vernünftigerweise nicht hinwegdenken. Aber: Ziel bleibe Ziel, also eine Zweckverfolgung, was Kant doch gerade so bekämpft. Warum tut er dies? Wir blicken zurück: Zweckmäßigkeit, also Finalität, passt für Kant zum einen wegen der strengen Kausalität in der Welt der Phänomene nicht mit dem

Kategoriensystem zusammen (wir erinnern uns: Kausalität als a-priori-Kategorie, wo kein Platz für Subjektives sei), ebenso wenig aber mit dem kategorischen Imperativ, wonach der Mensch seine Pflichten um der Moralität willen zweckfrei zu erfüllen habe. Zweckverfolgung widerspricht also Kants anderen beiden *Kritiken*.

Da aber Zwecke aus dem Leben nun einmal nicht hinwegzudenken sind und Kant eine Brücke bauen möchte zwischen einerseits der strengen, Freiheit ausschließenden Kausalität in der Welt der Phänomene (vor allem der Natur, dem Gegenstand theoretischer Vernunft) und andererseits der Moral, die ja Freiheit gerade voraussetzt (Gegenstand der praktischen Vernunft), sucht er – wieder auf der Ebene der a prioris – nach Bereichen, wo er sinnstiftende Zwecke doch als legitim anerkennen kann. Er findet sie in der **Welt der Lebewesen**, wo nicht alles mit mechanischer Kausalität erklärt werden könne, sondern man sich mittels *reflektierender Urteilskraft* (die im Besonderen das Allgemeine sieht) jedes Organ so vorstelle, dass es im Interesse eines Ganzen *zielgerichtet* im Dienst der anderen Organe wirke. Man muss nur wissen: Diese Idee der Zweckmäßigkeit hat für Kant eine ähnliche Funktion wie die oben behandelten Ideen *Gott*, *Welt* und *Seele*, die den Menschen zu sinnlicher Erfahrung und das Erfahrene im Geist zu ordnen, drängen. Sie alle stellen im Geist nichts her, haben also keine konstitutive Wirkung, sondern ihre Aufgabe ist eine den Verstand regelnde. Genauso verhält es sich für Kant auch mit der Zweckmäßigkeit in allem Schönen in Natur und Kunst sowie auch im Erhabenen, denn auch hier sei Zweckmäßigkeit nur ein regulatives a priori, also ein transzendentales Element des reflektierenden Urteils. Kant nennt es Geschmacksurteil. Der Betrachtung zum Beispiel einer schönen Skulptur liege a priori Folgendes zugrunde:
1. ein von keinen Interessen gesteuertes Wohlgefallen
2. das Gefühl, dass sich alles Einzelne ins Ganze harmonisch einpasst,
3. das Schönheit empfindende Urteil entspricht allgemeinem Wohlgefallen.

Nun können wir zur Ausgangsfrage dieses Abschnitts zurückkommen: *Was darf ich hoffen?* Kant hat in der *Kritik der Urteilskraft* mit der Zweckmäßigkeit die Brücke geschlagen zwischen der sinnlichen und der moralischen Welt, das heißt, zwischen determinierter Natur und Freiheit. Dazwischen bewege sich der Mensch. Nochmals: Was also darf ich nach Kant hoffen? Die Summe der drei *Kritiken* kulminiert geradezu in dieser Frage. Ich darf an Gott glauben, ich darf an meinen freien Willen und an die unsterbliche Seele glauben, ich darf nach Erkenntnis streben, ja vor allem nach Glück. Das »***höchste Gut***«, das Zusammenstimmen von Sittlichkeit und Glückseligkeit, werde ich jedoch nicht verwirklichen, wenn ich nicht meine Pflichten erfülle, wenn ich nicht moralisch handele, und zwar nach dem von mir selbst gegebenen moralischen Gesetz, das im *kategorischen Imperativ* wurzelt. In diesem Glücksstreben darf ich niemand anderem vertrauen, auch nicht Gott, denn Maßstab ist allein meine eigene Moralität.

Noch vieles von Kant wäre es wert, behandelt zu werden: Staats-, Geschichts-, Religionsphilosophie. Aber es soll genug sein. Ihr könnt euch das alles selbst erarbeiten. Aber an eine weitere Frage Kants vom Anfang dieses Buchs soll doch noch erinnert werden: *Was ist der Mensch?* Vieles habt ihr jetzt dazu erfahren, wie Kant diese Frage beantwortet. Runden wir das Kapitel damit ab, wie er den Menschen zum Geist der *Aufklärung* in Beziehung setzt. Das wird das Verständnis für die Philosophie dieses großen Mannes weiter fördern: »*Aufklärung ist der Ausgang des Menschen aus seiner selbst verschuldeten Unmündigkeit. Unmündigkeit ist das Unvermögen, sich seines Verstandes ohne eines anderen zu bedienen.*«

29. Kapitel
JOHANN GOTTLIEB FICHTE
(1762–1814)

1. Durch Zufall plötzlich berühmt

Fichte stammte aus ärmlichen Verhältnissen. Sein Vater war Bandwirker, also Weber. Als Junge verbringt der in der Oberlausitz geborene Fichte den Tag mit Gänsehüten. Einmal ist sein Gutsherr traurig, eine Predigt versäumt zu haben. Man bedeutet ihm, der Gänsehüter Fichte behalte alle Predigten im Kopf. Und in der Tat wiederholt er auch diese vom Gutsherr versäumte Predigt nicht nur von A bis Z, sondern auch perfekt in Ton und Gestik des Pfarrers. Der Gutsherr ist so beeindruckt, dass er dem jungen Burschen die Ausbildung finanziert, zunächst den Besuch des schon damals renommierten Gymnasiums Pforta, wo schon vor ihm Klopstock und später Nietzsche die Schulbank drückten, sodann das Studium der Theologie und des Rechts in Jena und Leipzig. Als die Unterstützung endet, darbt Fichte als Hauslehrer. In dieser Zeit stößt er auf die Werke von Kant. Sie begeistern Fichte dermaßen, dass er sich sogleich zu ihm nach Königsberg aufmacht. Wird der ihn beachten? Zunächst reagiert Kant zurückhaltend. Um ihn aber doch zu beeindrucken, legt Fichte dem berühmten Mann nach nur vierwöchiger Arbeit eine Schrift mit dem Titel *Versuch einer Kritik aller Offenbarung* vor. Kant ist von ihr angetan und sorgt für Veröffentlichung. Und schon ist Fichte berühmt, allerdings auf kuriosem Weg. Durch ein Versehen war die Abhandlung ohne Nennung des Autors erschienen. Alle Welt dachte: Das ist die schon lange erwartete Schrift Kants zur Religion. Kant klärte das natürlich auf, und Fichtes Karriere startete.

Sie enthält diverse Stationen, was nicht zuletzt an Fichtes ungestümem, grimmigem, keinen Widerspruch duldendem Wesen lag. Der namhafte Jurist Anselm Feuerbach nennt ihn ein »unbändiges Tier«. Nach einer mehrjährigen

Professur in Jena, die ihm Schiller verschafft hatte (zu Fichtes Hörern zählten Hölderlin, Schelling und Novalis) und die mit einem Atheismusvorwurf endete, lehrte Fichte kurz in Erlangen, arbeitete als Zensor der *Hartungschen Zeitung* in Königsberg und wurde 1810 schließlich an die neu gegründete Berliner Universität berufen, zu deren ersten Rektor man ihn wählte.

2. Ist Fichte ein Wahnsinniger?

Jedenfalls meint dies der walisische Philosoph Bertrand Russell, zu dem wir noch kommen werden. Fichtes Wissenschaftslehre grenze an Wahnsinn, schreibt Russell tatsächlich. Das macht die Sache spannend. Werfen wir also einen näheren Blick auf Fichtes Konzeption. Es empfiehlt sich, dass ihr euch zunächst noch einmal die Grundgedanken **Kants** zu Gemüte führt. An diesen knüpft Fichte nämlich an. Wissen erwirbt sich der Geist nach Kant mittels der *reinen Begriffe* (Raum, Zeit) und der *Kategorien* (u. a. Kausalität). Das hält Fichte für nicht vollendet, weil es bei Kant in Wahrheit gar nicht um (erfahrungs*un*abhängige) reine Geistestätigkeit gehe. Denn seine Kategorien stammten ja aus der Erfahrung, also der Welt außerhalb des Geistes. Und warum sei dies so? Weil Kant noch an das »*Ding an sich*« glaube, das – wie mysteriös auch immer – auf den Geist Wirkungen entfalte. Außerdem: Wie könne Kant von einer wirklich freien, spontanen, *reinen* Geistestätigkeit ausgehen, wenn der Erkenntnisprozess doch immer wieder von außen von diesem »*Ding an sich*« beeinflusst werde? Und nicht zuletzt: Wie soll etwas *Ungeistiges* wie das »*Ding an sich*« überhaupt auf Geist beziehungsweise Bewusstsein wirken können?

Allerdings räumt Fichte ein, dass sich weder seine eigene noch Kants Position beweisen ließen. Wie man sich letztlich entscheide, hänge davon ab, was für ein Mensch man sei. Und Fichte sieht sich als Mensch der **Freiheit** und der **Tat**, Tat deshalb, weil er sich *aktiv* für das »*Ich*«, und zwar das unabhängige »*Ich*«, entscheidet, dessen Erkenntnisstreben nicht von einem von außen kommenden »*Ding an sich*«, das heißt, von irgendeinem geistfremden Stoff genährt werden wolle. Fichte meint hier aber etwas Grundsätzliches, wir dürfen uns den freien Geist folglich nicht als individuellen eines bestimmten Menschen vorstellen, sondern es geht für Fichte um das (so nannte Kant es)

»*allgemeine Bewusstsein*«, um das »*absolute Ich*«, auf das sich der gesamte Weltinhalt gründe. Mit dieser Sicht wurde Fichte zum Schöpfer des *absoluten Idealismus*, der weitreichende Folgen in der Philosophie zeitigen sollte. Zur Klarstellung: *Idealismus* bedeutet hier nicht Glaube an Ideale, sondern die Überzeugung, dass das rein Geistige (die Idee) die **objektive Wirklichkeit** sei. Der Mensch schaffe sich frei schöpfend nur Bilder: Der **Geist** ist alles, und allein er ist es, der alles aus dem Nichts erschafft – wirklich alles: das ganze Sein.

3. Was tut das »Ich«?

Wenn der Geist bei der Erlangung von Wissen frei sein will von der äußeren Welt, vom *Ding an sich*, dann muss sich der **Erkenntnisprozess**, der für Fichte ja zugleich Schaffung von Wirklichkeit bedeutet, ausschließlich im Bewusstsein des Menschen abspielen. Aber wie geschieht das? Für Fichte sind es drei Stufen, die das Erkennen notwendigerweise durchläuft, ein **dialektischer** Prozess, der euch sicher vertraut ist: *These*, *Antithese* und *Synthese*. Wir kommen gleich dazu, was auf diesen drei Stufen geschieht. Fichte meint, anders als diese drei Stufen durchlaufend könne der Mensch nicht denken und erkennen. Das mache das Bewusstsein (worauf auch Kant – so Fichte – vergeblich gezielt hatte) zu einem erfahrungsunabhängigen, folglich »*reinen*« Bewusstsein, womit wir wieder beim transzendentalen **a priori** angekommen sind, also dem, was der Arbeit des Geistes, jedes Geistes, zwingend vorgegeben ist.

Zurück zu Fichtes drei Stufen der Erkenntnis. Wir dürfen sie uns nicht als ein zeitliches Nacheinander, sondern nur in logischer Verknüpfung vorstellen.

1. Zunächst die **These**: »*Ich bin ich*« und ohne *Ich* keine Erkenntnis. Dieses *Ich* müsse aber von mir per Tat gesetzt (im Sinne von erbaut) werden, wenn auch nicht bewusst. Wenn ich sage »A=A«, so urteile ich. Das, so Fichte, jedoch könne nur der menschliche Geist, das *Ich*. Mit dem Urteilen setze sich das Ich, das heißt, setze es handelnd und wirkend sein Sein, seine Existenz, was den Schluss erlaube: »*Ich bin ich*« oder auch »*Ich bin*«, und zwar bedingungslos. Zugleich gewinne ich dadurch das Bewusstsein für Realität und Identität. Wäre ich nicht »*ich*«, könnte ich nicht denken. Aber dieses »*ich bin*« ist nicht das des Descartes, der, wie

wir schon wissen, sagte: »*Ich denke, also bin ich*.« Descartes meinte es individuell und aufgrund von Erfahrung, Fichte dagegen geht es, wie im vorigen Abschnitt erwähnt, um das *absolute Ich*, das *allgemeine* Bewusstsein, fast könnte man sagen, es geht ihm um das **Prinzip Ich**.

2. Nun zur **Antithese**, der zweiten Stufe des Erkennens. Das *Ich* wäre gar nicht wahrnehmbar, wenn es sich nicht von irgendetwas abgrenzen würde. Das ist für Fichte das *Nicht-Ich*. Ohne Oben kein Unten, ohne Links kein Rechts. Das *Ich* setzt sich das Nicht-Ich, seinen Gegensatz. Damit ist zugleich für das Bewusstsein der Satz des **Widerspruchs** und auch die Kategorie *Negation* gebildet.

3. Auf These und Antithese folgt schließlich die **Synthese**. In ihr wird der Widerspruch zwischen *Ich* und *Nicht-Ich* durch teilweise Einschränkung ihrer beider Realität beziehungsweise Geltung aufgehoben, wobei es *Ich* und *Nicht-Ich* selbst sind, die sich im Bewusstsein wechselseitig einschränken und begrenzen und auf diese Weise ein Bild von der »Wirklichkeit« herstellen, »Wirklichkeit« in Anführungsstrichen, weil, wie wir gesehen haben, deren Bild bei Fichte ja ein rein subjektives ist. Vielleicht hilft zum Verständnis der drei Stufen ein einfaches Beispiel, das Fichte selbst liefert: (1) Der Verstand erkennt Gold, (2) setzt *diesem* Kupfer oder Silber entgegen, (3) begreift alle drei als Metall und grenzt sie innerhalb dieses Überbegriffs voneinander ab.

Liest man Fichtes Ausführungen zu alledem, wird's einem schwindelig, sodass man sich vorstellen kann, wie Russell zu seinem Urteil über Fichte kam. Aber Fichte versuchte eben, Kant zu Ende zu denken und die Erkenntnis als eine ganz und gar transzendentale zu begreifen, sie also ganz ins Bewusstsein zu verlagern und von jeglicher äußeren Erfahrungswelt abzukoppeln.

4. Wie hält es Fichte mit der Moral?

Der kategorische Imperativ Kants ist ein *formaler* Appell, den der einzelne Mensch dann inhaltlich mit Leben zu erfüllen habe. Ähnlich Fichte, der zwar Glückseligkeitsstreben sowie Sinnenlust und Bedürfnisbefriedigung als sittliche Ziele verneint, aber aus dem oben beschriebenen »*reinen*« (das heißt erfahrungsunabhängigen) Erkennen einen der Freiheit verpflichteten, ebenso

»*reinen*« Vernunft*willen* ableitet, für den er wie Kant keine konkreten Pflichten formuliert. »*Handeln, Handeln, das ist es, wozu wir da sind!*«, schreibt Fichte. Aber was genau sollen wir denn tun? Da erfahren wir wenig. Zu einem Punkt jedoch äußert er sich näher: die Bedeutung der **Gemeinschaft** für die Sittlichkeit. Dabei hat Fichte vor allem den ganz normalen Mitmenschen im Auge. Er fordere heraus, verpflichte uns im privaten wie im beruflichen Leben zu tugendhaftem Verhalten, zu Rücksicht und Solidarität.

5. Die Staatsphilosophie Fichtes

Im Ursprung wurzelt Fichtes Staatsphilosophie in der **Aufklärung**. Es sei hier an den »*reinen*« Vernunftwillen erinnert. Dementsprechend nüchtern sind auch die Aufgaben des Staates gestaltet: eine Anstalt, die für äußere und innere Sicherheit und Freiheit sorge, die Leib, Leben und Eigentum schütze und das Recht auf Arbeit garantiere. Dabei sei die Obrigkeit legitimiert, die Rechte der Bürger um der Funktionstüchtigkeit des Ganzen willen zu beschneiden, wozu zum Beispiel auch die Monopolisierung des Außenhandels zähle.

In der späteren Lebensphase lernen wir einen anderen Fichte kennen. Das betrifft zum einen die **Religion**. Schrieb er zunächst, die moralische Ordnung selbst sei Gott, was ihm den Atheismusvorwurf einbrachte, beklagt er später die Aufklärung als unerquickliches, freigeistiges Geschwätz. Das Religiöse wird ihm zunehmend zur Wirklichkeit, das Höhere mit seinen religiösen Wahrheiten zum Maßstab im menschlichen Dasein. Ein anderer ist der spätere Fichte auch, soweit es Staat und Nation betrifft, wobei er Religion und Staatsphilosophie miteinander verknüpft. Hier erleben wir schon den Romantiker. Als Quelle dienen uns Fichtes *Reden an die deutsche Nation*.

Was versteht Fichte unter einer **Nation**? Deren Wurzel sei die gemeinsame **Sprache**, eine geistige Welt, die im Volk spreche (nicht spreche umgekehrt das Volk die Sprache!), geradezu eine Naturkraft, durch sinnliche Wahrnehmung und erlebte Anschauung entstanden und den Menschen durchdringend. »*Wortgewordene Wahrnehmung*« nennt Fichte die Sprache daher. Sie wirke »*bis in die geheimsten Tiefen des Gemütes bei Denken und Wollen*«, und die Menschen, die dieselbe Sprache sprächen, seien »*zu einem einzigen gemeinsamen Verstande verknüpft*«. Da nun aber die Wahrnehmung auf der Erde mannigfaltig sei, könne es eine gemeinsame Ursprache nicht geben. Jedoch präge nicht nur das in der Sprache zum Ausdruck kommende **geschichtliche Erbe** den Nationalcharakter eines Volkes, sondern auch die Erfahrungen von Übersinnlichem und Religiösem, und zwar ebenfalls sehr unterschiedlich, weil auch insoweit jedes Volk anderes erlebe, ja, überhaupt sei die ursprünglichste und unerschöpfliche Quelle der Sprache göttlicher Natur. Das Volk, das sich dessen bewusst sei, verfüge über wahre Freiheit, wogegen diejenigen, die sich nur an das Sinnliche verlören, in der Kette der Erscheinungen befangen blieben. Und ganz wichtig: Eine Identifikation der Menschen mit ihrem Staat, ein Zusammengehörigkeitsgefühl, eine Hingabe und Opferbereitschaft gebe es nur dort, wo der Staat aus dem Geist der überzeitlichen Nation gebildet werde.

Vielleicht denkt mancher von euch spontan an den heute oft verwendeten Begriff eines **Verfassungspatriotismus**. Wer jedoch Fichte richtig versteht, begreift schnell, dass dieser Begriff zwei sich widersprechende Dinge miteinander verbindet. *Patriotismus*, also emotionale Hinwendung und Liebe zu seiner Nation, und *abstrakte Verfassung* (die jedoch in vielen Staaten über sehr ähnliche Texte verfügt): Das passt nicht zusammen.

Wesentliches bei Fichte würde jedoch unterschlagen, wenn unerwähnt bliebe, dass seine Staatsphilosophie am Ende in einen inakzeptablen **Chauvinismus** abglitt. Der Kern der romantischen Staatsphilosophie geht von der gottgewollten Gleichheit der Nationen aus. Fichte dagegen preist die Überlegenheit der Germanen, wobei er eigentlich nur noch die Deutschen im Blick hat. Deren Sprache sei der slawischen überlegen, und die Romanen zum Beispiel würden keine Freiheit kennen. Das müssen wir nicht weiter kommentieren. Man weiß, wie dies später von totalitären Systemen, insbesondere dem Nationalsozialismus, missbraucht wurde.

30. Kapitel
GEORG WILHELM FRIEDRICH HEGEL
(1770–1831)

1. Harte Kost

»*Die lebendige Substanz ist ferner das Sein, welches in Wahrheit Subjekt oder, was dasselbe heißt, welches in Wahrheit wirklich ist, nur insofern sie die Bewegung des Sichselbstsetzens oder die Vermittlung des Sichanderswerdens mit sich selbst ist. Sie ist als Subjekt die reine, einfache Negativität, eben durch die Entzweiung des Einfachen; oder die entgegensetzende Verdoppelung, welche wieder die Negation dieser gleichgültigen Verschiedenheit und ihres Gegensatzes ist: nur diese sich wiederherstellende Gleichheit oder die Reflexion im Anderssein in sich selbst – nicht eine ursprüngliche Einheit als solche oder unmittelbare als solche – ist das Wahre.*«

Puh! Originaltext Hegel. Wenn man das liest, ist nachvollziehbar, warum mancher generell einen großen Bogen um die Philosophie macht. Aber auch namhafte Philosophen konnten damit nichts anfangen. So nannte Schopenhauer Hegel einen »*Kopfverdreher*« oder »*Absurditätenlehrer*« und sprach von sinnlosen und rasenden Wortgeflechten, die man »*bis dahin nur in Tollhäusern vernommen*« habe. Aber wir haben ja Ehrgeiz und wollen verstehen, was Hegel vorschwebte. Wenn wir am Ende wenigstens erkennen würden, dass hier eines der größten, faszinierendsten und einflussreichsten philosophischen Systeme erbaut wurde, so wäre schon etwas gewonnen.

Hegel, Stuttgarter, studiert in Tübingen und wohnt im dortigen Stift, einer renommierten Theologenschule. Dort trifft er auf Hölderlin und Schelling. Sie werden Freunde und sind in ihrer Begeisterung für Kant und die Französische Revolution verbunden. Nach dem Examen ist Hegel zunächst als Hauslehrer tätig, dann lehrt er als Privatdozent in Jena, wo er eines Tages Napoleon erlebt, was Hegel mit den Worten kommentiert, er habe »*den Weltgeist zu Pferde*« gesehen. Wirre Zeiten bedingen, dass Hegel kein Gehalt mehr bekommt. Er wird Zeitungsredakteur in Bamberg, bald darauf Gymnasialrektor in Nürnberg. Mit 46 Jahren erhält er endlich eine Professur, zunächst in Heidelberg, sodann in Berlin. Mit 61 stirbt er, vermutlich an der Cholera.

2. Die Liebe – der Schlüssel zum Verständnis

Beginnen wir mit drei Kernsätzen Hegels:
1. »*Das Wahre ist das Ganze.*«
2. »*Das Geistige allein ist das Wirkliche.*«
3. »*Alles, was wirklich ist, ist auch vernünftig, und alles, was vernünftig ist, ist auch wirklich.*«

Damit sind schon einmal wichtige Pflöcke eingeschlagen. Entgegen einem häufigen Vorurteil, bei Hegel gehe es nur um abstrakte Hirnakrobatik, haben wir es mit ganz großen Menschheitsthemen zu tun: Gott, Wirklichkeit, Wahrheit, Vernunft, Moral. Wie nun können wir uns den so schwierigen Hegel, dessen Hauptwerk *Die Phänomenologie des Geistes* heißt, begreiflich machen? Er selbst nimmt uns an die Hand und startet mit der **Liebe**. An ihr demonstriert er seinen zentralen Begriff: die **Dialektik**. Ihr kennt sie schon, denn auch für Fichte war sie, wie wir sahen, von entscheidender Bedeutung: These, Antithese, Synthese. Hegel ist nun der Meinung, dass mit dem System der Dialektik die ganze Wirklichkeit beschrieben werden könne, eben auch die Liebe, weshalb er sie als Ausgangspunkt wählt.

Was nun hat die Liebe mit der Dialektik zu tun? Die **These** lautet (ähnlich bei Fichte): Ich, Liebender, setze, begreife mich als Person. Ich bin, und hier bin ich. Sodann die negierende **Antithese**: Aber es gibt nicht nur mich. Da ist mir gegenüber eine andere, nämlich die geliebte Person. Ich vergesse mich in ihr. Das jedoch wäre noch nicht Liebe. Was fehlt, ist die **Synthese**. Indem sich der Liebende in der geliebten Person vergisst, findet er erst wirklich zu sich zurück, und zwar auf eine viel tiefere Weise, weil das »*Entfremden*«, also die Negation von sich selbst (auf der Stufe der Antithese) durch die Synthese aufgehoben wird, mit der Folge, dass die Liebenden nicht mehr einander entgegengesetzt sind, sondern eins werden. *Aufheben* heißt hier, auf höherer Ebene *bewahren*. Eine Negation der Negation also. Genauso formuliert Hegel es auch (jedoch noch viel schöner) wenn er weiter schreibt: »[D]*as wahrhafte*

Wesen der Liebe besteht darin, das Bewusstsein seiner selbst aufzugeben, sich in einem anderen Selbst zu vergessen, doch in diesem Vergehen und Vergessen sich erst selbst zu haben und zu besitzen.«

3. Was ist das Innerste?

Die Liebe dient Hegel generell als Muster bei der Suche nach dem **Innersten**, dem Innersten ganz allgemein von allem. Was nun der Liebe zugrunde liege, sei das Leben selbst, ein »*unendliches All des Lebens*«, das eine große Leben, das »*absolute Leben*«, das »*unendliche Leben*«, ja schlechthin »*das Absolute*«, das aber eben nicht nur die Liebe, sondern alles Wirkliche durchdringe. Und da das Absolute ewig schöpferisch tätig sei (dazu kommen wir noch), nennt es Hegel auch »*Gott*«. Das ist nicht der transzendente Gott der Christen, sondern Hegel spricht vom »*Gott der Welt*«. Aber dieser Gott ist Geist, Geist auf höchster Stufe, **Weltgeist**. Hegels Beschreibung gipfelt in dem Satz: »*Gott ist der absolute Geist.*« Und was leitet Hegel kühn daraus ab? Wenn dieses Höchste Geist sei und sich in der Welt ewig schöpferisch schaffend manifestiere, dann sei alles, was wir für materiell halten, in Wahrheit von geistigem Wesen, oder anders ausgedrückt: sichtbar gewordener Geist. Damit haben wir die Erklärung für Hegels zweiten, eingangs zitierten Kernsatz: »*Das Geistige allein ist das Wirkliche.*«

4. Wie funktioniert Gott?

Eine sicher befremdende Frage. Dennoch ist sie nicht ganz unberechtigt, wenn wir Näheres darüber erfahren, wie dieser Geist, den Hegel ja mit Gott gleichsetzt, arbeitet und schafft. Dies geschehe analog dem menschlichen Geist, genauer: dem menschlichen **Selbstbewusstsein**. Dieses entwickele sich dialektisch in Stufen:
1. Naives Ich-Bewusstsein des Kindes;
2. Entdeckung des Ichs in einer Art Außenbetrachtung mit gewisser Entfremdung von sich selbst und Trennung des Ichs in Anschauenden und Angeschautem;
3. Versöhnung der beiden Ichs, das heißt, Erkenntnis, »*das Angeschaute bin ja ich*«.

Diese Sicht überträgt Hegel nun auf das Werden des göttlichen Selbstbewusstseins, also des göttlichen Geistes. Ja, in der Tat auf das *Werden*. Denn auch die Gottheit sei nicht mit einem Male als vollendete da gewesen, sondern entfalte sich in Schritten, und zwar *den* Schritten, in denen sich – wie eben beschrieben – auch der menschliche Geist entwickele: verträumtes Stadium – Selbstentfremdung – Selbsterkenntnis. Und warum setzt Hegel die Entwicklung des Selbstbewusstseins bei Gott und Mensch gleich? Weil der menschliche Geist die höchstrangige Entäußerung des göttlichen Geistes sei und deshalb nicht Unterschiedliches für beide gelten könne.

Wir kennen nun die Entwicklungsstufen des göttlichen Geistes. Aber wie bringen wir diesen Geist mit unserer Welt in Verbindung? Wo kommt die Welt her? Was hat der göttliche Geist mit ihr zu tun? Die Antwort Hegels ist faszinierend. Hier sein Gedankengang. Zunächst noch einmal: Der **göttliche Geist** beziehungsweise das göttliche Selbstbewusstsein entwickelt sich in drei Stufen. Die erste war das verträumte Stadium. Als zweite folgte die Entfremdung von sich selbst, was heißt: Es muss (wir denken an das Beispiel *Liebe*) per *Ent*äußerung ein Gegenüber geschaffen werden, sodass Anschauender und Angeschautes bestehen. Dieses Angeschaute ist nun unsere Welt. Das bedeutet nichts anderes, als dass der Prozess der Selbstentfremdung des göttlichen Geistes mit dem *Werden* der Welt identisch ist.

Das hat abenteuerliche Konsequenzen. Das durch die Gottheit Werdende beziehungsweise Gewordene sind die Natur und der menschliche Geist. Da Letzterer eine Entäußerung des göttlichen Geistes ist, ist bei der Betrachtung und dem Erkennen der Natur der menschliche Geist ein durch den göttlichen Geist Anschauender. Angeschaut wird – im Zustand der Entfremdung des göttlichen Geistes von sich selbst, siehe zweite Stufe der Dialektik – das *andere*, das, was der göttliche Geist sich selbst entgegengesetzt hat: die Welt, die Natur. Bei Hegel heißt es wörtlich »*der absolute Geist als das Andre seiner selbst*«. Das bedeutet nichts anderes, als dass Anschauender und Angeschautes, also Gott und Natur, identisch sind, wobei sich (wir sind noch in der zweiten Dialektikstufe!) Gott selbst erkennt und als Fremdheit betrachtet. Das eingangs dieses Kapitels gebrachte, doch recht rätselhafte Zitat Hegels beginnt nun hoffentlich, etwas verständlicher zu werden.

Aber wir müssen uns noch der dritten Stufe, der Synthese, widmen. In der Liebe war es das Zusichzurückkehren des Liebenden auf einer höheren Stufe. Bei Gott ist es nicht anders. Auch er kehrt nach dem Stadium der Entfremdung zu sich selbst zurück, jedoch geschieht dies im Menschen. Dort gewinnt Gott sein vollendetes Selbstbewusstsein. Es äußert sich in dem, was in der Welt geschieht, verleiht allem Weltlichen den tieferen Sinn, wobei dieser Prozess erst am Ziel ist, wenn die Menschen begreifen, dass alles, was sie umgibt, von göttlichem Geist ist. Ein **panlogisches System** nennt man das. *Pan=alles*, alles ist also logisch, vernünftig. Jetzt verstehen wir auch, was Hegel meinte, wenn er sagte, alles Wirkliche sei vernünftig und umgekehrt. Denn alles sei göttlich, und das Göttliche habe sich überall in dialektischem Dreischritt zu Vernünftigem entfaltet.

5. Der göttliche Geist – genauer betrachtet

Jetzt müssen wir uns die Entwicklung des göttlichen Geistes aber noch etwas genauer anschauen, sonst werden wir Hegel nicht gerecht, denn hier geht es um das Entscheidende bei ihm. Zur Erinnerung: Auch der göttliche Geist entfalte sich dialektisch. *These*: verträumtes Stadium. *Antithese*: Selbstentfremdung. *Synthese*: Selbsterkenntnis, das bedeutet, Einswerden von Gott und Welt. Bei dieser Synthese wollen wir noch einen Moment verharren.

Auf dieser letzten Entwicklungsstufe des Geistes unterscheidet Hegel *subjektiven, objektiven* und *absoluten* Geist. Und es bleibt bei dem Dreierprinzip, denn alle drei Arten des Geistes werden ihrerseits wieder (dialektisch) dreigeteilt. Den **subjektiven** Geist unterteilt Hegel in *Seele, Bewusstsein* und *Vernunft*. Die *Seele* sei mit allem Körperlichen der Natur vereint. Das *Bewusstsein* habe nun Körper und Seele getrennt, Letztere besitze dadurch Selbstgewissheit, stehe der Natur gegenüber. Die *Vernunft* schließlich führe (auf höherer Ebene) zur Erkenntnis, dass Geist und Natur eins seien.

Sodann der *objektive* Geist. Hier geht es um das **Recht**. Auf seiner ersten Stufe ist es noch die objektive Geisteswelt, womit Hegel die in Gesetzen formulierte, vom einzelnen Menschen unabhängige, *abstrakte* Rechtsordnung meint. Man könnte auch von reiner Legalität sprechen. Die zweite Stufe des Rechts ist für Hegel die *Moralität*. Hier suche der Geist nach dem Sinn der

Rechtsregeln. Das objektive Recht bedürfe nämlich der Anerkennung, wolle nicht nur gewaltsam durchgesetzt werden. Die dritte Stufe des Rechts (es sei erinnert: Wir sind noch beim *objektiven*, göttlichen Geist) stehe neben der *moralischen* für die *soziale Wirklichkeit*. Das sind für Hegel die Inhalte aller Regeln, Formen, Modelle und Sitten, die eine menschliche Gemeinschaft prägen und durchdringen. Auf dieser Ebene unterscheidet Hegel die Notwendigkeit von *Familie* (Aufzucht der Kinder), *Gesellschaft von Bürgern* (Bedürfnisbefriedigung, Daseinsvorsorge, Funktionieren des Zusammenlebens) und **Staat**. Letzterer verleihe den Bürgern Sinn und Richtung, sodass Staat und Vernunft gleichgesetzt werden könnten. Hegel schreibt: »[A]*lles was der Mensch ist, verdankt er dem Staat.*« Und: Der Staat »*ist der Geist, der sich im Prozess der Weltgeschichte seine Wirklichkeit gibt*«. Das bedeutet: Um sich seiner selbst bewusst zu werden, durchschreitet der göttliche Geist die Welt und alle Ereignisse in ihr. Er tut dies, um seine Vernunft durchzusetzen, und das mit dem Endziel der Weltgeschichte: die Verwirklichung der **Freiheit**. So gesehen ist, wie oben bereits erläutert, in der Tat alles Wirkliche vernünftig.
Bleibt noch die dritte Stufe der Entfaltung des (mit aller Welt identischen) göttlichen Geistes, der ***absolute** Geist*. Wir wissen schon, dass der Geist nach naivem Ich-Bewusstsein (These) und Selbstentfremdung (Antithese) auf der dritten Stufe, der Synthese, zu sich zurückkehrt – nunmehr als absoluter Geist allerdings zu tiefster Innerlichkeit. Damit werden auch Welt und Natur, die ja, es sei nochmals wiederholt, mit dem Geist identisch sind, nach allen Negationen, die sie mitgemacht haben, auf die höchste Ebene gehoben. Und auch hier wieder ist es dreierlei, das bei der Entfaltung mitwirkt: *Kunst, Religion, Philosophie*. In der **Kunst** durchläuft Hegel (gleichsam wie der Weltgeist selbst) die Geschichte und unterscheidet die symbolische Kunst im Orient und in Ägypten, die wegen des großen Abstands zwischen Mensch und Gott nur symbolischer Natur sei. Sodann die Klassische Kunst, wo das Gleichgewicht zwischen Mensch und Göttern zum Verlust des Absoluten geführt habe, und schließlich die christliche Kunst, die von der Transzendenz durchtränkt sei, ohne sie aber darstellen zu können.
Die zweite Ebene des *absoluten Geistes* ist die **Religion**. Hier wird nichts Äußeres mehr dargestellt, sondern die bewegte Seele erhebt sich zu Gott. Die

dritte Ebene des absoluten Geistes bedeutet für Hegel den Gipfelpunkt: die **Philosophie**. Dadurch, dass sie den dialektischen Weg gehe, kehre das Absolute nach zahllosen Negationen (die Antithese negiere die These und werde ihrerseits in der Synthese negiert) zu sich selbst zurück und könne begriffen werden. Die Philosophie reiche damit über Kunst und Religion hinaus. Hegel glaubte, mit seinem (in der Tat faszinierenden) System Gottes vor der Schöpfung entwickelten Plan nachvollzogen und den inneren Sinn der Geschichte der Menschheit erfasst zu haben.

6. Abschließende Frage an die Leser

Jetzt muss man wohl erst einmal durchatmen. Dabei wurde nur die Spitze des Hegelschen Eisbergs berührt. Aber doch eine Frage zum Schluss: Alles Wirkliche sei vernünftig, sagt der große Philosoph. Aber wie ordnet man in eine solche vermeintlich vernünftige Welt alles Chaos, Unsinnige und Unperfekte, das es ja zuhauf auch gibt, ein? Alledem kann man wohl nur dann Vernunft zusprechen, wenn man den göttlichen vom menschlichen Maßstab unterscheidet.

31. Kapitel
FRIEDRICH WILHELM JOSEPH SCHELLING
(1775–1854)

1. Philosophen»freunde«

Dass sich Genies oft nicht schätzen, kennt man aus allen Bereichen. So nannte Brahms die Symphonien Bruckners »*Riesenschlangen*« und »*Schwindel*«, der schon bald auffliegen werde. Ähnlich erging es Schelling, dessen Philosophie Schopenhauer eine »*theosophische Posse*« nannte. »*Leichtfertiges In-den-Tag-hinein-Schwätzen*« und »*dreistes, vornehmtuendes Schwadronieren*« – mehr sei es nicht. Anders jedoch Alexander von Humboldt, der Schelling den »*geistreichste*[n] *Mann des deutschen Vaterlandes*« nannte, und Goethe pries Schellings »*große Klarheit*« und »*große Tiefe*«.

Dass Schelling im Tübinger Stift zusammen mit Hölderlin und Hegel wohnte, haben wir schon im Kapitel über Letzteren erfahren. Welch ein Trio! Seine Doktorarbeit schreibt Schelling mit 17, mit 23 wird er Ordinarius in Jena, was Goethe bewirkt hatte. Fünf Jahre später heiratet Schelling die Ex-Ehefrau des Altphilologen und Shakespeare-Übersetzers August Wilhelm Schlegel. Schellings weitere Stationen als Professor sind Würzburg, Erlangen, München (dort auch Präsident der Bayerischen Akademie der Wissenschaften) und schließlich Berlin, wo jedoch sein Stern langsam zu sinken beginnt. Mit seinem früheren (inzwischen verstorbenen) Freund Hegel hatte er sich schon viele Jahre zuvor entzweit. 1854 stirbt Schelling während eines Kuraufenthaltes in der Schweiz.

2. Schelling contra Kant und Fichte

Denkt einmal zurück an die Einleitung dieses Buchs, wo angeregt wurde, mit welcher Art von Neugier man es lesen sollte. Sind die Themen der großen Philosophen solche, die auch uns heute noch bewegen? Finden wir uns in ihnen wieder? Prägen sie unser Denken, gar unsere Persönlichkeit? Oder ist das alles nicht mehr relevante Vergangenheit? Ich hoffe, ihr seid mit diesen Fragen an die bisherigen Kapitel herangegangen. Wenn wir zurückblicken, stellen wir nämlich fest, dass bestimmte Themen immer wiederkehren, ja, dass sie eigentlich zeitlos sind: Was ist wirklich, was ist wahr, was sind Geist, Verstand, Vernunft, Natur und Kraft, wie ist alles entstanden, wer oder was ist das Göttliche? Mit alledem hat nun auch Schelling sich beschäftigt und – das wollen wir vorwegnehmen – eine klare Abgrenzung zu Kant und Fichte vorgenommen. Wie diese beiden ist allerdings auch Schelling schwer zu lesen. Das scheint ein Signum idealistischer Philosophie zu sein. Es heißt, ein Student, der an Schellings Antrittsvorlesung nicht habe teilnehmen können, habe einen Kommilitonen gefragt: »*Worüber hat er denn gesprochen?*« Die Antwort lautete: »*Das hat er nicht gesagt.*«

Worin nun besteht die Abgrenzung Schellings zu Kant und Fichte? Für Schelling sind die **Dinge real** (auch die Natur sei ein objektiver, lebendiger Organismus), nicht nur – wie Kant meinte – ein »*Ding an sich*«, dessen wahres Wesen uns verborgen bleibe. Und: Die Natur sei, so Schelling, gerade nicht ein immer gleichbleibendes und nur mathematisch-physikalisch zu deutendes Phänomen allgemeiner Gesetzlichkeiten (wie Kant es sah), sondern etwas sich ewig veränderndes, stets vital-zeugendes Beseeltes. Zu Fichte setzt sich Schelling in Widerspruch, indem er dessen subjektiven Idealismus ablehnt, also den Glauben an das »*absolute Ich*« als dem allein Wirklichen, was ja für Fichte bedeutet, dass alles andere nichts Selbständiges sei (die Dinge, die Welt), sondern nur in unserer Vorstellung existiere. Zum besseren Verständnis müssen wir uns das aber noch etwas genauer anschauen. Dabei ist es notwendig, dass wir, wenn auch kurz, einen Blick auf Schellings Natur-, Transzendental- und Identitätsphilosophie werfen. Die Begriffe mögen euch nicht schrecken. Gleich wird alles klarer.

Naturphilosophie: Die Natur existiere objektiv. Sie entwickele sich in Stufen, wobei die Schwere Materie bilde, die dann durch Licht erwärmt und bewegt werde. In allem steckten aber auch von Anfang an Seele und Leben, die das Organische erzeugten. Und wo Seele und Leben herrschen, da müsse Geist zugrunde liegen. Solchen grundlegenden Geistes bedürfe auch der Geist des

Menschen. Nach Schelling ist es nun, so schwierig das auch zu verstehen sein mag, der Geist des Menschen (man könnte auch von allgemeiner *Vernunft* sprechen), mittels dessen die Natur durch Selbstreflexion ganz zu sich finde, das heißt, ganz Objekt werde. Die Natur bedürfe also zur Selbstfindung und zur Objektwerdung des Menschen, seines Geistes, seiner Vernunft. Der Weg des Objekts (Welt, Dinge) führe folglich (zurück) zum Subjekt, dem Menschen. Wie anders doch Fichte, bei dem sich umgekehrt das Subjekt (das *Ich*) die Welt bildet.

Zur **Transzendentalphilosophie** Schellings: Transzendental – ihr kennt den Begriff vor allem aus dem Kant-Kapitel. Zur Erinnerung: Es handelt sich dabei um Erkenntnisfunktionen des Geistes, die nicht durch Erfahrung gewonnen werden können, also um reines Denken, um a prioris, die Erfahrung überhaupt erst möglich machen (Raum und Zeit sowie Kategorien, etwa Kausalität). Im Rahmen seiner Transzendentalphilosophie geht Schelling nicht mehr wie in seiner Naturphilosophie vom Objekt (der Natur) zum Subjekt (dem menschlichen Geist), sondern umgekehrt vom Subjekt zum Objekt, zur Natur. Damit ist gemeint: Nicht steht hinter der Natur der sie konstituierende menschliche Geist, sondern umgekehrt, dem Geist wird bewusst, dass er sich einer nun ihn gründenden Natur gegenübersieht, die objektiv wirklich existiert und nicht nur, wie Fichte es sah, in seiner Vorstellung. Schelling meint nämlich, es sei etwas in uns, das nach »***wesentlicher Realität***« verlange. »*Das Ziel aller Sehnsucht*« sei »*das vollkommen Leibliche als Abglanz und Gegenbild des vollkommen Geistigen*«. Folglich finde eine Objektivierung des Geistes statt. Natur entwickele sich, jedoch nicht nur sie, sondern auch freie Handlungen täten es, was die Basis von Geschichte bilde. Ihre Kulmination erfahre dieser Prozess im **Kunstwerk**. Durch das »*intellektuelle Anschauen*« des Künstlers würden Geist und Natur, Welt und Ich, Leib und Seele, Bewusstes und Unbewusstes, Reales und Ideales, Gesetz und Freiheit sowie Endliches und Unendliches in Harmonie zusammenfallen.

Nun noch zu Schellings **Identitätsphilosophie**: Wir haben gelernt, dass die Natur mittels des Geistes ganz Objekt werde (Naturphilosophie), umgekehrt der Geist die Natur als real begreife (Transzendentalphilosophie), schließlich – in höchster Steigerung im Kunstwerk – alles eine Einheit bilde. Schelling fasst das Bisherige so zusammen: »*Natur ist der sichtbare Geist, Geist die unsichtbare Natur.*« Identitätsphilosophie bedeutet nun, dass diese Einheit nicht nur eine Summe von vielem ist, sondern das wirklich verschmolzene **Eine** – und dieses Eine ist das Absolute, das **Göttliche**. Es trägt alle Gegensätze (»*Polarisierungen*«) in sich, ist aber das in allem Identische, daher *Identitäts*philosophie.

3. Gott und das Böse

Ist alles das *Eine* und das *Eine* das Göttliche, so müsste die Welt eigentlich ausschließlich gut sein. Ist sie aber nicht. Das beschäftigte Schelling zunehmend. Wer und wie ist Gott, wenn wir auch das Böse in den Blick nehmen? Schelling antwortet darauf wie folgt: Das Absolute sei mit dem Willen gleichzusetzen. Anders ausgedrückt: Im Urgrund der Welt walte ein Wille, der den Weltprozess, also die Geschichte, lenke. Einmal habe jedoch eine Art **Sündenfall** stattgefunden. Ursprünglich gab es den höchsten Zwecken dienenden göttlichen *Universal*willen. Dann jedoch beginnt ein Werdeprozess des Absoluten, eine Selbstentfremdung. Das Göttliche erlebt einen unergründlichen *Drang* zur Abspaltung eines blinden, für Unordnung stehenden *Teil*willens, mit der Folge, dass es ab da im göttlichen Willen zwei Willen gibt, einen lichten, vernünftigen und einen dunklen, unvernünftigen. Dies spiegelt sich im Menschen: Infolge der Teilung kann er sowohl gut als auch böse handeln. Aber man mache sich nichts vor: Beides, auch das Böse, wurzele, so Schelling, im Absoluten, in Gott. Schelling meint weiter, dass Gott selbst unter dieser Abspaltung leide und sie als »*Schmerzensweg*« empfinde. Und für Schelling ist es nun dieser Schmerzensweg (auf dem sich im göttlichen Willen das dunkle vom lichten Geistigen getrennt hat), der den Prozess der *Weltwerdung* bilde. Damit ist für Schelling jedoch weder der Weg Gottes noch der des Menschen beendet. Das Licht siege, es durchdringe und erlöse das Böse, Gott finde in Selbstvollendung zu seiner Einheit zurück. Der Mensch werde sich seines Irrwegs, seiner Sündhaftigkeit und Entfremdung von Gott bewusst und wende sich wieder Gott zu. So sind beide erlöst: Gott und Welt.

32. Kapitel
ARTHUR SCHOPENHAUER
(1788–1860)

1. Wandelnder Widerspruch seiner selbst

Betrachtet man Schopenhauers Leben im Spiegel seiner Philosophie, vor allem seiner anspruchsvollen Morallehre, kann man nur die Stirn runzeln. Aber eins nach dem anderen. Beginnen wir mit seinem Leben. Schopenhauer, Spross eines Danziger Großkaufmanns, sollte nach dem Willen seines Vaters ebenfalls Kaufmann werden und begann nach Übersiedelung der Familie in die Hansestadt Hamburg tatsächlich mit einer Kaufmannslehre. Als der Vater starb (wohl durch Selbstmord, was aber nie geklärt wurde), beendete Schopenhauer die Lehre und begann, mit einem üppigen Erbe ausgestattet, sein Studium in Göttingen. Nach weiteren Studienjahren in Berlin promovierte er in Jena. Seine Mutter Johanna, eine namhafte Schriftstellerin, war inzwischen nach Weimar gezogen, wo sie einen illustren Kreis von Geistesgrößen wie Goethe und Wieland um sich scharte. Es kam jedoch zum Zerwürfnis zwischen Mutter und Sohn. Letzterer verurteilte den lockeren Lebenswandel seiner Mutter, sie wiederum war genervt von seinem ewigen »*Lamentieren über die dumme Welt und das menschliche Elend*«.
Aber es waren nicht nur Schopenhauers Ansichten, welche die Mutter einfach nicht mehr ertragen konnte. In ständiger Sorge um sein Leben und seinen Besitz hielt er nachts neben sich immer eine Waffe bereit, scheute Barbiere, weil sie ihm ja die Kehle durchschneiden könnten, störte ihn das Gerede einer Näherin so, dass er sie die Treppe hinunterstieß, was ihn wegen ihrer Dauerverletzungen eine lebenslange Rente kostete, und auch mit seinen Verlegern lag er ständig im Streit. Geradezu hasserfüllt fiel er über seine Kollegen her. Hegels Philosophie nennt er »*Unsinn*«, »*Afterweisheit*« und »*Tollhäuslergeschwätz*«, die Schriften Fichtes sind für ihn nur »*Hokuspokus*« und

»*Wischiwaschi*«. Und auch für Frauen hat er nur Verachtung übrig. Er nennt sie das »*niedrig gewachsene, schmalschultrige und kurzbeinige Geschlecht*«, unästhetisch, ohne Sinn für Musik, Poesie und bildende Künste, ausgestattet mit »*instinktartige*[r] *Verschlagenheit*«, Verschwendungssucht und notorischem »*Hang zum Lügen*«. Der eigentliche Mensch sei der Mann.
Nach der Habilitation in Berlin wird Schopenhauer Dozent. Kühn legt er seine Vorlesungen genau auf dieselbe Zeit wie der damals schon berühmte Hegel. Doch Schopenhauer scheitert. Fast niemand will ihn hören. Darauf beendet er seine Universitätslaufbahn, beginnt, weil wirtschaftlich unabhängig, zu reisen, um sich schließlich, verdrossen und voller Ressentiments gegen nahezu alles, in Frankfurt am Main niederzulassen. Eine Ehe kommt für ihn nicht infrage, weil er nicht »*sein Rechte halbieren und seine Pflichten verdoppeln*« wolle. Einziger Freund ist ihm sein Pudel. Am 21. September 1860 findet seine Wirtin Schopenhauer tot, noch am Frühstückstisch sitzend.

2. Die Welt als Wille und Vorstellung

Das ist der Titel seines berühmtesten Werks. Was meint Schopenhauer damit? Um das zu verstehen, muss man sich zunächst einmal klarmachen, was ihn überhaupt zum Philosophieren angetrieben hat. Es war sein grenzenloser Pessimismus. Der Mensch trage in seinem Herzen einen »*bodenlosen Abgrund*«, das Leben sei ein »*fortgesetzter Betrug*«, ein einziges Leiden, »*von der Hoffnung genarrt*«, kurz: ein »*Trauerspiel*«. Aber nicht nur das Schicksal sei unbarmherzig, sondern es seien die Menschen selbst, die durch Ungerechtigkeit, Härte und Grausamkeit alles noch viel schlimmer machten: eine Hölle, in der sie gequälte Seelen und Teufel zugleich seien. Mit Spott wendet sich Schopenhauer gegen Leibniz, der die Welt als die beste aller möglichen bezeichnet hatte. Nein, meinte Schopenhauer, sie sei etwas, »*das nicht sein sollte*«.
Als Philosoph fragt Schopenhauer, wo denn nun die Wurzel alles dieses Leidens zu finden sei. Irgendwo müsse es ja seine Ursache haben. Mit der Beschreibung seines Weltbildes gibt er die Antwort. Was genau meint er mit dem Buchtitel *Die Welt als Wille und Vorstellung*? Inwiefern ist die Welt *Wille*, inwiefern *Vorstellung*? Und was hat das mit dem Leiden zu tun?

Beginnen wir mit der *Vorstellung*, denn der erste Satz von Schopenhauers Hauptwerk lautet: »*Die Welt ist meine Vorstellung.*« Das bedeutet zunächst einmal: Wir sähen und begriffen die Dinge nicht, wie sie an sich sind, sondern unsere Erfahrung sei immer nur auf unser subjektives Erleben beschränkt, unsere Welt sei also eine **Welt des Bewusstseins**. Ihr werdet es gemerkt haben: Das klingt nach Kant und Fichte, und in der Tat ist auch Schopenhauer insoweit ein Philosoph des Transzendentalen, weil er wie Kant menschliche Erkenntnis auf die a prioris Raum, Zeit und Kausalität stützt (wobei Kant jedoch eine größere Zahl von Kategorien annahm). Sollte euch das nicht mehr präsent sein, empfiehlt es sich, noch einmal zum Kant-Kapitel zurückzublättern. Also: Wenn wir zum Beispiel einen Berg anschauen, wüssten wir nichts von ihm selbst, sondern hätten nur eine Vorstellung davon. Jedoch bestehe ein entscheidender Unterschied zu Kant und Fichte. Für Kant gab es das *Ding an sich*, dieses war aber völlig unbestimmt, für Fichte, den **Idealisten**, schuf sich das *absolute Ich* seine ganz subjektive Wirklichkeit. Das jedoch ist Schopenhauer zu ungenau. Er will dem Wesen der Dinge, ja dem **Wesen der Welt**, auf den Grund gehen und Greifbares darüber erfahren.

Wie ist sein Gedankengang? Ausgangspunkt sei der menschliche Leib. Und damit sind wir bei Schopenhauers **Welt als *Wille***. Wie hängt dies alles zusammen? Zunächst einmal würden wir uns als Wesen kennen, die etwas wollen oder wünschen. Das sei der Wille im üblichen Sinne. Nun erweitert Schopenhauer das Spektrum des Begriffs »*Wille*« und bezieht weiteres Subjektives mit ein: hoffen, verlangen, sehnen, hassen, lieben, denken, erkennen, leiden, trauern etc. Alles dieses Erleben, ja unser ganzes Leben, sei *Wille*. Und jetzt kommt zusätzlich unser **Leib** ins Spiel. Auch er sei nämlich nicht nur von *außen* anschaubar, sondern Ausdruck, oder treffender: Objektivation unseres Willens. Es seien Willensregungen, die auf den Leib wirken. Wenn wir etwa den Arm heben, stehe ein entsprechender Wille dahinter. So also die *Innen*betrachtung, denn: Der Wille, den Arm zu heben, manifestiere sich als Arm, der Wille zu gehen, als Fuß, der Wille, Speisen zu zerkleinern, als Kauapparat, der Wille zu denken, als Gehirn. Mit dieser Erkenntnis meint Schopenhauer, der rein idealistischen Subjektivität entronnen zu sein und das objektive Wesen des **An-sich-Seins** gefunden zu haben: Das Innerste des Menschen,

der Kern jedes Einzelnen sei der Wille. Und nicht nur das. Schopenhauer fügt wörtlich hinzu: Der Wille sei der Kern »*des Ganzen*«.
Was aber meint er mit dem »*Ganzen*«? Alles, wirklich alles, die ganze Natur, die ganze Welt. Im Wege der Analogie schließt Schopenhauer vom Einzelnen, in dem ja der Wille herrsche, auf den Kosmos, wo es eben genauso sei. Der Wille sei es, der – im Sinne Goethes – als Innerstes die Welt zusammenhält, also ihr Wesen ausmacht, vor allem auch ihre Kraft, die alles bewirke, etwa Wachstum, Magnetismus, Gravitation, chemische Affinitäten oder auch Instinkt und Selbsterhaltungstrieb des Menschen. Schopenhauer drückt es auch so aus: »*Die Welt ist Selbsterkenntnis des Willens.*«
Zweierlei ist jedoch noch wichtig:
1. Der Wille ist für Schopenhauer nichts Göttliches, nichts Transzendentes.
2. Der Wille (man kann ihn auch Urwille nennen) ist nichts mehr als nur Wille, ist also sinnlos und blind (nicht wie bei Hegel Geist), von miteinander kämpfenden Gegensätzen durchsetzt, stets drängend und ewig begehrend, nie zu befriedigen.

Für den Menschen bedeutet das (und damit wird auch klar, worauf sich Schopenhauers **Pessimismus** gründet): Wüte solcher Wille im Menschen, könne Letzterer nur irren, sich im Mittelpunkt der Welt sehend – einem maßlosen Raubtier gleich – streiten und kämpfen, gequält durch Langeweile unersättlich ziellos streben, folglich immer nur leiden. Wörtlich schreibt Schopenhauer: »*Die Basis alles Wollens sind Bedürftigkeit, Mangel, Schmerz.*« Das menschliche Dasein sei von Ungewissheit und Sorge erfüllt, die Vernunft, Diener oder sogar Sklave des Urwillens, unbeherrschbar, »*das Leben des Leibes ein aufgeschobener Tod*«. Erinnert ihr euch an Thomas Hobbes? Die Welt: »*der Krieg aller gegen alle*«. Eine »*treffliche*« Beschreibung, lobt Schopenhauer seinen englischen Kollegen.

3. Gibt es keine Rettung?

Um es vorwegzunehmen: Wenn überhaupt Rettung, so Schopenhauer, dann gebe es nur zwei Wege: Der erste wäre die Kunst, vor allem die Musik. Die Kunst befähige den Menschen, den eigenen Willen zu verneinen, sich seiner Individualität zu entäußern, persönliche Zwecke zu verbannen und stattdessen nur noch kontemplativ die ewigen Ideen, das *An-Sich*, zu erfahren. In der Kunst erlebe der Mensch das Abbild des Weltwillens, in der Musik spreche der Weltwille sogar selbst zu uns (eine Philosophie, von der die Werke Richard Wagners in hohem Maße durchdrungen sind).

Jedoch vermöge die Kunst, dem Menschen nur zeitweilige Erlösung zu verschaffen. Wer gänzliche Erlösung vom Leiden der Welt erreichen wolle, der müsse sich – dies der zweite Weg – aus der Kette der uns streng determinierenden Willensakte lösen, indem er nicht nur seinen Willen zum Leben verneine (was aber nicht Selbstmord bedeute) und alle Individualität und Wünsche überwinde. Er müsse sich zudem mit dem Leiden der anderen Menschen identifizieren, eine **Mitleidsethik** also. Entsagung, Willenlosigkeit, Mitleid: Das kommt dem buddhistischen Bild vom Nirwana sehr nahe, was Schopenhauer auch so im Blick hatte. Mitleiden – das veranlasse den Menschen, Gutes zu tun, und ist für Schopenhauer folglich die Basis aller **Moral**. Das gipfelt in dem Satz: »*Alle Liebe ist Mitleid.*« Und jetzt erkennt ihr auch, wie weit sich Schopenhauer im Handeln von seiner eigenen Philosophie entfernt hatte.

4. Abschließende Fragen

Schopenhauer provoziert uns mehr als manch anderer Philosoph, kritische Fragen zu stellen. Geht es euch auch so? Man fragt sich, woher Schopenhauer die Sicherheit nimmt, unser Wille sei streng determiniert, also gleichsam »von oben« festgelegt, des Weiteren natürlich, ob der Mensch überhaupt imstande ist, sich seines Willens ganz zu entledigen, eine Frage, die man auch dem Buddhismus stellen kann, ebenso die Frage, wie man sich das Nirwana auch nur annähernd vorzustellen habe. Und wie ist eure Meinung dazu, dass allein das Mitleid die Grundlage für moralisches Handeln sein soll? Schließlich und vor allem: Wie steht ihr dazu, dass man Welt und Leben zu einem einzigen Jammertal und den Ort schrecklichen Leidens erklärt? Hätte Schopenhauer recht, wäre das Leben kein Geschenk, sondern Strafe.

33. Kapitel
JOHN STUART MILL
(1806–1873)

1. Und noch ein Wunderkind

Nach so viel komplizierter Metaphysik habt ihr euch etwas Erholung verdient. Jetzt wird es in der Tat einfacher: weniger Spekulation und engerer Bezug zu den Fragen, welche die Menschheit noch heute beschäftigen. Zu denen, die sie uns in die Wiege gelegt haben, zählt der in London geborene John Stuart Mill, Sohn eines schottischen Theologen, der allerdings als Philosoph und Historiker arbeitete. Er nahm seinen Sohn schon früh an die Kandare. Der musste nämlich schon mit drei Jahren Latein und Griechisch lernen und mit zehn Differentialrechnung studieren. Bald folgten die Fächer Geschichte und Wirtschaft. Resultat: Mit zwölf schrieb John Stuart sein erstes Buch. Fünf Jahre später trat er in die Britische Ostindien-Company ein, wo auch sein Vater arbeitete. Aber das war alles zu viel des Guten: Herzanfall sowie schwere Depression streckten John Stuart nieder. Davon erholte er sich erst, als er sich in die Frauenrechtlerin Harriet Taylor verliebte und poetischer Lektüre zuwandte. Zwanzig Jahre später, nachdem ihr erster Mann gestorben war, heiratete John Stuart Harriet. Ab 1865 war er, wirtschaftlich unabhängig, drei Jahre lang liberaler Unterhausabgeordneter. Warum als Liberaler? Das wird sich uns gleich aus seiner Philosophie erschließen.

2. Eine Ansammlung von Ismen

Wenn wir Mill richtig verstehen wollen, müssen wir wissen, aus welchen Quellen er sich speiste. Da ist zunächst der **Positivismus** eines Auguste Comte (1798–1857). Das bedeutet Absage an jegliche Metaphysik, stattdessen Konzentration auf das »Positive«, also das durch die Erfahrung gegebene Tatsächliche, eine empiristische Sicht, die dann in die Soziologie mündete. Die zweite

Quelle ist der von Jeremy Bentham (1748–1832) begründete **Utilitarismus**, also das der Nützlichkeit verpflichtete Denken. Benthams Ziel: das größtmögliche Glück für die größtmögliche Zahl. Schließlich der **Liberalismus**, als dessen Urvater der von uns bereits behandelte John Locke gilt.
Was nun hat Mill aus diesen Ismen geschaffen? Grundlage aller Erkenntnis ist für ihn die **Erfahrung**, besonders auch die der Psychologie. In seinen frühen Arbeiten über die Logik beschreibt er, wie der Weg der Erkenntnis zu verlaufen habe. Es sei stets vom Besonderen auf allgemeine Aussagen zu schließen, womit Mill also der induktiven Methode folgt. Zum Utilitarismus: Wie Bentham hat auch Mill die Nützlichkeit des Handelns im Blick, aber weniger radikal hedonistisch als jener, Mill ist also nicht so extrem quantitativ an Lust, Freude und Befriedigung orientiert, was noch für Bentham die Basis seines gesamten Moral- und Rechtssystems gebildet hatte. Nein, Mill geht es mehr um die Qualität der Lustempfindung, und zwar in zweierlei Hinsicht: Zum einen bewertet er moralisches Handeln danach, ob es nicht nur dem Einzelnen Freude und Genuss bereitet, sondern auch dem Gemeinwohl dient, zum anderen unterscheidet er in seiner »*Glücksgleichung*« niedrigere Wunschbefriedigung von höherem Tun, wobei er Letzteres vor allem mit intellektuellen Freuden und dem Handeln aus Pflichtgefühl oder Nächstenliebe verbindet.
Der Liberalismus schließlich, zu dessen herausragendem Theoretiker Mill wurde und dem wir noch heute viel von unserer **Freiheit** zu verdanken haben, fließt bei ihm wie folgt in seine Philosophie ein: Im Zentrum stehe das Individuum, nicht die Gesellschaft. Alle Menschen seien im Grundsatz rechtlich gleich, zudem frei im Denken, im Handeln, in der Meinungsäußerung und in ihrer persönlichen Lebensgestaltung. Eine Obrigkeit, die alles dies und die grundlegenden Menschenrechte missachte, sei Tyrannei. Nichts anderes gelte aber auch für eine demokratisch gewählte Volksmehrheit, die den Menschen die Freiheit stiehlt (Mill nennt dies die »*Tyrannei der Mehrheit*«). Der Staat dürfe die Freiheit des Einzelnen nur beschränken, um die Schädigung anderer zu verhüten. Dazu gehöre auch die Schaffung von vernünftigen sozialen Rahmenbedingungen, ohne die von der Freiheit nicht Gebrauch gemacht werden könne.

Damit wird deutlich, dass Mill den Freiheitsgedanken sowie das individuelle Glück in einem engen Zusammenhang mit dem **Gemeinwohl** sieht, was, wie oben bereits anklang, seinem utilitaristischen Ansatz geschuldet ist. Der Nutzen beurteile sich also immer nach demjenigen für den Einzelnen und die Gesamtheit der Bürger eines Staates. Aber – und das ist entscheidend – nur wenn sich der Einzelne in Freiheit entfalten könne, profitiere das Ganze, vor allem auch der soziale Fortschritt. Für das **Wirtschaftssystem** bedeutet dies: Es müsse das Eigentum gewährleisten und die Voraussetzungen dafür schaffen, dass die Originalität und individuelle Vielfalt der Menschen genutzt werden können. Die Nutzung des unerschöpflichen Potenzials gelinge jedoch nur in einer freien Wirtschaft mit **Wettbewerb**, ein System, das allerdings, wie erwähnt, sozialpolitisch abzufedern sei. Den staatsrechtlich hierfür allein geeigneten Rahmen sieht Mill in der **repräsentativen Demokratie**: Das Volk ist der Souverän. Es behält die Kontrolle und kann die Regierung in Abständen entlassen, regiert aber nicht selbst.

Ob dieses Recht zur Kontrolle heute uneingeschränkt als gegeben betrachtet wird, ist fraglich, denn oft genug heißt es: »Die da oben machen, was sie wollen. Wir können ja doch nichts ändern!«

34. Kapitel
SÖREN KIERKEGAARD
(1813–1855)

1. Aller Anfang ist Schwermut

Drückt Mozarts Musik etwas aus über sein Wesen? Können wir von van Goghs Werken auf seinen Charakter schließen? Schwierige Fragen. Bei Kierkegaard jedoch besteht kein Zweifel: Seine lebenslange Schwermut bildet geradezu Voraussetzung und Grundlage seiner Philosophie. Das ist nicht nur unsere Vermutung, sondern er selbst sagt es ausdrücklich. Werfen wir also zunächst einen kurzen Blick auf sein Leben.

Der Däne Kierkegaard wurde in Kopenhagen geboren. Primäre Bezugsperson war sein Vater, ein erfolgreicher Kaufmann, streng, autoritär, gottesfürchtig. Nach Auffassung von Sören trug der Vater eine »*verborgene Schuld*« mit sich. Wie kommt Sören darauf? Er meint, auf der Familie liege eine schwere Last. So habe es auch schon der Vater gesehen, der als junger Mann Gott einmal verflucht habe. Hinzu komme, dass er, der Vater, seine erste Frau nach nur zweijähriger Ehe durch Tod verloren und danach seine Magd geschwängert habe, was von ihm selbst stets als sexuelle Verfehlung betrachtet wurde, obwohl er Vorgenannte bald heiratete und sie ihm dann sieben Kinder schenkte, darunter Sören. Der Fluch habe sich für den Vater jedoch weiter verwirklicht, als fünf der sieben Kinder starben. Das Gefühl, fluchbeladen zu sein, nahm dieser, der bis zum Schluss schwermütig war und sich mit Sören zwischenzeitlich überworfen, dann aber wieder versöhnt hatte, mit ins Grab. Die Versöhnung führte wohl dazu, dass die Stimme des Vaters in Sören bis zu dessen eigenen Tod wie ein Gewissen tönte.

Doch damit nicht genug. Sörens Schwermut hatte noch einen zweiten Grund: Die Liebe zu einer jungen, schönen Kopenhagener Kaufmannstochter namens Regine Olsen, sie 15, er 24, als sie sich kennenlernten. Drei Jahre später

verlobten sie sich. Doch nur ein Jahr danach, zernagt von Zweifeln, gab Sören ihr den Ring zurück. War es der vom Vater geerbte (vermeintliche) Fluch, der ihn wanken ließ? Passt man zueinander? Ist die Verantwortung nicht zu groß? Kann man überhaupt so offen zueinander sein, wie es eine Ehe verlangt? Sören stürzte das Mädchen ins Unglück und verfiel selbst in tiefe Melancholie, die zur Verzweiflung wuchs, als er erfuhr, dass sich Regine mit einem anderen verlobt hatte. Und nun das für seine Philosophie Entscheidende: Die Schwermut verlässt ihn bis an sein Lebensende nicht und wird zum Ausgangspunkt seines Denkens. Wir werden sehen, dass er sich damit in einen krassen Widerspruch vor allem zu Hegel setzt, zugleich die in der Einleitung dieses Buchs zitierte Frage Kants beantwortet: *Was ist der Mensch?*
Hegel stand für ein komplettes System, für das Ganze, für Totalität. Alle Widersprüche höben sich in der Weltgeschichte in sinn- und zweckvoller- sowie auch versöhnenderweise auf. Das Wirkliche sei vernünftig, das Vernünftige wirklich. Ihr erinnert euch. Fundamental anders Kierkegaard. Die ganze Philosophie Hegels sei abstrakt, lebensfremd, sie ignoriere vollkommen die eigentliche, individuelle Existenz der einzelnen Person. In Wahrheit gehe es doch immer um das Hier und Jetzt, um einen ganz konkreten Menschen, der sich in einer bestimmten Situation bewähren muss. *Individuum* und *Augenblick* – zwei grundlegende Begriffe bei Kierkegaard. Was nütze dem Menschen ein Weltgeist, ein Weltgesetz? Nein: Wer bin *ich*? Was kann ich erkennen? Was soll ich tun? Für welche Idee habe ich zu leben? Was ist meine Bestimmung? Das seien die entscheidenden Fragen. Um sie müsse sich die Philosophie kümmern, denn sie suche doch nach Wahrheit. Wahr sei aber nur, was für *mich* wahr sei, für mich konkrete Person. Das bedeute, so Kierkegaard: Im Zentrum des Philosophierens habe die **Existenz** des einzelnen Menschen zu stehen. So wurde Kierkegaard zum Vertreter, wenn nicht Begründer der sogenannten **Existenzphilosophie**.
Bei der näheren Betrachtung menschlicher Existenz durch Kierkegaard liefert ihm nun sein eigenes Wesen den Schlüssel zur Erkenntnis. Kierkegaard fragt nämlich: Worin hat meine Schwermut ihren tieferen Grund, was belastet, was quält mich, warum ziehe ich nicht frohgemut durchs Leben? Seine Antwort: Weil ich **frei** bin. Aber ist das nicht etwas Positives? Für Kierkegaard nicht.

Der Mensch sehe sich immer vor unzähligen Handlungsmöglichkeiten. Nie wisse er, welcher der richtige Weg sei, immer trage er für seine Entscheidungen die **Verantwortung**. *Hegel* sah den Menschen durch den Weltgeist festgelegt, für Kierkegaard ist das Sein immer nur Sein*können*, weil der Mensch immer die Wahl habe. Diese Situation sei ein »*Ungeheures*«, weil ewige **Angst** Erzeugendes. Kierkegaard spricht hier von »*der Krankheit zum Tode*«. Niemand hat dies beeindruckender ins Bild gesetzt als der norwegische Maler Edvard Munch (1863– 1944), dessen weltberühmtes Bild »Der Schrei« ihr sicher schon einmal gesehen habt, ein Bild, das einen vom Künstler wirklich erlebten Moment festhält. Die dargestellte Szene zeigt so viel Übereinstimmung mit der Philosophie Kierkegaards, dass man der allgemein behaupteten Tatsache kaum Glauben schenken mag, Munch habe die Gedanken Kierkegaards nicht gekannt.

2. Gibt es einen Strohhalm?

Kierkegaard bejaht dies, allerdings mit Einschränkung. Auf dem Weg zu einem halbwegs tragbaren Umgang mit der Angst, auf dem Weg, der dem Menschen einen gewissen Trost in der Verlorenheit der Welt liefern könne, unterscheidet Kierkegaard drei Stufen.

1. Das *ästhetische Stadium*. Es sei gekennzeichnet durch sinnliche Lust, Genuss, immer neue Freuden, mangelndes Engagement und bloßes Anschauen ohne eigene Verantwortung sowie durch Langeweile und Daseinsleere, letztlich durch Verzweiflung.
2. Dem Menschen biete sich aber mit der zweiten Stufe, dem *ethischen Stadium*, eine Alternative. Was geschieht hier? Selbsterkenntnis, Finden der individuell passenden Lebensanschauung nebst einer geeigneten Aufgabe, Motivation, Treue und Pflichterfüllung. Aber auch auf dieser zweiten Stufe, auf der sich der Mensch selbst suche, finde er keine Ruhe, ja, gerade weil er nun erkenne, dass er immer im Zwang stehe zu wählen, werde er sich seiner Bodenlosigkeit erst richtig bewusst, was die Verzweiflung noch verstärke. Und – daran sei erinnert – genau dies spiegelt Kierkegaards eigene Situation wider. Aber er versucht, ihr so weit wie möglich zu entkommen, nämlich – so nennt er es – durch einen »*Sprung*« auf

3. die *religiöse Stufe*. Hier werde der Mensch zu einer Mischung aus Endlichkeit und Unendlichkeit, das heißt, er bleibe einerseits an alles Irdische weiterhin gekettet, zugleich schaffe aber der Glaube die Verbindung zu einer höheren Welt.

Was verspricht sich Kierkegaard von diesem *religiösen Stadium*? Nur in der Beziehung zu Gott lasse sich die Schwermut halbwegs beherrschen. Immer stehe das Elend für die Grundsituation des Menschen, aber im Bezug zu Gott und in der Verantwortung ihm gegenüber habe der Mensch die Chance, dem jämmerlichen Leben des ästhetischen Stadiums zu entfliehen und so die Schwermut zu ertragen sowie Halt und Kraft zu finden, ja, es sei die so erlebte Schwermut, dem Herzen das Ewige überhaupt erst gewinnen zu können. »*Es ist doch ein Glück für mich, dass ich so schwermütig war*«, resümiert er. Und wenn er auf das Herz verweist, dann deshalb, weil er allein im **Christentum** den Weg sieht, dem irdischen Elend zu entkommen. Im Christentum verwirkliche sich das »*Paradox*« (diesen Begriff verwendet Kierkegaard für die Verbindung von Endlichem und Unendlichem im Menschen) am deutlichsten, indem Jesus als Gott das Ewige und als Mensch das Zeitliche in einem Wesen verkörpere.

Aber Kierkegaard beklagt: Anstatt dass sich der Mensch dem christlichen Gott der Liebe zuwende, herrsche überall nur *Verstand*. Wer jedoch nicht in Gott zu seiner ganz individuellen Persönlichkeit finde, unterscheide sich auch nicht mehr von den anderen. Das wiederum bedeute Leidenschaftslosigkeit, öde Nivellierung, unverantwortliches Geschwätz. Niemand entscheide mehr selbst, alle seien nur noch Publikum, womit auch die Wahrheit auf der Strecke bleibe.

Es soll abschließend nicht unerwähnt bleiben, dass sich Kierkegaard, der dieses leidenschaftliche Bekenntnis zu Gott und Jesus ablegte, mit der protestantischen Kirche seines Landes vollkommen überwarf. Sie sei der Totengräber des Christentums, denn sie habe nur noch die Menge im Blick, nicht den Einzelnen, der um seine ewige Seligkeit ringe.

35. Kapitel
KARL MARX
(1818–1883)

1. Ein Philosoph auf der Flucht

»*Die Philosophen haben die Welt nur verschieden interpretiert; es kommt darauf an, sie zu verändern.*« Marx will also nicht nur Analyst sein, sondern auch Kämpfer für den Wandel. Und ein solcher wird er in der Tat auch, mit unermesslichem Erfolg.

Als Sohn eines renommierten Rechtsanwalts wird er in Trier geboren. Das Jurastudium in Bonn ist begleitet von Auffälligkeiten: Verwundung bei einem Duell, Strafe wegen nächtlicher Ruhestörung und Trunkenheit, ausschweifender Lebenswandel, Schuldenanhäufung. Ähnliche Exzentrik bei der Fortsetzung des Studiums in Berlin. Sein Vater beklagt »*Ordnungslosigkeit*«, »*Verwilderung*«, »*Hintansetzung allen Anstands*«. Die Geldprobleme bleiben, die Uni sieht Karl kaum. Doch fasziniert von der Wissenschaft, promoviert er mit 23 Jahren über ein philosophisches Thema. Den Wunsch, Professor zu werden, gibt er auf, als er erkennt, dass fast alle seine politisch gleichgesinnten Freunde dieses Ziel wegen des reaktionären Absolutismus in Preußen nicht erreichen.

In Köln wird Marx Redakteur der »*Rheinischen Zeitung*«. Noch steht er mit dem Kommunismus auf Kriegsfuß, aber seine sehr liberalen, ja radikal oppositionellen Thesen sind der Obrigkeit Anlass, ihm die Herausgebertätigkeit zu verbieten. Der »*Niederrhein*« war damals preußische Provinz. Nächste Station, gleich nach der Heirat: Paris. Dort gibt er die »*Deutsch-Französischen Jahrbücher*« heraus und bewegt sich in Sozialistenkreisen. Auf Initiative der preußischen Regierung wird er jedoch aus Frankreich ausgewiesen. In Brüssel gründet er die erste kommunistische Partei. Danach geht es für kurze Zeit nach London, dann wieder zurück nach Deutschland, wo er in Köln die

»*Neue Rheinische Zeitung*« gründet und sich um seine revolutionären Ziele kümmert. Das führt zur erneuten Ausweisung. Letzter Aufenthaltsort bis zu seinem Tod: London. Die Jahre dort sind geprägt von unermüdlicher Arbeit, vor allem an dem Hauptwerk *Das Kapital*. Jedoch bedeuten wirtschaftliche Not, schlimme Wohnverhältnisse, Krankheiten, der Tod mehrerer seiner Kinder und die Zeugung eines außerehelichen Kindes mit der Haushälterin für die Familie eine extreme Belastung. Ohne die Spenden von Freunden, vor allem die fortgesetzte Unterstützung seines engsten Freundes Friedrich Engels, wäre die Familie im totalen Elend gelandet.

2. Der Ausgangspunkt: Hegel und Feuerbach

Wir verstehen Marx nur, wenn wir ihn zu Hegel und dem deutschen Philosophen Ludwig Feuerbach (1804–1872) in Beziehung setzen, denn beide haben ihn geprägt. Dem einen folgt er weitgehend, dem anderen nur im Ausgangspunkt, der dann aber in scharfen Gegensatz mündet. Beginnen wir mit Letzterem: Hegel. Von ihm übernimmt Marx den Gedanken der **Dialektik**. Das haben wir im Hegel-Kapitel kennengelernt: These, Antithese, Synthese. Nach diesem Prinzip, so Hegel, verlaufe Geschichte, und zwar nicht von Menschen gemacht, sondern als Entfaltung des zu Selbstbewusstsein findenden (göttlichen) »Weltgeists«. Dazu Marx: Zwar »Ja« zur Dialektik, denn Geschichte sei in der Tat ein Prozess in Stufen, wobei die zweite Stufe aus dem Widerspruch (Antithese) zur ersten entstehe, und die dritte sei die Synthese beider vorhergehenden. Diese historischen Stufen sind für Marx
1. das Stadium des noch primitiven Menschen mit Herdenbewusstsein,
2. die Etappe, in der sich der Mensch als Individuum begreift, die Arbeitsteilung entdeckt und materielle und geistige Arbeit unterscheidet, mit der Folge des Feudalsystems, schließlich des Kapitalismus, und
3. als glücklich machende Synthese der *Kommunismus*.

Nun jedoch das große Aber: Das alles lenke nicht ein Hegelscher Weltgeist, sondern der Mensch selbst. Die Wirklichkeit sei folglich nicht von einem solchen absoluten Geist her zu verstehen, sondern ausschließlich mit Blick auf die irdischen Verhältnisse, also des Materiellen, Sozialen und Ökonomischen. Das bedeutet für Marx weiter: Nicht (wie der Idealismus meint) das menschliche **Bewusstsein** bilde sich (subjektiv) die Welt, sondern umgekehrt, die materiellen Bedingungen bestimmten das Bewusstsein. Marx formuliert dies mit dem berühmt gewordenen Satz so: »*Es ist nicht das gesellschaftliche Bewusstsein der Menschen, das ihr Sein, sondern umgekehrt, ihr gesellschaftliches Sein, das ihr Bewusstsein bestimmt.*« Was ist also mit Hegel geschehen? Seine Philosophie wurde von Marx vom Kopf auf die Füße gestellt.

Nun zum Einfluss *Feuerbachs* auf Marx. Jetzt geht es gegen **Gott** und **Religion**. Der Glaube, so Feuerbach, mache den Menschen unfrei. Nicht Gott habe den Menschen geschaffen, sondern umgekehrt entspreche Gott nur einer idealisierten Wunschvorstellung, einem kindlichen Traum des Menschen, der diesen jedoch in eine Abhängigkeit geführt habe. Die Theologen hätten die Unbegreiflichkeit der Schöpfung zu einem göttlichen Wesen »*personifiziert*«. Bete der Mensch, spreche er folglich nur mit sich selbst. Sein Glück finde er nur, wenn er zum Meister seines Schicksals werde, wenn er sich also von Gott befreie und erst dadurch wahrer Mensch werde. Marx ist von diesen Feuerbachschen Gedanken inspiriert und sieht nun in der Negation des Göttlichen überhaupt die Grundbedingung für die generelle Befreiung des Menschen von all den Zwängen, welche die gesellschaftlichen Verhältnisse für ihn mit sich brächten. Der Grund für diesen Zusammenhang: Es sei der Glaube an Gott, der die (arbeitenden) Menschen so sehr vernebele, dass sie ihr wahres irdisches Elend gar nicht erkennen würden. Das gipfelt in einem weiteren berühmten Satz von Marx: »*Die Religion ist der Seufzer der bedrängten Kreatur, das Gemüt einer herzlosen Welt ... sie ist das Opium des Volkes.*«

3. »Historischer Materialismus«

Marx kennzeichnet seine Geschichtsauffassung mit dem Begriff **Historischer Materialismus**. Einiges davon haben wir schon erfahren: Geschichte verläuft dialektisch, eine bestimmte historische Situation (These) erfährt also einen Widerspruch, woraus zunächst eine andere Situation entsteht (Antithese), per Synthese schließlich die im gegebenen Zusammenhang bestmögliche Gemengelage. Und: Nicht Gott lenkt diesen Prozess, sondern der Mensch. Und dann weiter: Auch wenn der Mensch der mit (stets unberechenbarem) Willen ausgestattete Lenker ist, so handelt es sich doch um einen zwingenden,

Vergangenheit, Gegenwart und Zukunft umgreifenden, alternativlos in die klassenlose, kommunistische Gesellschaft führenden Verlauf, der, weil zwingend, auch mit wissenschaftlicher Methodik und Präzision erfasst und beschrieben werden kann. Dabei sind es immer die gesellschaftlichen, und zwar die materiellen Verhältnisse, und da wiederum speziell die Produktionsweisen des materiellen Lebens, welche die Entwicklung vorantreiben. Und nicht nur das: Es sind diese **Produktionsweisen**, welche überhaupt die Grundlage der Gesellschaft bilden.

Marx nennt diese Grundlage »*Unterbau*«. Darüber gelagert sei der sogenannte »*Überbau*«. Er beinhalte alles im Bewusstsein Verankerte, also alles Geistige und Ideologische, wozu u. a. Staat, Politik, Gesetze, Religion, Sitten, Philosophie, Ideen, Kunst und Moral gehörten. Immer sei der »*Überbau*« abhängig vom »*Unterbau*«, was bedeute: Ändere sich der »*Unterbau*«, also die Produktionsweise im Arbeitsleben, dann auch das gesellschaftliche Bewusstsein.

4. Warum Kommunismus?

Die Entwicklung führe zwingend in den Kommunismus, zugleich das gewünschte Endziel, so Marx. Wie begründet er das? Der **Kapitalismus** müsse überwunden werden, weil er den Menschen vom Produkt seiner Arbeit entfremde, schließlich auch den Menschen vom Menschen. Um das zu verstehen, sind vorab drei, für Marx zentrale Begriffe zu klären:

1. *Produktionsverhältnisse:* Das sind die gesellschaftlichen, vor allem rechtlichen Beziehungen, die der Produktion, dem Austausch, der Verteilung und dem Verbrauch von Waren zugrunde liegen, in erster Linie die Eigentumsverhältnisse.
2. *Produktivkräfte:* Das sind die Ressourcen, auf die bei der Produktion von Gütern und Dienstleistungen zurückgegriffen werden kann, nämlich die Arbeitskraft der Menschen, die Produktionsmittel (s.u.), die Technologie und Organisation der Produktion, die Erfahrung der Einzelnen sowie das gesamtgesellschaftliche Wissen, vor allem die Wissenschaft.
3. *Produktionsmittel:* Dazu gehören das, was die Natur liefert (zum Beispiel Fisch, Rohstoffe, auch bearbeitete Zwischenprodukte wie Metallplatten oder Textilien) sowie die Arbeitsmittel (Maschinen, Werkzeuge).

Wodurch entsteht nun nach Marx die **Entfremdung**? Die Arbeitsmittel, aber auch das Produkt der Arbeit, also alles, was der Mensch benötige, um seinen Lebensunterhalt zu verdienen, gehörten nicht ihm, sondern anderen. Damit gehöre der Mensch aber auch nicht mehr sich selbst, sei folglich entfremdet, der Kontakt zum Produkt eigener Arbeit zerstört. Zwei Klassen seien entstanden: die Eigentümer der Produktionsmittel (Arbeitgeber oder Kapitalisten, Marx spricht insgesamt auch von der *Bourgeoisie*) und die Arbeiter oder Arbeitnehmer, in ihrer Gesamtheit *Proletariat* genannt.

Die Entfremdung werde aber noch durch den Aspekt der Ungerechtigkeit verstärkt. Das hat mit den Begriffen *Gebrauchswert*, *Tauschwert* und *Mehrwert* zu tun. Gebrauchswert sind die konkreten Kosten, die für die Herstellung des Produkts vom Arbeitgeber aufgewandt wurden, vor allem der Lohn des Arbeiters oder Angestellten. Im Kapitalismus nun, so Marx, werde die Arbeit zu einer Ware. Deren Tauschwert liege nämlich über dem, was der Arbeitgeber an Kosten für die Herstellung des betreffenden Produkts eingesetzt habe. Dieser Wert sei »*übernatürlich*«, weil rein gesellschaftlich, also durch das kapitalistische System, welches auch genau darauf ziele, bestimmt. Der Arbeiter verschaffe dem Arbeitgeber einen höheren Wert, als dieser für die Arbeit aufzubringen habe. Das sei der sogenannte Mehrwert. Diesen reinvestiere der Arbeitgeber anschließend nach wiederum denselben Gesetzen, das heißt: Weitere Arbeit werde »*gekauft*«, folglich immer weiterer Mehrwert geschaffen, was dem Arbeitgeber stets noch größeren Gewinn erbringe, den Arbeiter zugleich in zunehmende Abhängigkeit führe. Marx spricht sogar von »*Zwangsarbeit*«. Dem Kapitalismus gehe es daher nicht (wie noch im Tauschgeschäft der Urzeiten) um Bedürfnisbefriedigung, sondern ausschließlich um die grenzenlose und ausbeuterische Anhäufung von Geld, um Profit. Marx nennt den Kapitalismus daher einen »*Fetischismus*«.

Nun endlich zur Ausgangsfrage in der Überschrift. Warum **Kommunismus**? Für Marx ist es gedanklich ein kurzer Schritt von den Verhältnissen, die er vorfindet, zum Kommunismus, wobei er später in der Zusammenarbeit mit Engels die von beiden geleitete Bewegung primär »*Sozialismus*« nannte. Der von Marx geforderte Schritt bedeutet schlicht und ergreifend: Enteignung. Dabei meint der Kommunismus nach gängiger Terminologie die *generelle*

Abschaffung von Privateigentum, der Sozialismus nur die Enteignung von Produktionsmitteln. Die »*Expropriateure expropriieren*«, die Enteigner enteignen, das also ist der zentrale Punkt in Marx' Programm. Und dieses Programm lasse sich nur mittels **Klassenkampf** und einer **Weltrevolution** durchsetzen. Alle Geschichte sei die Geschichte von Klassenkämpfen. »*Proletarier aller Länder vereinigt euch!*«, so endet das von Karl Marx und Friedrich Engels verfasste *Manifest der Kommunistischen Partei* von 1848.

5. Abschließende Fragen

Ihr Jugendlichen habt die Phasen der Geschichte nicht erlebt, als in unseren Landen mit aller Hartnäckigkeit Kommunismus beziehungsweise Sozialismus radikal praktiziert, verteidigt oder gefordert wurde. Obwohl unser Grundgesetz eine klare Sprache spricht und das Eigentum garantiert, wird auch bei uns der Gedanke an eigentumsmissachtende Systeme immer wieder aufblühen. Ihr müsst euch daher immer wieder folgende Fragen stellen:

1. Kennt ihr ein kommunistisches Land, in dem Freiheit und zugleich allgemeiner Wohlstand herrschen?
2. Was garantiert größeren wirtschaftlichen Erfolg: die freiheitliche Entfaltung individueller Schöpferkraft in einem System des Wettbewerbs oder staatliche Planwirtschaft?
3. Ist es wirklich so, dass der Wert einer Ware allein durch die Arbeitskosten zu bestimmen ist?
4. Ist es zwingend, dass sich ein Arbeiter in industriellen Fertigungsprozessen nicht mit dem hergestellten Produkt identifizieren kann? Und: Wenn die geistige Welt auf Produktion reduziert wird, die allein sinnstiftend sein soll, wirkt nicht gerade diese Herauslösung aus allem religiösen, nationalen und kulturellen Zusammenhang, der doch das Menschsein im Wesentlichen prägt, selbstentfremdend? Und weiter: Ist es nicht gerade der Wohlstand, der dem Menschen Freiräume zur individuellen Selbstentfaltung liefert?
5. Wenn der Unterbau (die Produktionsmittel und -verhältnisse), wie Marx lehrt, alles Geistige im Überbau prägen soll, müsste dann nicht auch die im Überbau angesiedelte Marxsche Philosophie selbst einer

Überprüfung unterzogen werden? Drängt sich eine solche Ideologiekritik nicht auf, wenn man den Wohlstand in der Marktwirtschaft mit dem Elend kommunistischer Planwirtschaft vergleicht?

6. Marx spricht nur von der kapitalistischen Ausbeutung und von dem nach wissenschaftlichen Gesetzen zwingenden Übergang in den Kommunismus. Was aber hat er außer der Beseitigung des Privateigentums über den Geist und die Beschaffenheit einer zukünftigen kommunistischen Gesellschaft zu sagen?

7. Kann der Mensch nur als ein Arbeitender definiert werden, und ist nicht der Arbeitsbegriff bei Marx zu eng gefasst? Zwar setzt sich der Mensch, wovon auch Marx ausgeht, Zwecke, aber sind die nicht sehr verschieden, je nachdem, welcher Epoche und Kultur man angehört? Und hat dies nicht auch Bedeutung für die Art und Weise der Identifikation mit dem hergestellten Produkt?

8. Und überhaupt: Stimmt es denn, dass sich der Überbau allein aus dem Unterbau speist? Man denke nur an die doch sehr verschiedenen Verfassungen in vielen Staaten, obwohl die ökonomische Basis jeweils die Marktwirtschaft ist. Schon Stalin legte übrigens großen Wert darauf, dass auch umgekehrt der Überbau Wirkungen auf den Unterbau entfalte, ja oft zum Motor für den Unterbau wurde und wird.

9. Wenn Marx in Wissenschaft und Technik die Garanten für das Ende der Entfremdung, also gleichsam die Erlösung des Menschen sieht, hat er damit wirklich recht? Sind nicht gerade Wissenschaft und Technik mit ihrem abstrakten Geist und der weitgehenden Ausblendung von Subjektivem prädestiniert, zu einer seelenlosen Welt beizutragen? Macht der Mensch seine existenziellen Grunderfahrungen wirklich primär im wissenschaftlichen Raum?

10. Und schließlich: Kann man Marx, der sich natürlich um die Entwicklung des sozialen Gewissens verdient gemacht hat, andererseits freisprechen von einer Verantwortung für das, was dann später in großen Teilen der Erde an Schrecklichem in seinem Namen geschah? Natürlich fühlte er sich der Aufklärung und der Humanität verpflichtet, wenn er meinte, den wahren Kern des menschlichen Wesens herausgearbeitet zu

haben. Aber war es nicht naiv zu glauben, Revolution und Diktatur des Proletariats würden ein System der Freiheit bedeuten, würden den Menschen erlösen? War wirklich nicht damit zu rechnen, dass sich sogleich Kräfte bilden würden, die, weil sie sich im Besitz absoluter Wahrheiten wähnen, diese auch mit aller Härte und Rücksichtslosigkeit durchsetzen wollen und werden? Die weitere Geschichte nach Karl Marx' Tod liefert hierauf unmissverständliche Antworten.

36. Kapitel
WILHELM DILTHEY
(1833–1911)

1. Das Leben als Zentrum der Philosophie

Eigentlich klingt das doch selbstverständlich. Was sonst als das Leben sollte Ausgangspunkt aller Philosophie sein? Und doch werden wir sehen, dass Dilthey, der gebürtige Hesse und spätere Professor in Basel, Kiel, Breslau und zuletzt Berlin, dem Leben und Erleben eine Bedeutung zugewiesen hat, wie sie in der Philosophie zuvor unbekannt gewesen war. Folglich gilt Dilthey auch als Begründer der sogenannten **Lebensphilosophie** in Deutschland. Sein Einfluss nicht nur auf die nachfolgenden Philosophen, sondern auch auf Historiker, Theologen und Psychologen war beachtlich, sodass ihm ohne Frage ein Platz in diesem Buch gebührt, auch wenn ihr seinen Namen noch nie gehört haben solltet.

Wie vielen anderen Philosophen auch, die wir hier kennengelernt haben, geht es Dilthey um Erkenntnis, also um **Wahrheit**. Vom Anspruch her unterscheidet er sich insoweit zum Beispiel auch nicht von Kant. Aber was macht Dilthey so speziell? Sein Subjekt des Erkennens ist nicht ein Abstraktum, auch sind es nicht die rein logischen Denkgesetze, die zu irgendeiner Metaphysik, die er entschieden ablehnt, führen, sondern Erkenntnis erfolge allein durch den seine ganze **Lebenswirklichkeit** umfassenden Menschen, mit seinem Vorstellen, Bewerten, Fühlen, Ahnen, Wollen, also all den Gemütskräften, die zusammengenommen erst den Humus für Vernunft und Denken bilden. Das bedeutet: Wahrheit werde nur durch das Erleben des Menschen vermittelt. Nur das Leben selbst sage uns, wie es wirklich zu verstehen sei. Es liefere uns Aussagen über (auch wissenschaftliche) Tatsachen, wenn diese auch nie von ewiger Gültigkeit seien.

Aber um welche Wissenschaft geht es dabei? Hier kommen wir zu einer für

Dilthey grundlegenden Unterscheidung: der zwischen **Natur- und Geisteswissenschaften** (Dilthey gilt als Begründer Letzterer). Aufgabe der Naturwissenschaften sei es, die (vom menschlichen Geist unabhängige) Natur zu *erklären*. Sie stünden aber immer in der Gefahr, sich im Begrifflichen zu verlieren, ja, wie erwähnt, abstrakte, bloß spekulative Metaphysik zu betreiben. Ziel der Geisteswissenschaften dagegen sei das *Verstehen*. Sie beschäftigten sich (man könnte sagen: erdverbunden, auf dem Teppich bleibend) mit einer Wirklichkeit, die der Geist (sprich: das Bewusstsein) des Menschen selbst erzeugt habe, und zwar aufgrund von Erfahrung, individuell Erlebtem, unmittelbarer psychischer Vorgänge, also aufgrund von Tatsachen, die aus innerer und äußerer Wahrnehmung resultieren (hier schimmert der Empirismus durch!), sowie von Lebenszusammenhängen, die jeder Mensch immer schon vorfände.

Noch einmal kurz zusammengefasst: Dies ist gerade nicht das (für Dilthey nur in der Theorie denkbare) cartesische Bild einer Trennung von Subjekt und Außenwelt (ihr erinnert euch vielleicht), sondern das Bewusstsein im Sinne Diltheys steht für den ganzen Tatbestand des Lebens. Alles im Bewusstsein ist miteinander verwoben. Dies ist der aktive Ort, an dem sich Geist, Leib und Seele sowie Innen und Außen stets zu einem Gesamtzusammenhang verbinden und den Menschen alles, was geschieht, *erleben* lassen. Was also ist das Leben? Es ist die Summe aller Erlebnisse.

2. Wie entstehen Weltanschauungen?

So viel wissen wir jetzt schon: Es ist das Leben selbst, das uns zu wahrer Erkenntnis führt, und es sind die Geisteswissenschaften, die diese Weise der Erkenntnis zu verstehen suchen. Aber was genau bedeutet hier »*verstehen*«? Wir müssen diesen Begriff im Zusammenhang mit zwei weiteren betrachten, nämlich als letzten in der Kette *Erleben, Ausdruck, Verstehen*. Den ersten Begriff – **Erleben** – haben wir bereits kennengelernt: Das sind die ganz individuellen Erfahrungen im weitesten Sinne. Diese Erfahrungen bleiben jedoch nicht im einzelnen Menschen verschlossen, sondern finden einen *objektiven* **Ausdruck**, etwa in Sprache, Kunst, Religion, Moral, Rechtssätzen, Architektur oder auch nur in Gesten. Dieser objektivierte Ausdruck steht für den Geist einer Epoche. Und nun kommt das **Verstehen** ins Spiel. Wer etwa einen Text verstehen wolle, vermöge dies nur, wenn er ihn in seinem jeweiligen historischen Zusammenhang deute. Die Deutung erfolge also nur im Rückgriff auf einen Erfahrungsschatz, ein Vorverständnis (das gelte sogar für die Naturwissenschaften), etwas, das andere bereits erlebt, gedacht, gefühlt hätten, also im Wege eines Nacherlebens, das heißt im Ergebnis, des Erlebens beziehungsweise Nacherlebens einer Weltanschauung.

Dieses Nacherleben stehe aber auch wieder in einer Wechselwirkung mit der vorgefundenen Weltsicht und übe nun seinerseits Einfluss auf diese aus (sogenannter *hermeneutischer Zirkel*). Dilthey spricht hier von einem *Wirkungszusammenhang*. Dieser Zusammenhang sei es, den die Geisteswissenschaften – zugleich sich selbstbesinnend – untersuchen. Und ganz wichtig: Diese Weltsichten, die nach Dilthey eben nicht durch überzeitlich gültiges Denken, sondern durch menschliches Erleben erzeugt worden seien, unterlägen ständiger Veränderung. Damit seien auch jedes individuelle Erleben und jede Wahrheitssuche historisch bedingt, alles sei relativ, Weltanschauungen wurzelten in Charakterstrukturen, absolute Wahrheiten gebe es nicht. Jede Weltanschauung drücke eine Seite des Universums aus, damit sei jede aber auch einseitig. »*Das reine Licht der Wahrheit ist nur in verschieden gebrochenem Strahl für uns zu erblicken*«, so Dilthey wörtlich. Sein Werk wird somit zu einer Kritik der historischen Vernunft (Kritik – wie bei Kant – im Sinne von Abhandlung!), zu einer Philosophie der Philosophie, die auch als Befreiung von der Metaphysik sowie von religiösen Zwängen gemeint war.

Nun seid ihr vielleicht über den Begriff »*objektiver Ausdruck*« gestolpert und denkt dabei an Hegels *objektiven Weltgeist*. Dieser war jedoch der absolute, göttliche, die objektive Vernunft durchsetzen wollende Geist. Anders Dilthey: Zwar habe der historisch gewonnene Erfahrungsschatz eine über die Individuen hinausgehende Bedeutung, und es könne auch nicht einfach beliebig darüber verfügt werden, aber er schwebe nicht irgendwo ewige Wahrheiten repräsentierend, sondern stütze sich – Werte erzeugend und Zwecke realisierend – auf das Gegebene, auf die jeweilige, alles umfassende und stets fließende Wirklichkeit des Lebens, ja sogar auf das Irrationale. Das sei die Grundstimmung, in der sich der Mensch zurechtfinden müsse.

37. Kapitel
FRIEDRICH NIETZSCHE
(1844–1900)

1. »Ich bin kein Mensch, ich bin Dynamit«

Fällt nicht ein Philosoph, der solches von sich selbst sagt, aus dem Rahmen? Das tut Friedrich Nietzsche in der Tat. Viele kennen nur sein Wort: »*Du gehst zu Frauen? Vergiss die Peitsche nicht!*« Aber er hat wahrlich mehr zu bieten, wobei nicht unerwähnt bleiben soll, dass dieser im preußisch-sächsischen Röcken Geborene, der zugleich Dichter und Komponist war, gegenüber Frauen im Grunde recht schüchtern und unbeholfen, letztlich auch erfolglos auftrat. Aber wie in der Überschrift angedeutet, an Selbstbewusstsein als Denker mangelte es ihm nicht, hielt er sich doch für den ersten Philosophen des Zeitalters, ja, nach eigenem Urteil für etwas »*Entscheidendes und Verhängnisvolles, das zwischen zwei Jahrtausenden steht*«. Wenn wir Nietzsches Gedanken gleich etwas näher betrachten, sollten wir wissen, dass er sagte, er habe seine Schriften jederzeit mit seinem ganzen Leben geschrieben, ein Leben, in dem er bereits mit 24 eine Professur für Klassische Philologie in Basel erhielt und das in geistiger Umnachtung endete, wobei deren Ursachen kontrovers diskutiert werden.

2. Kamel-Löwe-Kind

Ein mit Nietzsche nicht Vertrauter kann mit dieser Begriffskombination natürlich nichts anfangen. Aber tatsächlich steht sie für **drei Entwicklungsstufen** der Philosophie Nietzsches. Das gilt es jetzt zu entschlüsseln.
1. *Stufe*: Der Geist wird zum *Kamel*. Das ist für Nietzsche das Stadium, in dem man das Vergangene ehrfürchtig bewahrt und preist sowie Idealen huldigt. Unter dem Einfluss Schopenhauers hat Nietzsche hier speziell die griechische Antike vor Augen (siehe dazu sein Werk *Die Geburt der Tragödie aus*

dem Geiste der Musik). Er verbindet dies mit einer Verherrlichung der den antiken Idealen Rechnung tragenden Musik Richard Wagners, dem er sich zunächst freundschaftlich tief verbunden fühlt, von dem er sich später aber umso entschiedener enttäuscht abwendet. Zwar sah Nietzsche auch schon den Menschen der Antike stets über dunklem Abgrund schweben, hielt das irdische Dasein aber dennoch für aufgehoben in der vom Göttlichen durchdrungenen Welt, an welche der Mensch geglaubt habe, wenn er dabei auch einer Illusion erlegen sei. Zwei Götter sind es, die nach Nietzsche miteinander ringende Prinzipien verkörpern und auf diese Weise für eine Balance sorgen: **Apoll** als Gott der Vernunft, des Maßes, der Ordnung und der Harmonie sowie **Dionysos**, der für das Rauschhafte, oft auch Zerstörerische, aber auch für das Schöpferische und die treibende Lebenskraft stehe. Zu einer Einheit verschmolzen träfen sich beide Kräfte in der *Tragödie*, die Nietzsche für die größte Tat des Griechentums hält.

2. *Stufe*: der Wandel des Geistes vom Kamel zum *Löwen*. Nietzsche überwindet die Phase der verklärten Betrachtung der Wirklichkeit, das heißt vor allem: Er gibt die Hoffnung auf eine Renaissance der deutschen Kultur aus dem Geist der Kunst auf. Ernüchtert und kühl analysiert er nun als *»freier Geist«* die Welt und entlarvt viele traditionell verehrte Werte als Irrtum. Was sich ihm hier offenbare, sei der reine **Nihilismus**: Zerstörung des Glaubens, Verfall, Dekadenz, Sinnlosigkeit, Herrschaft des Nichts. Für diese zweite Stufe stehe der Löwe. Urheber von alledem sei der »Dämon« Sokrates mit seiner Einführung des rationalen Denkens, womit die ganze abendländische Philosophie auf Abwege geraten sei. Nichts mehr stehe auf sicherem Grund. Vergangen das traditionelle »*Du sollst*«, es regiere nur noch das »*Ich will*«. Freiheit, Entbindung von der Pflicht – das seien die neuen Maximen, ein Strom, der »*unruhig, gewaltsam, überstürzt*« in die Katastrophe münde. Im Folgenden werden wir nun einen näheren Blick darauf werfen, welche die Grundfesten sind, die Nietzsche als zerstört sieht. Danach befassen wir uns mit der dritten Entwicklungsstufe des Geistes, von Nietzsche *Kind* genannt.

3. Nihilismus

Warum versah Nietzsche seine Zeit und – so ausdrücklich – auch die nächsten 200 Jahre mit dem Etikett *Nihilismus*, also dem Nichts, der Sinn- und Ziellosigkeit? Woran machte er dies fest? Zunächst einmal an dem Fehlen von **Wahrheit**. Der Mensch meine, mit den Wissenschaften den Schlüssel zur Wahrheit zu besitzen. Ein Irrtum, so Nietzsche. Letzte Wahrheiten seien uns nicht zugänglich, auch die Sprache beruhe nur auf Konventionen und verschleiere das eigentliche Wesen der Dinge. Und wie recht Nietzsche damit hat, lehren uns seit einigen Jahrzehnten die Wissenschaftstheoretiker, s. o. 1. Kapitel.

Zweitens: Nihilismus bezogen auf die **Moral**. Auch sie verfüge über kein festes Fundament. Alle Moral sei relativ. Nietzsche spitzt zu: »*Der Selbstmord der Moral ist ihre letzte moralische Forderung.*« Was der eine für »*gut*« halte, sei für den anderen »*böse*«. Die Begriffe »*Herrenmoral*« und »*Sklavenmoral*« sprächen für sich. Die verschiedenen Zeiten, Regionen und Kulturen lieferten ein buntes Bild von sehr verschiedenen Moralvorstellungen, und oft lasse sich vermeintlich moralisches Verhalten sogar als das Gegenteil davon entlarven, so zum Beispiel Mitleid als Selbstschutz oder Nächstenliebe als Selbstliebe.

Und schließlich schießt Nietzsche eine volle Breitseite auf die **Religion**, speziell das **Christentum**. Lassen wir ihn selbst zu Wort kommen: »*Die christliche Kirche [...] hat aus jedem Wert einen Unwert, aus jeder Wahrheit eine Lüge, aus jeder Rechtschaffenheit eine Seelen-Niedertracht gemacht.*« So habe sich die christliche Religion vom unmittelbaren Leben abgekehrt, den Menschen verweichlicht, seinen Lebenswillen geschwächt, und sie gaukele ihm ein Jenseits vor, das es nicht gebe, denn der Himmel sei nur eine Erfindung von Kranken und Absterbenden. Mit alledem zerbreche das Christentum an sich selbst. Das Fazit Nietzsches kann nicht nihilistischer sein: »*Gott ist tot! Gott bleibt tot.*« Nietzsches Anklage gipfelt in dem Ausruf: »*Und wir haben ihn getötet!*« Aber wie lautet sein Urteil darüber? »*Es gab nie eine größere Tat – und wer nur immer nach uns geboren wird, gehört um dieser Tat willen in eine höhere Geschichte, als alle Geschichte bisher war.*«

Das klingt unmissverständlich. Und doch sieht Nietzsche die verheerenden Konsequenzen der Tötung Gottes, denn er spricht von »*einer lange*[n] *Folge von Abbruch, Zerstörung, Untergang, Umsturz*«, von einer »*ungeheuren Logik* von Schrecken, einer Verdüsterung und Sonnenfinsternis, derengleichen es wahrscheinlich noch nicht auf Erden gegeben hat«.

4. Nietzsches Ausweg: das *Kind*

Nietzsches Gedankengang ist nicht leicht nachzuvollziehen. Zunächst klagt er an: Welch sinnloses Dasein ohne Wahrheit, ohne Moral, ohne Gott! Dann jedoch spricht er im Zusammenhang mit der Tötung Gottes von der größten Tat, um schon im nächsten Schritt die Folgen dieser Tat wieder als »*Untergang*« und »*Schrecken*« zu bezeichnen, und das, obwohl Gott doch nur eine menschliche Erfindung sei. Im Folgenden aber stellt er nun diesen Schrecken, diesen Nihilismus, als etwas nur Vorübergehendes dar, das es zu überwinden gelte. Seine Therapien hierfür sind über mehrere Werke verteilt (Hauptwerk: das bekannte *Also sprach Zarathustra*). Damit sind wir nach Kamel und Löwe bei der *dritten Stufe* der Geisteswandlung: dem **Kind**.

Was also müsse geschehen? Gott und Transzendenz seien über Bord zu werfen. Ins Zentrum gehöre der **Mensch**, er sei »*das Maß und der Wert der Dinge*«, der starke, gegen sich selbst harte, der mutige, der schaffende Mensch, der sich aufs Meer hinauswage, »*dorthin, wo alle Sonnen bisher untergegangen*« seien, der Mensch, der »*um eine neue Welt*« wisse. Das sei nicht der bisherige Massenmensch, nicht das Herdentier, sondern der neue Werte schaffende, den Elitegedanken verkörpernde *Übermensch*, der allerdings eine Ausnahme sei. Er fröne nicht dem Gleichheitsideal, sondern sei getrieben vom **Willen zur Macht**, ja, dieser Wille zur Macht sei eine allem Leben in der Welt innewohnende Grundeigenschaft, ein »*Ungeheuer*« an Kraft, eine »*feste eherne Größe*«, »*ohne Anfang, ohne Ende*«. (Dass eine solche, den Eliten verpflichtete Philosophie eines Tages von politischen Mächten missbraucht werden würde, kann nicht überraschen.)

Neue Werte also, und zwar umfassend. Nietzsche spricht ausdrücklich von der »*Umwertung aller Werte*«. Welche sind das? Der Mensch dürfe sich nicht Gottes Diktat beugen und einer Moral der Schwäche und des Mitleids folgen. Männer männlich, Frauen weiblich. Was »*gut*« oder »*böse*« sei, hänge davon ab, ob es Vitalität, Tüchtigkeit und Macht fördere. Das beinhalte auch, Herr über sich selbst, auch über die eigenen Tugenden zu sein.

Ihr werdet vermutlich fragen: Ist das ein taugliches Rezept, den Nihilismus zu besiegen? Bereitet ihm der mit dem *Willen zur Macht* ausgerüstete *Übermensch* den Garaus? Nietzsche selbst gibt die Antwort: Nein, und sein Weltbild spricht für sich. »*Alles geht, alles kommt zurück; ewig rollt das Rad des Seins.*« Und weiter: »*Dieses Leben* [...] *wirst du noch einmal und noch unzählige Male leben müssen* [...]. *Die ewige Sanduhr des Daseins wird immer wieder umgedreht – und du mit ihr, Stäubchen vom Staube.*« Nietzsches Welt ist eine ohne Anfang und Ende, »*ein Meer in sich selber stürmender und flutender Kräfte, ewig zurücklaufend mit einer Ebbe und Flut seiner Gestaltungen*«, vielfältig, sich selbst widersprechend, aber auch die »*Lust des Einklangs*« genießend, ein »*Werden, das kein Sattwerden, keine Müdigkeit kennt*«, eine »*dionysische Welt des Ewig-sich-selber-Schaffens, des Ewig-sich-selber-Zerstörens*«. Wie gesagt: Nihilistischer geht es nicht. Nietzsches eigenes Fazit: »*Das Dasein, so wie es ist, ohne Sinn und Ziel, aber unvermeidlich wiederkehrend, ohne ein Finale ins Nichts: ›die ewige Wiederkehr‹. Das ist die extremste Form des Nihilismus: das Nichts (das ›Sinnlose‹) ewig.*«

Sind wir damit fertig? Nein, wir müssen ja noch erklären, was sich Nietzsche unter der Stufe *Kind* vorstellt. Am Ende will uns Nietzsche nicht vollkommen hoffnungslos zurücklassen. Ein wirklich frei gewordener Geist verneine nicht mehr, meint er. Indem dieser freie Geist die Sinnlosigkeit nicht nur erkenne, sondern aktiv bejahe, schaffe er im Kontext aller Sinnlosigkeit doch neuen Sinn. Dem Schicksal vertrauend hält Nietzsche nur das einzelne für verwerflich, im Zusammenhang des Weltganzen aber erlöse sich alles. In zwei Wörtern fasst Nietzsche den einzigen Ausweg des Menschen aus dem nihilistischen Joch zusammen: »*amor fati*«, Liebe zum Schicksal, das bleibe uns, um das Dasein zu bewältigen.

Nach allem sei abschließend eine Frage an euch gerichtet: Nietzsche betrachtete sich als Prophet und resümierte: »*Ich beschreibe, was kommt, was nicht mehr anders kommen kann.*« Ihr habt nun einen ersten Einblick in Nietzsches Philosophie genommen. Stimmt ihr ihm zu? Kam, was er vorhersagte, oder konkreter: Leben wir im Nihilismus? Und wenn ja, ist die Liebe zum Schicksal ein Weg der Rettung?

38. Kapitel
EDMUND HUSSERL
(1859–1938)

1. Trauriges akademisches Ende

Husserl wurde als Mitglied der jüdischen Glaubensgemeinschaft im mährischen Prossnitz geboren. Später konvertierte er zum Protestantismus. Dem Studium von Mathematik, Logik, Physik und Astronomie folgte das der Philosophie. Nach der Habilitation in Halle/Saale wirkte er dort jahrelang als Privatdozent. Als 47-Jähriger erhielt er 1906 endlich einen Lehrstuhl in Göttingen, zehn Jahre später wechselte er auf einen Lehrstuhl in Freiburg. Nach der Emeritierung 1928 hoffte er auf einen philosophisch fruchtbaren wie auch friedvollen Lebensabend. Jedoch machte ihm der Nationalsozialismus einen Strich durch die Rechnung. Wegen seiner jüdischen Herkunft zwang man ihn 1933 zur Niederlegung aller Ehrenämter, der Zugang zur Universität wurde versagt. Es war sein ehemaliger Assistent und Nachfolger als Ordinarius, der dies als Rektor mitentschieden hatte: kein Geringerer als Martin Heidegger. In den letzten fünf Lebensjahren gelang es Husserl dennoch, sein zweites Hauptwerk zu Ende zu bringen. Titel: *Die Krisis der europäischen Wissenschaften und die transzendentale Phänomenologie.* Und mit diesem letzten Begriff treffen wir schon den Kern von Husserls Philosophie.

2. Wieder geht es um die Wahrheit

Philosophie als strenge, dem **Maßstab der Logik** genügende Wissenschaft, darum ging es Husserl. Zunächst einmal aber galt es, überkommene Philosophien wegzuräumen, weil sie nach Husserls Meinung untauglich waren, Wahrheit zu vermitteln. Um das Folgende zu verstehen, wäre es von Vorteil, wenn ihr euch noch einmal die Kapitel über Descartes und Kant anschauen

würdet. Aber auch ohne solchen Rückblick müsste klar werden, worauf Husserls Kritik zielt, nämlich auf dreierlei:
1. Am Ende des 19. Jahrhunderts hatte die **Psychologie** enorm an Bedeutung gewonnen. Dabei geht es um Erkenntnis, Gewissheit und Wahrheit durch Erforschung *innerer* Bewusstseinszustände. Dem jedoch bestreitet Husserl jede Zuverlässigkeit. Solcher *Psychologismus* ende stets in Subjektivismus, Relativismus oder gar Idealismus, wo – ihr erinnert euch – die Existenz des Seins beziehungsweise der Materie auf den Geist zurückgeführt wird (Hegel). Gemäß dem Idealismus ist Materie nur eine Erscheinungsform des Geistes, der Ideen. Aus dem Bewusstsein letztgültige Schlüsse auf die objektive Wirklichkeit zu ziehen, lehnt Husserl also ab.
2. Sodann wendet er sich gegen *Descartes*. Dessen *cogito ergo sum* (ich denke, also bin ich) stehe für sich, sei also von der Welt isoliert, bilde keine Beziehung zu ihr. Das sei eine abstrakte, lebensfremde Sicht, die Descartes letztlich zu dem Umweg zwinge, die Existenz der Dinge damit zu begründen, dass Gott uns nicht in die Irre führe. Das jedoch werde der Wirklichkeit nicht gerecht.
3. Adressat der dritten Kritik Husserls ist schließlich *Kant*. Zweierlei bemängelt Husserl: Uns fehle jede Gewissheit über das *a priori*, das nach Kant ja aller Erfahrung vorausgehe, außerdem sei auch Kants Idee vom *Ding an sich* ohne Nutzen, weil es sich dabei nur um ein reines Denkgebilde handle, wir folglich auf diesem Weg keinen unmittelbaren Zugang zu den Dingen, also keinerlei Erkenntnis über die Wirklichkeit gewännen.

3. Phänomenologie

Jetzt wissen wir, wie nach Husserl Wahrheit nicht ergründet werden kann. Wie nun aber meint *er*, der Wahrheit auf die Spur zu kommen? Zunächst einmal – und das wurde eingangs schon erwähnt – müsse jede Wahrheitssuche den Gesetzen strenger **Logik** folgen, so wie in der Mathematik, deren Gesetze a priori Geltung besäßen, also unabhängig von jeder Erfahrung. Diesem Maßstab folgend beginnt die Argumentation Husserls mit der Unterscheidung zwischen **Denkakt** (Noesis) und **Denkinhalt** (Noema). Der Denkakt geschehe im Bewusstsein, der Denkinhalt (das, worauf sich das Bewusstsein richte) sei ein Objekt mit eigener Wesenheit, also (im Gegensatz zur Sicht des Idealismus) unabhängig vom denkenden Subjekt, dem Menschen.

Warum nun nennt Husserl seine Philosophie *Phänomenologie?* Er sagt, unser Erkenntnisstreben richte sich nicht darauf zu erfassen, wie die Dinge wirklich seien (dies sei uns verschlossen), sondern wie sie sich uns, also unserem Bewusstsein, *gäben,* und das täten sie folglich nur als Phänomene, als Erscheinungen. Wichtig ist nun aber, dass Husserl nicht hier die Erscheinung (also das Ding) sieht und davon getrennt dort das Bewusstsein, sondern dass beide miteinander verbunden seien. Das heißt: Das Bewusstsein sei immer *intentional,* also zielgerichtet (Intention=Absicht), also immer »*Bewusstsein von etwas*«. Und um etwas über den Gegenstand aussagen zu können, müssten wir erforschen, wie er im Bewusstsein gebildet werde. Man kann die Phänomenologie daher **Wissenschaft vom Bewusstsein** nennen. Obwohl nur Phänomen, bleibt der Gegenstand dennoch wichtig und wird nicht, wie es im Psychologismus oder Idealismus geschieht, gänzlich in Subjektives aufgelöst. Husserl unterstellt also das Bestehen des Gegenstandes, nur geht er von einer Korrelation (wechselseitigen Beziehung) zwischen Gegenstand und Bewusstsein aus. Um es ganz deutlich zu sagen: Husserl will *beschreiben,* wie das Bewusstsein arbeitet, wenn es uns Seiendes wahrnehmen oder etwas erinnern oder auch Vorstellungen bilden lässt.

Und wie arbeitet das Bewusstsein nach Husserl? Wie gesagt: Es sei immer auf etwas gerichtet. Und worauf? Auf den Gegenstand der Wahrnehmung, der uns ja nur als Phänomen erscheine. Stets wolle das Bewusstsein verstehen, also Evidenz schaffen. Dieses Ziel sei ihm quasi eingepflanzt. Es strebe zwingend (!) nach solcher Erfüllung (Husserl spricht von *Konstitution*). Er nennt diesen Prozess aus gutem Grund einen transzendentalen, ein a priori, weil das Bewusstsein gar nicht anders könne, als dies zu leisten, nämlich uns von dem Phänomen (etwa einem Stuhl) eine konkrete *Gegebenheit* zu liefern, und zwar eine, die wir dann *Erkenntnis* beziehungsweise Wissen nennen, wenn sich auch die Erkenntnis von Mensch zu Mensch unterscheide. Ein simples Beispiel: Der eine Mensch betrachtet einen Stuhl von diesem Platz aus, der andere von jenem. So entstehen verschiedene Bilder von ein und demselben Stuhl. Da aber die Standorte beliebig weiter vermehrt werden könnten, werde das wirkliche Sein einer Sache nie ausgeschöpft. Letztgültige Wahrheit offenbare sich also nie.

Der Erkenntnisprozess gelinge, so Husserl, allerdings nur, wenn wir bei der Untersuchung des Bewusstseins zunächst alle »*natürliche Einstellung*« aufgäben. Er nennt das **Phänomenologische Reduktion**. Das bedeutet: Wir müssten den Cartesianischen Zweifel noch überbieten. Zwar werde die Existenz der Welt weder geleugnet noch bejaht, sie sei jedoch zusammen mit allem, was uns die Wissenschaften über die Natur sagen, *einzuklammern* (so nennt er es). Dann bliebe nur noch das Bewusstsein, eine auch von Husserl so bezeichnete sonderbare *Gegend des Seins*, ein neues Gebiet der Wissenschaft.

Dass dies alles schwer nachzuvollziehen, ja rätselhaft ist, lassen wir zunächst einmal beiseite. Vielleicht verhilft ein Bild der Schweizer Philosophin Jeanne Hersch etwas zum Verständnis. Sie stellt sich ein Blatt Papier vor. Auf der einen Seite befänden sich die erfahrbaren Gegenstände (für Husserl die Phänomene, zum Beispiel der Stuhl), auf der anderen das, was im Bewusstsein geschehe. Nun seien wir es ja gewohnt, entweder die eine oder die andere Seite des Papiers zu thematisieren. Für Husserl sei nun aber das Wesentliche das Papier, und zwar das, was im Inneren des Papiers geschehe, nämlich die Aktivität des Bewusstseins, welches uns die Phänomene in konkreter *Gegebenheit* vermittle.

Es soll schließlich nicht unerwähnt bleiben, dass sich Husserl in seinem Spätwerk über die *Sinnentleerung* in den Wissenschaften beklagte. Irrationalismus, die Gefahren der technisch-industriellen Zivilisation sowie die zunehmende Unmenschlichkeit machten ihm zu schaffen. Deshalb warb er leidenschaftlich für eine **Lebenswelt**, die dem Menschen wieder mehr das Gefühl eines zu Hause schenkt.

4. Abschließende Frage

Wir durften auf dieses Kapitel nicht verzichten, weil Husserl auf viele Denker nachhaltigen Einfluss geübt hat, etwa auf Heidegger und Sartre (zu beiden kommen wir noch). Aber ihr habt ja nun schon eine ganze Reihe von

Philosophien kennengelernt, auch die dazugehörigen Begriffe. Deshalb abschließend die Frage: Liefert Husserl wirklich wesentlich Neues? Wenn die Aktivität des Bewusstseins ein zwingendes *a priori* ist (Kant?), wenn es heißt: »*Zu den Sachen selbst!*« (Realismus/Naturalismus?), wenn Sinneserfahrung und Beobachtung von Gegenständen das Bewusstsein speisen (Empirismus?), wenn das Bewusstsein die unterschiedlichsten Erkenntnisse von ein und demselben Gegenstand liefert, aber daneben ein absolut Wahres unterstellt wird (Ideenlehre?) und wenn schließlich das Bewusstsein die Gegenstände konstruiert (Idealismus?), kann man dann sagen, dass Husserl in neue philosophische Sphären gedrungen ist?

39. Kapitel
HENRI BERGSON
(1859–1941)

1. Vom Gymnasiallehrer zum Weltstar

Bergson wurde in Paris geboren, verbrachte aber die frühe Kindheit überwiegend in London. Der Vater, Musiklehrer und Komponist, war polnischer, die Mutter englisch-irischer Abstammung. Achtjährig kehrte Bergson mit seiner Familie nach Paris zurück, wo er auch dann blieb, als es seine Eltern 1870 wegen des Ausbruchs des deutsch-französischen Kriegs wieder nach England zog. Nach hervorragendem Schulabschluss und Philosophiestudium wurde Bergson Gymnasiallehrer. Einige Jahre nach Erscheinen seines ersten großen Werks (deutscher Titel: *Zeit und Freiheit*) wurde er Professor am »Collège de France« in Paris. Sein Mathelehrer war über diesen Weg sehr traurig: »*Du hättest Mathematiker werden können, jetzt wirst du bloß ein Philosoph.*« Die weitere Karriereleiter in Stichworten: Mitglied der »Académie française«, diplomatische Aktivität, u. a. um die USA zum Eintritt in den Krieg gegen Deutschland zu gewinnen, Gründungsmitglied und erster Präsident des »*Internationalen Instituts für geistige Zusammenarbeit*« (angegliedert an den »Völkerbund« und Vorläufer der UNESCO), 1927 Nobelpreis für Literatur. Diese Auszeichnung erhielt er für das Werk *Schöpferische Entwicklung*. 1941 starb der inzwischen weltberühmte Philosoph an einer Lungenentzündung. Es heißt, er habe sie sich beim Schlangestehen zugezogen, als er sich als Jude habe registrieren lassen müssen.

2. »Lebensphilosophie«

Bergson gilt als einer ihrer Hauptvertreter. Es geht dabei um die Frage, wie man das Leben am treffendsten erfasst. Nicht mit den Grundsätzen der Aufklärung und der Naturwissenschaften, nicht mit der Vernunft, also dem Denken allein, meint Bergson. Zwar preist er die Wissenschaften, die, angetrieben vom **élan vital** (dem Lebensschwung für Menschen-, Tier- und Pflanzenwelt) höchst nützliche, das Dasein erleichternde Errungenschaften lieferten, aber über das eigentliche, das wahre Leben, das heißt, über Geist und Bewusstsein, könnten sie keine Auskunft geben. Dafür bedürfe es des Rückgriffs auf die Intuition, ein zentraler Begriff bei Bergson. Und warum führe uns die **Intuition** zu wahrer Erkenntnis vom Leben? Das hängt für Bergson mit dem **Zeitbegriff** zusammen. Bergson unterscheidet nämlich wissenschaftlich-intellektuelle und Erlebniszeit. Das wissenschaftliche Denken zerschneide die Zeit wie einen Raum, oder richtiger: wie räumliche Materie. Den Raum zeichne Homogenität aus, was bedeute, dass man von jedem beliebigen Punkt zu einem anderen Punkt gelangen könne. Wenn nun die Zeit auf ebensolche Weise zerschnitten werde, so folge damit der Zeitbegriff dem Raumbegriff. Das sei der Grund dafür, dass in unserer Vorstellung exakt messbare Zeit-Einzelteile entstünden. Durch solche Zerstückelung gingen wir (verstandesmäßig) von Einzelbildern aus wie bei einem Film. Allein das schnelle Abspielen suggeriere den Eindruck von Bewegung. Nun werde jedoch diese streng wissenschaftliche Sicht dem Leben, der Fülle des Bewusstseins, nicht gerecht. In Wirklichkeit erlebe der Mensch – auch entgegen Kant – die Zeit nicht als gleichförmige. Es sei vielmehr die Intuition, die uns das wahre, dem tatsächlichen Erleben entsprechende Zeitverständnis vermittle, und dieses Verständnis sei ein sehr subjektives. Deshalb spricht Bergson statt von *Zeit* von **reiner Dauer** (durée réelle). Und in der Tat wird Zeit sehr unterschiedlich erlebt. Nicht nur der Sportfan weiß dies. Man denke nur an die letzten Minuten eines Fußballspiels, in dem eine Mannschaft 1:0 führt. Die einen empfinden die Restzeit als kurz, für die anderen will das Spiel gar nicht enden.

Für die Philosophie Bergsons ist nun von besonderer Bedeutung, welchen Zusammenhang er zwischen *élan vital*, Intuition und Gedächtnis sieht. Der *élan vital*, der Lebensschwung, sei die Quelle alles Tuns und Werdens. Das Gedächtnis sammele das im ständigen unteilbaren »*Bewusstseinsstrom*« Wahrgenommene und trage es hinüber in die Gegenwart, womit die Vergangenheit Teil der Gegenwart werde. Diese Verknüpfung von Vergangenem und Gegenwärtigem lasse sich aber ebenso wie die im *élan vital* wurzelnde schöpferische Aktivität nicht über den wissenschaftlichen, sondern nur über den Zeitbegriff der *durée*

réelle, der reinen Dauer, und diese wiederum nur durch Intuition erfahren. So erst entstehe der Sinn für Werden, Leben, und Schöpfertum, so erst würden Träume und Fantasie möglich.
Bergson bezieht dies nicht nur auf den Menschen und seine Geschichte, sondern auch auf die Natur. Anders als Darwin es mit seinem kausalen, wissenschaftlich-mechanistischen Weltbild sah, dominiert bei Bergson die Vorstellung von einer belebten, bewussten Natur, die sich – und das ist entscheidend – *schöpferisch*, also frei und unvorhersehbar weiter forme. Damit stellt er sich trotz mancher Übereinstimmung auch gegen Schelling, der von einem Endpunkt ausgeht, bei dem der Geist der Natur zu sich selbst komme. Für Bergson bleibt offen, wohin sich die Natur entwickelt, denn sie werde – wie gesagt – getrieben von einem stets schöpferischen *élan vital*.
Noch eine interessante Notiz zu den Stichworten *élan vital* und *Zeit*: Marcel Prousts berühmter Roman *Auf der Suche nach der verlorenen Zeit* und der nicht minder berühmte Film *Alexis Sorbas* sind von Bergsons Philosophie stark inspiriert worden, ganz zu schweigen von den ihm nachfolgenden, gegenüber dem einseitig wissenschaftlich-technischen Weltbild kritischen Strömungen.

3. Moral und Religion

Schließlich hat Bergson den Gedanken des *élan vital* auch für die Bereiche Moral und Religion fruchtbar gemacht. Bei der **Moral** unterscheidet er »*geschlossene*« und »*offene*« Moral. Die »*geschlossene*« basiere auf sozialen Regeln, ist unpersönlich und diene dem Erhalt der Gesellschaft, die »*offene*« lebe von der schöpferischen Kraft, wurzele in der Tiefe des Daseins und beschränke sich auf auserwählte, vorbildliche Heilige und Helden, die für Liebe, Freiheit und Humanität stünden.

Ähnlich befeuere der *élan vital* auch die **Religiosität**. Die statische Religion helfe durch die Schaffung von Riten und Zeremonien, das Wissen um die Sterblichkeit zu ertragen, nehme Ängste, festige den Menschen und fördere die Solidarität in der Gemeinschaft. Die *dynamische* Religion dagegen sei mystischer Natur. Auch hier sei es nur wenigen vorbehalten, mit der Quelle des »*Lebensstroms*«, dem Gott der Liebe, eins zu werden.

40. Kapitel
BERTRAND RUSSELL
(1872–1970)

1. Ein Vollblutleben

Russell, der seine Eltern schon als Vierjähriger verlor, stammt aus einer englischen Adelsfamilie. Sein Großvater war einst mehrfach Premierminister gewesen. Nach dem Studium der Mathematik und Philosophie in Cambridge unternahm Russell, ausgestattet mit einem üppigen Erbe, große Reisen und widmete sich wissenschaftlicher Arbeit. Damit sind wir schon bei seinen Leidenschaften. Er nennt sie selbst »*das Verlangen nach Liebe, der Drang nach Erkenntnis und ein unerträgliches Mitgefühl mit den Leiden der Menschheit*«. Diese Aufzählung liefert uns ein ideales Eingangstor, Russell näher kennenzulernen.

Beginnen wir mit der Liebe. Was lockte ihn? Auch das erklärt er uns. Sie erzeuge Verzückung, schenke Überschwang, erlöse von der Einsamkeit, und schließlich lasse die liebende Vereinigung die »*Vorahnung des Himmels*« erschauen, »*wie er in der Vorstellung der Heiligen und Dichter*« lebe. Das klingt weihevoll-erhaben, und doch meinte er, »*dass die freie Liebe das einzig vernünftige System und die Ehe eine Folgeerscheinung des christlichen Aberglaubens*« sei. Allerdings erlag er solchem Aberglauben, denn er heiratete viermal, das letzte Mal mit 80, wobei er sich auch dann noch im Kreis von Schönheitsköniginnen recht wohlfühlte. Und auch als Schriftsteller war er nicht zimperlich. Eine amerikanische Professur hatte er einmal wegen »*wollüstiger*«, »*respektloser*« und »*unkeuscher*« Publikationen verloren.

Die *Leiden* der Menschheit machten ihn zu einem politischen Menschen. **Ethik** dürfe nicht dogmatisch sein, sondern der Mensch müsse sich lebensbejahend und von Daseinsfreude getragen an den eigenen Wünschen orientieren. Das bedeute aber nicht egoistisches, missgünstiges und neidvolles Streben nach Glück, sondern man müsse auch von »*Mitleid und Erbarmen*« erfüllt sein. Russell schmerzen »*verhungernde Kinder, gefolterte Opfer von Unterdrückern, hilflose alte Menschen,* [...] *die ganze Welt der Verlassenheit, der Armut, des Leids*«. Die Säulen seiner Ethik fasst er wie folgt zusammen: »*Liebe und nicht Hass, Zusammenarbeit und nicht Konkurrenz, Friede und nicht Krieg.*« Von dieser Basis aus gelangt er zu einem engagierten Wirken für *Sozialismus, Pazifismus* und auch *Frauenemanzipation*. Natürlich stieß dies auf Kritik. Dass er auf Veranstaltungen mit faulen Eiern und Ratten beworfen wird, zählt noch zu den mildesten Missbilligungen. Wegen seines Einsatzes für Wehrdienstverweigerer muss er sogar eine halbjährige Gefängnisstrafe verbüßen.

Am Ende dieses überquellenden Lebens stehen 60 Bücher und 2000 Aufsätze, höchster englischer Orden, Nobelpreis für Literatur und, nicht zu vergessen, Weltruhm. Immerhin stand er mit Persönlichkeiten wie Einstein, Eisenhower, Kennedy und Chruschtschow in Verbindung. Dies alles offenbar ein gutes Rezept, um 97 Jahre alt zu werden.

2. Die dritte Leidenschaft: Streben nach Erkenntnis

Wie strebt man nach Erkenntnis, und ist das Finden letzter Wahrheiten überhaupt möglich? Zu Frage 1: Hierbei muss man nach Russell mehreres im Blick haben. Für jemand, der sich schon als Elfjähriger mit Euklid beschäftigt hat, ist der Ausgangspunkt aller Philosophie die Mathematik. Ihre Regeln müssten geeignet sein, auch in *philosophischen* Fragen sichere Erkenntnisse zu liefern. Aber sind die Säulen, auf denen die Mathematik ruht, wirklich so zuverlässig, fragt Russell dann doch. Diese Frage behandelt er in seinem ersten großen (dreibändigen) Werk, das er zusammen mit dem Engländer Alfred North Whitehead verfasst (*Principia Mathematica*). Kernaussage der Arbeit: Der Mathematik lägen logische Prinzipien zugrunde. Also: Alle Mathematik basiere auf Logik. Oder anders ausgedrückt: Alle mathematischen Axiome (das sind absolut anerkannte Grundsätze einer Theorie, die keines Beweises mehr bedürfen) fußten auf Gesetzen der Logik. (Übrigens: Whitehead hat sich später von dieser Position verabschiedet, und auch spätere Mathematiker verwarfen sie, weil immer Alternativen axiomatischer Festlegung bestünden.) Im Einzelnen ist dies höchst komplex und bedarf in einer Einführung in die

Philosophie keiner Vertiefung. Aber die Begriffe *Russellsche Antinomie* und *Russellsches Paradoxon* seien zumindest genannt.
Zwischenergebnis: Mathematik und Logik liefern nicht zuletzt auch philosophische Erkenntnis. Aber worauf richtet sich der Blick? Was wird logisch erfasst? Russell: Es seien die Daten, die unsere Sinne liefern. Diese Daten seien unendlich viele, kleinste, nicht weiter zerlegbare Teile beziehungsweise Tatsachen (sprich: *Atome*). Unser Geist füge sie zu komplexen, aber eben auch logischen Sachverhalten zusammen (»*logischer Atomismus*«). Allerdings sei unsere Alltagssprache untauglich, sie genüge nicht logischen Ansprüchen. Deshalb entwickelt Russell für die Darstellung logischer Sachverhalte eine spezielle Zeichensprache. Den Hintergrund hierfür liefert die sogenannte *Analytische Sprachphilosophie* (ausgebildet von Russell zusammen mit George Edward Moore), welche einzelne Wörter und Begriffe zur Vermeidung von Fehldeutungen logisch analysiert.
Damit haben wir die erste Frage Russells beantwortet, nämlich wie man nach Erkenntnis strebt. Die zweite lautete, ob letzte Wahrheiten gefunden werden könnten. Da ist Russell trotz des Rückgriffs auf Mathematik und Logik letztlich doch sehr skeptisch, denn, so fragt er: Lassen sich Mathematik und Logik mit der Wirklichkeit überhaupt zusammenbringen, und wenn ja, wie?
Wie man es auch dreht und wendet: Mehr als eine pragmatische Lösung findet Russell nicht. Das heißt, Logik und Mathematik könnten die Wirklichkeit (gemeint ist die objektive, wahre Wirklichkeit) nicht greifen, aber irgendwie müssten wir ja von einer Realität ausgehen. Wie meint Russell das? Ein Tisch liefere unserem Geist nur Sinnesdaten, etwa Farbe oder Form betreffend. Aber wer sage uns, dass der Tisch wirklich existiert? Vielleicht träumten wir ihn nur, ja, vielleicht, so Russell wörtlich, »*ist die Außenwelt nur ein Traum*«, und zwar alles, was wir sehen, hören, riechen, schmecken und tasten. Russell macht ernst mit seiner Skepsis und erklärt: Der Tisch lasse sich nun einmal »*nicht strikt beweisen*«, und dass überhaupt alles nur ein Traum sei, müsse zumindest als logisch denkbar anerkannt werden. Zwar sähen wir einen blauen Tisch, aber das sagten uns nur unsere Augen. Wie er wirklich beschaffen sei, erschließe sich uns daraus nicht. Nicht anders verhalte es sich zum Beispiel mit dem Raum. Unser Anschauungsraum könne ganz anders beschaffen sein

als ein wirklicher physikalischer Raum. Immer gehe es nur um **Wahrscheinlichkeiten**, auch bei Naturgesetzen. Mag die Sonne auch immer aufgegangen sein, so müsse das für morgen nicht gelten. Dass Russell mit solcher Skepsis zugleich an aller Metaphysik zweifelt und damit auch den Glauben an Gott, Freiheit und Unsterblichkeit aufgibt, kann nicht überraschen.

Zwischenfrage: Ist euch je der Gedanke gekommen, ihr träumtet euer Leben nur? Hattet ihr solche Momente? Wenn nein, haltet ihr Russells Skepsis für abwegig oder könnt ihr sie irgendwie nachvollziehen?

Aber Russell liefert dann letztlich doch ein Bekenntnis zur Existenz der Außenwelt, so wie sie von unseren Sinnen erfasst wird. Gemäß den »*Prinzipien der Einfachheit*« müssten wir, wenn wir uns orientieren und vor allem auch Daseinsfreude erfahren wollen, vernünftigerweise die begreifbare Realität als wirklich gegeben akzeptieren. Warum »*Prinzip der Einfachheit*«? In die Realität als solche einzuwilligen, sei schlicht einfacher zu denken, als dass alles nur ein Traum sei. Und hierzu dienten uns neben Evidenzen (zum Beispiel Logik, Geometrie oder auch allgemeine Eigenschaften wie zum Beispiel *gleich* oder *ähnlich*) zwei Weisen der Erkenntnis: die unmittelbare aus **Bekanntschaft** und die mittelbare aus **Beschreibung**. Unmittelbare Informationen erhielten wir durch unsere Sinne und Empfindungen, auch durch unser Ich, mittelbare durch Beschreibung, etwa wenn wir uns mit Atomen beschäftigen, die wir ja nicht sähen, über die wir aber eine Menge wüssten. Solche Kombination von unmittelbarer und mittelbarer Erfahrung liefere ein System von Kenntnissen, das sich zu einer Ordnung bilde, welches uns Orientierung schaffe. Und nicht nur bezüglich der Erkenntnis macht Russell eine Konzession, sondern auch bei der Metaphysik. Zwar ist er auch hier von Skepsis durchdrungen, aber sinnlos seien metaphysische Fragestellungen nicht. Das spekulative Interesse an der Welt müsse wachgehalten werden.

41. Kapitel
LUDWIG WITTGENSTEIN
(1889–1951)

1. »Vielleicht das vollkommenste Genie«

Dies ist das Urteil von Wittgensteins Lehrer. Wir kennen ihn bereits aus dem vorigen Kapitel: Bertrand Russell. Wittgenstein kennenzulernen, »*war eines der erregendsten geistigen Erlebnisse meines Lebens*«, sagt er. Die beiden wurden später Freunde. Zunächst aber einige Daten aus Wittgensteins ungewöhnlichem Leben. Er ist böhmischer Abstammung, wurde jedoch in Wien geboren. Sein Vater war ein reicher, jüdischer Industrieller, sozusagen der Krupp Österreichs. Man kannte das Palais Wittgenstein als einen Treffpunkt vor allem zahlreicher namhafter Musiker wie Clara Schumann, Gustav Mahler, Johannes Brahms oder Richard Strauss. Ein sehr musisches Haus also. Ein Bruder Ludwigs war bekannter Konzertpianist. Ludwig selbst spielte Klarinette und erwog sogar, Dirigent zu werden. Er studierte dann jedoch zunächst an der TH Berlin und in Manchester Ingenieurwissenschaften, sodann Mathematik und Philosophie in Cambridge. Im Ersten Weltkrieg kämpfte er als Freiwilliger in der österreichischen Armee an der Ostfront, bei Kriegsende geriet er in italienische Gefangenschaft. Noch während des Krieges beendete er das erste seiner beiden bedeutenden Werke, den *Tractatus logico-philosophicus*. Wieder in Freiheit schenkte er sein beachtliches väterliches Erbe seinen sieben Geschwistern und wurde Volksschullehrer, anschließend arbeitete er als Hilfsgärtner und Architekt. Da ihn dies alles nicht befriedigte, kehrte er nach Cambridge zurück, promovierte mit dem *Tractatus* und wurde mit 50 Nachfolger von G. E. Moore auf dessen renommierten Philosophie-Lehrstuhl. Von Moore habt ihr schon im Zusammenhang mit Russell gehört. Doch Wittgenstein kam seelisch nicht zur Ruhe. 1947 beendete er seine Lehrtätigkeit und zog sich in die Einsamkeit nach Irland und Norwegen zurück, wo er sich weiterhin intensiv philosophischen Themen widmete (Schwerpunkt: Psychologie). 1951 starb er an Prostatakrebs.

Einige Besonderheiten seines Wesens sollen nicht unerwähnt bleiben. Da ist zum einen die ihn lebenslang begleitende Schwermut, ein Familienschicksal, das auch schon seinen Vater ereilt hatte. Drei Geschwister von Ludwig nahmen sich das Leben. Eine gewisse Skurrilität fand schon in Schulzeiten darin Ausdruck, dass Ludwig von seinen Mitschülern mit »Sie« angeredet werden wollte. Ein guter Schüler war er übrigens nicht. In der Cambridger Doktorprüfung warf er zu Beginn seinen *Tractatus* auf den Tisch mit der Bemerkung: »*Wir könnten den ganzen Tag darüber reden, und Sie drei würden es trotzdem nie verstehen.*« Fragen waren in seinen Vorlesungen unerwünscht. Wittgenstein nutzte sie als Denkveranstaltungen für sich selbst. Manchmal starrte er die Studenten 20 Minuten lang finster und schweigend an, bevor er weiter dozierte, nicht ohne Äußerungen zu tun wie »*Ich bin närrisch*« oder »*Ihr habt einen furchtbaren Lehrer*«. Nun ja, dieser Lehrer soll dem berühmten Kollegen Karl Popper anlässlich dessen Gastvortrags sogar einmal mit dem Schürhaken gedroht haben.

2. Habe »die Probleme im Wesentlichen endgültig gelöst«

So Wittgenstein wörtlich im *Tractatus*. Schön wär's. Wittgenstein selbst ist es, der später von seinen »*schweren Irrtümern*« spricht, die es zu korrigieren gelte. Das macht neugierig, weshalb wir uns, um ihn richtig zu verstehen, zunächst mit der Philosophie im *Tractatus*, sodann mit den umfangreichen Revisionen in seinem zweiten berühmten Werk, den *Philosophischen Untersuchungen* beschäftigen werden. Diese *Untersuchungen* sind eine Sammlung nachgelassener Schriften, die erst nach Wittgensteins Tod herausgegeben wurde.

Ihr erinnert euch an die eingangs dieses Buchs zitierte Frage Kants: *Was kann ich wissen?* Das beinhaltet zugleich die Frage: Was kann ich nicht wissen, was ist mir verschlossen? Es geht also wieder um die uns nun schon vertraute philosophische Suche nach **Wahrheit**. Viele Wege haben wir bereits kennengelernt. Sie alle jedoch, so Wittgenstein, seien Irrwege. Sein Weg nun führt über die **Sprache**. Sprache und Wirklichkeit, dies seine These, verfügten über die gleichen formalen Strukturen. Wie meint er das? Die Welt sei alles, was der

Fall ist, und bestehe aus Tatsachen, ja, so wörtlich, »*die Welt ist die Gesamtheit der Tatsachen*«. (Wittgenstein spricht diesbezüglich auch von »*Sachverhalten*«.) Danach sind es also nicht die Dinge, sondern Sachverhalte, welche die Substanz der Welt bilden. So komme es zum Beispiel bei einem Tisch nicht darauf an, dass er ein Ding sei, denn das besage noch nichts. Entscheidend sei vielmehr ein Satz wie »*Der Tisch ist braun*« oder »*Der Tisch steht im Zimmer*«. Solche Sätze lieferten Sachverhalte mit Aussagekraft, wobei zwischen einfachen und komplexen Sachverhalten unterschieden werden müsse und sich letztere stets auf erstere zurückführen ließen.

Welche Funktion hat nun die Sprache für die Wahrheitserkenntnis? Wie die Welt könne auch die Sprache in Bestandteile zerlegt werden. »*Elefant*« sei nur ein Wort und besage noch nichts Konkretes über ihn. Das geschehe erst in einem Satz wie »*Der Elefant ist sehr böse*«. Wittgenstein zieht also eine (formale) Parallele zwischen Wirklichkeit und Sprache. Inwiefern? Ein Ding sei, wie gesagt, noch kein Sachverhalt, weil jeglicher Inhalt fehle, und genauso sei ein Wort noch kein Satz mit irgendeiner Information. Das Ding müsse erst durch eine Ergänzung zum Sachverhalt werden, ebenso das Wort zum Satz, sodann die Sätze zur Sprache. Diese formale Entsprechung von Wirklichkeit und Sprache führt Wittgenstein im *Tractatus* nun zu dem entscheidenden Schluss, dass Sprache die **Wirklichkeit** abbilde, Sprache enthalte die Zeichen für konkrete Wirklichkeit, Sprache und Wirklichkeit stimmten überein, nicht »*im Sinne eines photographischen Abbilds*«, sondern wiederholen tue sich im »*Satz lediglich die logische Struktur des Sachverhalts*« (hier schimmert der Einfluss der *analytischen Sprachphilosophie* Russells durch, siehe voriges Kapitel). Und warum ist dies so? Weil die Sachverhalte der Welt zu Gegenständen der Sätze und damit der Sprache würden, und zwar die komplexen Sachverhalte zu komplexen Sätzen und die einfachen Sachverhalte zu einfachen Sätzen. Die Sprache greife gleichsam nach der Wirklichkeit. Das bedeute aber zugleich, dass die Sprache die Grenzen unserer Welt ziehe. Was außerhalb der Sprache liege, was nicht klar gedacht oder nicht klar ausgesprochen werden könne, das sei dem Menschen auch nicht fassbar, insoweit sei Wirklichkeitserkenntnis nicht möglich.

Ihr werdet euch jetzt schon gedacht haben, dass sich Wittgenstein mit dieser

Sicht in deutlichen Widerspruch zu einer Reihe seiner Kollegen setzt. In der Tat: zu allen Philosophen, die sich der Metaphysik verschrieben haben. Er verwirft nicht nur die Resultate jener Denker, sondern erklärt schon jegliches metaphysisches Fragen für »*unsinnig*«. Eigentlich, so schreibt er, lieferten nur die Sätze der gesamten Naturwissenschaften das Feld, auf dem sinnvolles Philosophieren möglich sei. So lautet denn auch der Schlusssatz des *Tractatus*: »*Wovon man nicht sprechen kann, darüber muss man schweigen.*«

Jetzt folgt jedoch ein großes Aber: Schweigen heißt für Wittgenstein nicht, dass es die Gegenstände des Metaphysischen nicht gebe. Ihm geht es nur darum, das Denkbare vom **Undenkbaren** abzugrenzen. Dieses Undenkbare, welches erkennen zu wollen, müßig wäre, nennt er das »*Mystische*«. Es sei zwar kein *Sachverhalt*, dennoch zeige es sich uns. Das gelte für das (rational) nicht fassbare, transzendentale Ethische, das Thema Unsterblichkeit und schließlich auch für das ebenso wenig verstehbare *Ich*. Alles dies Mysterien, ja, »*die Welt als Ganze in ihrem Dasein*« sei ein Mysterium, ebenso wie »*der Sinn der Welt*«, der, Wittgenstein betont es mit Nachdruck, »*außerhalb ihrer liegen*« müsse. Auf diesem Weg kommt Wittgenstein letztlich zum Begriff **Gott**, wobei er dessen Wesenhaftigkeit sehr verschieden beschreibt, also offenlässt, die Bedeutung Gottes für den Menschen aber auf wunderbare Weise formuliert: »*An einen Gott glauben heißt, die Frage nach dem Sinn des Lebens verstehen. An einen Gott glauben heißt sehen, dass es mit den Tatsachen der Welt noch nicht abgetan ist. An Gott glauben heißt sehen, dass das Leben einen Sinn hat.*«

3. Kehrtwendung

Nun zu den *Philosophischen Untersuchungen*, dem zweiten Werk Wittgensteins, der postumen Sammlung. Er selbst wird hier zu seinem strengsten Kritiker und entzieht dem Tractatus den Boden. Alle fundamentalen Thesen, die Wittgenstein dort vertreten hatte, wirft er über den Haufen (»*mit tödlicher Rücksichtslosigkeit*«, wie er selbst sagt). Es beginnt erstens damit, dass er nun meint, die Welt nicht mehr zwingend als eine Summe von *Tatsachen* (»*das Haus ist gelb*«) deuten zu müssen, sondern dass die eigentliche konstitutive Substanz der Wirklichkeit auch die Dinge (Tisch) oder die Ereignisse (zum Beispiel eine Tat oder ein Unglück) sein könnten. Zudem sei die Unterscheidung zwischen komplexen und einfachen Tatsachen fragwürdig. Denn im Weltganzen sei alles komplex, folglich könne die Wirklichkeit auch nicht in einfachen Sätzen abgebildet werden. Also: Wittgenstein gibt die **Abbildtheorie** (der Satz spiegele die Wirklichkeit wider) auf, weil nicht bewiesen werden könne, dass die Welt die Gesamtheit der Tatsachen bilde, sie zudem nicht einfach, sondern äußerst komplex sei. Es bestehe also doch keine Identität zwischen Satz und Wirklichkeit, was die *formale* Struktur beider (und darauf kommt es ihm an) betreffe.

Zweitens überwindet Wittgenstein den *Tractatus* auch bezüglich der früheren Aussagen über das Wesen der *Sprache*. In den *Untersuchungen* räumt Wittgenstein ein, dass er nicht nur die Wirklichkeit, sondern auch die Sprache falsch eingeschätzt habe, denn sie bestehe keineswegs nur aus logischen Sätzen. Wir erinnern uns: Wie die Wirklichkeit, so könne auch die Sprache in kleinste Einzelteile zerlegt werden, hatte er behauptet. Tue man dies, so hatte er gefolgert, erfasse man exakt den Inhalt dessen, was sie beziehungsweise der einzelne Satz über die Wirklichkeit aussage. Später wurde Wittgenstein klar, dass Sprache aus vielem mehr als dem logischen Satz bestehe, worauf er sie ja im *Tractatus* noch beschränkt hatte (*logischer Atomismus*). Das gelte vor allem für die **Alltagssprache**. Auf sie müsse der Philosoph in erster Linie abstellen. Philosophie wird jetzt also zur Sprachkritik, zur pragmatischen Philosophie. Es müsse mit der Verhexung des Verstandes durch Sprache aufhören. Wittgenstein führt aus, dass ein Wort völlig verschiedene Bedeutungen haben könne, je nachdem, in welchem Kontext es benutzt werde, und nennt diese je nach Lebenszusammenhang unterschiedlichen Verwendungen eines Wortes (nicht ganz passend) *Sprachspiele*. Man denke an ein Pferd: Weidetier oder Holztier? Ein Wort für vollkommen verschiedene Dinge, auch nicht (entgegen Platon) durch die Idee der Pferdheit verbunden, weil allzu verschieden, allenfalls verwandt. Oder das Wort »*Du*«: gänzlich verschiedener Inhalt in einer Liebesbeziehung oder bei einer Drohung. Oder: Man beschreibe einen Gegenstand nach dem Eindruck, den man durch Anschauen gewonnen hat, oder teile Messergebnisse über diesen Gegenstand mit. Schon gar nicht werde man einem auf Formales reduzierten Satz gerecht, wenn man nicht berücksichtige, in welcher Färbung beziehungsweise in welcher Seelenverfassung er gesagt wurde: scherzend, schmeichelnd, fluchend, dankend, betend; oder auch in welchem sachlichen Zusammenhang: im Freundeskreis, wissenschaftlich, ästhetisch, religiös? Die Sinnkriterien seien jeweils sehr verschieden. Und doch – das ist Wittgensteins Fazit – verstünden wir uns, trotz unterschiedlichster Bedeutung eines Wortes. Der Grund: Wir verknüpften die Worte nicht einseitig streng logisch, sondern assoziativ. Das heißt: Sprache und soziales Leben seien miteinander verwoben. Wir wüssten, wer redet (oder schreibt), wir kennten den Lebenszusammenhang, in dem die Worte gesagt werden, und wir brächten zu den meisten Begriffen schon Vor-Vorstellungen mit. So gipfelt Wittgensteins Philosophie doch in einem Trost für uns: Wir müssen nicht – wie noch im *Tractatus* gefordert – schweigen, sondern dürfen sogar – mit dem Segen Wittgensteins – über Dinge sprechen, die uns wie alles Mystische verborgen sind.

42. Kapitel
MARTIN HEIDEGGER
(1889–1976)

1. Ein skifahrender Philosoph

Ein Schwarzwälder durch und durch. Heidegger wird in Meßkirch geboren und verbringt auch den größten Teil seines Lebens in der badischen Heimat. Auf dem Feldberg eine eigene Hütte, stundenlang die Natur genießend, Gespräche mit den Bauern, leidenschaftlicher Skifahrer, sogar Skilehrer, dem allemannischen Naturell entsprechend fest geerdet, bedächtig nachdenklich und etwas schwermütig – so müssen wir uns Heidegger vorstellen. Er wollte Priester werden, wechselte jedoch nach einem Interim naturwissenschaftlicher Studien zur Philosophie, dazu inspiriert von Edmund Husserl, seinem späteren Lehrer. Mit 26 in Freiburg im Breisgau habilitiert, erregt Heidegger schon als Privatdozent Aufsehen mit großartigen Vorlesungen. Es folgen fünf Jahre Professur in Marburg, sodann Rückkehr nach Freiburg als Nachfolger auf Husserls Lehrstuhl.

Damit sind wir beim Schatten, der auf Heideggers Leben liegt. Wie wir schon im Husserl-Kapitel erfuhren, war er es, der daran mitgewirkt hatte, dass der Jude Husserl von der Uni Freiburg suspendiert wurde. Heidegger war 1933 in die NSDAP eingetreten und Rektor der Uni geworden. Als Kritiker des Zeitgeists sah er im Nationalsozialismus einen Weg aus der allgemeinen Verfallenheit. Bis in die Gegenwart ist umstritten, wie sehr er dem nationalsozialistischen Gedankengut tatsächlich verbunden war. Jedenfalls trat er nach nur einem Jahr als Rektor zurück und begründete den Schritt damit, dass er die nationalsozialistische Hochschulpolitik nicht mittragen wollte. Nicht wenige sehen den wahren Grund für den Rücktritt darin, dass diese Politik nach Heideggers Meinung der NS-Ideologie nicht hinreichend Rechnung trug. 1945 erhielt er durch die französische Militärverwaltung Lehrverbot und durfte erst 1950 wieder lesen.

2. Begriffsdickicht

Heidegger zählt zu den am schwersten zu verstehenden Philosophen. Vor allem Anfänger haben ihre liebe Not, weil er nicht nur viel voraussetzt, sondern sich auch einer mühsam zugänglichen Sprache bedient. Hier zum Beweis einige Begriffe aus seinem Arsenal: *Sein, Dasein, Seiendes, Haus des Seins, Geworfenheit, Eigentlichkeit, Uneigentlichkeit, Zeitigungsmodus in der Zeitlichkeit, In-der-Welt-Sein, Mit-Sein, Sein zum Tode, Verfallenheit an das Man, Hinaus-Stehen, Gewesenes, Seinsvergessenheit, Zuhandenes, Ek-sistenz, Unverborgenheit, Geviert, Entbergung, Vernutzung, Gestell, Lichtung.* Das alles ist verschleiert genug, wird aber noch dadurch erschwert, dass Heidegger in seiner Spätphilosophie eine »*Kehre*« vollzog, sich seine Sichtweise also wesentlich änderte.

Liebe Leser, klappt das Buch jetzt bitte nicht zu. Wir werden versuchen zu verstehen, was sich hinter den wichtigsten der genannten Begriffe verbirgt. Es sollte gelingen, »*Lichtung*« in unsere Köpfe zu bringen.

3. »Sein und Zeit«

Das ist der Titel seines Hauptwerks, das Weltberühmtheit erlangte. Wie es schon ausdrückt, geht es um das Sein und die Zeit, vor allem aber um die Beziehung zwischen beiden. Welchen Weg geht nun Heidegger, um das Sein, also den **Grund unseres menschlichen Daseins**, zu begreifen? Genau das lag ihm ja primär am Herzen, wobei ihm bewusst war, sich am »*Rand der völligen Dunkelheit*« zu bewegen. Er fragt zunächst, was der – zum *Seienden* gehörende – **Mensch** ist. Solange wir dies nicht wüssten, könnten wir auch über das Sein nichts sagen. Heidegger geht (beeinflusst von seinem Lehrer Husserl) **phänomenologisch** an das Thema heran. Er definiert das Menschsein – anders als die bisherige Philosophie – nicht abstrakt und aus der Außensicht, sondern stellt – getreu der phänomenologischen Methode – ab auf die Erscheinungen und die menschliche Erfahrung. Er fragt also nicht mehr von außen: *Was ist der Mensch?*, sondern: »*Wie ist es, ein Mensch zu sein?*« Aus der

Innensicht des Menschen beantworte sich folglich die Frage, was er und was Existenz sei.

Hier nun unterscheidet Heidegger, zwei Weisen zu existieren und Erfahrungen zu machen, nämlich das »*uneigentliche*« und das »*eigentliche*« Leben. Ausgangspunkt ist der **Alltag**. Wir essen, trinken, arbeiten, lieben, lernen, spielen, reisen, feiern, planen und vieles mehr. Aber wie tun wir dies? Wir seien, so Heidegger, transzendente Wesen, was bedeute: Wir seien uns eines Seins bewusst, also der Tatsache, dass unserem Dasein etwas zugrunde liege, zugleich, dass das Sein für unser Erkennen und Fühlen den begrenzenden Horizont bilde. Das Sein sei also in unser Denken und Verstehen schon immer einbezogen. Deshalb schreibt Heidegger (trennend) »*Ek-sistenz*«, was vom lateinischen *ex-sistere* = *hinausstehen* abgeleitet ist, hier gemeint als Hinausstehen aus sich selbst, hinein in die tiefere Schicht: der des Seins.

Nun aber zurück zur Unterscheidung zwischen »*uneigentlichem*« und »*eigentlichem*« Leben. Nach Heidegger sind wir in die Welt »*hineingeworfen*«, definieren unser Dasein durch all die vorgenannten Tätigkeiten und geben damit dem Leben (vor allem auch sorgend) einen Sinn. Während Descartes den Menschen isoliert von allem betrachtet (wie alles andere auch), betont Heidegger, der solche Ontologie (Seinsbeschreibung) für unzureichend hält, die soziale Verknüpfung des Menschen, das *Mit-Sein*, das *In-der-Welt-Sein*. Aber diese Weise der Existenz sei »*uneigentlich*«, weil nicht ganzheitlich, wenn nämlich der an die Welt verfallene Mensch nicht er selbst sei, sondern nur ein »*Man*«, ein Mensch also, der denkt, tut und sagt, was eben ganz allgemein man denkt, tut und sagt.

Diesem »*uneigentlichen*« Leben stellt Heidegger nun das »*eigentliche*« gegenüber. Was ist darunter zu verstehen und wer lebt es? Es ist der, der begriffen hat, dass alles Dasein »*Sein zum Tode*«, also befristet, dass allem Irdischen, so auch unserer menschlichen Existenz, eine zeitliche Grenze gesetzt ist. Damit sind wir bei Heideggers Buchtitel *Sein und Zeit*. Beide bildeten keine Gegensätze, sagt er. Das Dasein des Menschen gründe sich vielmehr auf ein Sein, das unser Leben durch Tod limitiere. Diese Zeitlichkeit der Existenz zu verinnerlichen und das **Horizontische** zu begreifen, das erst bedeute »*eigentliches*«, sinnvolles, authentisches Leben, mithin wahres Menschsein. Wer ausschließlich »*uneigentlich*« in den Tag hineinlebe, der werde nie zu einem tieferen Verständnis seiner Existenz gelangen.

4. Die Bedeutung der Angst

Wie wir zum Tod stehen, ist also nach Heidegger entscheidend für die *Eigentlichkeit* unseres Existierens. Was aber folge daraus für unser Denken und Handeln? Wer seinsvergessen in dem Sinne sei, dass er seine zeitliche Endlichkeit ausblende, lebe unreflektiert vor sich hin. Aber ist es überhaupt möglich, diese Endlichkeit nicht wahrzunehmen? Gibt es nicht in jedem Leben immer wieder Grundsituationen, in denen wir spüren, wie schwankend unser Boden ist, dass alles das, woran wir uns im Alltag klammern, in Wahrheit keinen Halt bietet, ja, und dass alles einmal endet? Solche Erfahrung macht wohl jeder, und das sind genau die Momente, in denen wir plötzlich (im Gegensatz zur bloßen Furcht) eine *allgemeine Angst* verspüren, weil wir der Sicherheit unseres Todes gewahr werden und weil wir, so Heidegger, mit einem Male die Möglichkeit vor Augen haben, dass in der Welt **Nichtigkeit** herrscht. Der Mensch erfahre sich »*als in den Tod geworfen*« und als »*in das Nichts hineingehalten*«.

Das ist der Kern von Heideggers Philosophie, und ihr habt trotz der sonderbaren Begrifflichkeit hoffentlich verstanden, was für ihn *Mensch* und *Existenz* bedeuten und welche Vorstellungen er vom Sein hat.

Aber was kann der Mensch tun, um sich aus dieser beklemmenden Lage zu befreien? Für Heidegger sind es nun gerade das Erfühlen des Abgrunds und das Wissen um den Tod sowie die daraus folgende Angst, die den Impuls dafür liefern, dass wir zu uns selbst finden, aus den vielen sich bietenden Möglichkeiten in Freiheit die richtige Wahl treffen, das Leben unverstellt und authentisch auf unsere ganz individuelle Persönlichkeit hin entwerfen und erst auf diese Weise *eigentlich* leben. Dabei spielt die **Zeit** – richtiger: die Zeitlichkeit – eine entscheidende, weil unausweichliche Rolle (»*Zeitigungsmodus in der Zeitlichkeit*«, so der Begriff Heideggers). Der Mensch lebe immer im Spannungsverhältnis zwischen noch wirkender Vergangenheit (Heidegger spricht vom »*Ge-wesenen*«), aktuell erlebter Gegenwart und schließlich nach vorne gerichteten Projektionen, Letzteres, weil der Mensch »*sich vorweg*« sei, indem er sich stets auf die **Zukunft** hin entwerfe. Aber was ist es, das nach Heidegger den Mensch aus der Uneigentlichkeit aufweckt und zur Besinnung bringt? Es ist das Gewissen als »*Ruf aus der Unheimlichkeit des Daseins*«.

5. Die »Kehre«

Vielleicht habt ihr Vorstehendes schon mit einer gewissen Skepsis gelesen. Denn wie soll sich dieses geheimnisvolle Sein, auch wenn wir die generelle Wesenheit des Menschen ergründet haben sollten, erschließen können? Schon der Mensch ist ein einziges Mysterium, und dann sollen wir über dieses rätselhafte Wesen, über seine Weise zu existieren, dem noch viel geheimnisvolleren, allem zugrunde liegenden Sein auf die Spur kommen? Eure Skepsis ist berechtigt, und ihr teilt sie mit keinem anderen als mit Heidegger selbst, der in seiner zweiten großen Phase des Forschens nach Wahrheit denn auch von einer »*Kehre des Denkens*« sprach. Worin besteht sie? Darin, dass er nun genau umgekehrt beim Sein ansetzt und von dort aus die Welt und den Menschen ergründen will. In der Tat eine 180-Grad-Wendung.

Heideggers Überlegungen beginnen mit der sogenannten »*ontologischen Differenz*«, das heißt, mit der Unterscheidung zwischen Sein und Seiendem. Diesen Unterschied nicht gesehen zu haben, sei der Hauptgrund der Irrwege aller Metaphysik gewesen, zugleich das »*Verhängnis des Abendlandes*«. Nun wird es bei Heidegger jedoch ebenso schwierig wie abenteuerlich. Beginnen wir mit dem Seienden (den Menschen, der Natur, den Sachen): Wie würden wir des Seienden gewahr, woher wüssten wir also überhaupt, dass etwas »*ist*«? Das sei der Fall, weil wir zumindest in bestimmten Grundsituationen (etwa der Angst) ein Gefühl für das Gegenteil von Existenz erworben hätten, nämlich für das **Nichts**. Nur weil uns klar sei, dass, so Heidegger, alles auch nicht sein könnte, würden wir Seiendes, also etwas, das ist, das existiert, erkennen. Dieses Nichts sei aber nicht etwas Passives, sondern es falle über uns her, es sei ein Geschehen. Hier stoßen wir wieder auf eine der merkwürdigen Formulierungen Heideggers: »*Das Nichts nichtet.*«

Die erste Erkenntnis lautet also: Wir können uns des Seienden sicher sein, weil wir es aus dem Kontrast des Nichts, dessen wir bewusst geworden sind, ableiten. Aber mit dem Wahrnehmen des Seienden (zum Beispiel des Menschen) ist über das dem Seienden zugrunde liegende **Sein** noch immer nichts gesagt. In der Tat. Deshalb fragt Heidegger, ob das Sein als Gegensatz zum Seienden vielleicht dem Nichts zuzurechnen sei. Eine schreckliche Schlussfolgerung, die Heidegger auch nicht ziehen möchte, weil unser ganzes Dasein dann ja auf dem Nichts beruhen würde. Das wäre reinster **Nihilismus**. Nein, meint Heidegger, das Sein sei ebenso aktiv wie das Nichts, es sei ein »*Ereignis*«. Aber worin besteht die Aktivität? Das Sein, so Heidegger, verwandele das uns Menschen bis dahin Verborgene in »*Unverborgenes*«, das heißt, durch das Sein offenbare sich Wirklichkeit. »Es werde Licht!«, diesen Satz kennen wir. Heidegger nennt das aktive Wirken des Seins »*Lichtung*«. Nach seiner Vorstellung ist das Sein autonomes Subjekt der Geschichte, nur seinen eigenen Sinn verwirklichend, und das auf vielfältigste Weise in der bunten Welt. Folgerichtig spricht Heidegger daher von »*Seinsgeschichte*«.

Aus dieser Seinsgeschichte greift sich Heidegger nun kritisch ein Kapitel heraus, nämlich das zu seiner Zeit und auch heute noch herrschende **Technikzeitalter**. Es habe uns eine »*Seinsvergessenheit*« beschert, die Welt werde »*vernutzt*« und »*verbraucht*«. Heimatlos seien wir, rein diesseitsbezogen, selbstherrlich der tieferen Seinsgrundlage verlustig gegangen. »*Gestell*« nennt Heidegger diesen Zustand. Aber, um es richtig zu verstehen: Das alles sei die Tat des unsere Geschicke leitenden Seins, das eben auch Zeitalter von Seinsvergessenheit liefere. Das Sein »*entberge*«, das heißt: hebe alles, was für uns Wirklichkeit ist, aus der Verborgenheit ans Licht. Und was derzeit ans Licht gehoben werde, sei eine Epoche der Loslösung des Menschen vom Sein, womit es für die größte Gefahr der Menschheitsgeschichte überhaupt sorge.

Doch es gebe auch Hoffnung. Sie komme wieder vom Sein, das zwar **Seinsvergessenheit**, aber auch wieder einmal **Seinsbewusstsein** schicken, also ans Licht heben könne. Auf diese Hilfe des Seins seien wir nun einmal gänzlich angewiesen, denn auch mit der Philosophie lasse sich solches Bewusstsein nicht herbeidenken. In solcher Situation falle der Sprache eine wichtige Aufgabe zu. Sie sei das Medium, in dem sich das Sein wieder »*lichtend*« offenbaren könne. Heidegger nennt sie »*das Haus des Seins*«. Aber nochmals: Allein erreichten wir es nicht, das Sein entscheide über unser Geschick. Jedoch mithilfe der **Sprache** verschafften wir uns vielleicht ein Bewusstsein, das für das Sein überhaupt erst empfänglich mache. Dies sei aber nicht die Alltagssprache, sondern die hehre Sprache, die Dichtung. Für Heidegger ist dabei eine Sprache wie die Friedrich Hölderlins von besonderer Bedeutung.

Zu guter Letzt: *Einen* Begriff haben wir hier überhaupt noch nicht erwähnt – **Gott**. Es kann doch nicht sein, dass er im Denken Heideggers keine Rolle spielen soll! O doch, das tut er, aber auf eine uns nicht vertraute Weise. Gott ist für Heidegger nicht der transzendente, persönliche, allmächtige Gott, wie wir ihn von den abrahamitischen Religionen kennen. Höchster Herrscher sei und bleibe das Sein. Dieses allein entscheide darüber, ob wir weiter in der »*Gottesferne*« leben oder ob es uns, wenn wir durch Bewusstseinsänderung und die richtige Sprache eine Nähe zum lichtvollen Sein erreichen, einen neuen Gott oder neue Götter beschert.

43. Kapitel
JEAN-PAUL SARTRE
(1905–1980)

1. »Einen Voltaire verhaftet man nicht.«

Sartre, der Franzose, fiel schon als Schüler durch seine Geisteskraft auf und besuchte die renommierte *École Normale Supérieure* in Paris. Einer Zeit als Gymnasiallehrer für Philosophie in Le Havre folgte der Studienaufenthalt in Berlin, wo er die Werke von Husserl und Heidegger studierte, die beide nachhaltigen Einfluss auf sein Denken ausübten. Im Zweiten Weltkrieg geriet Sartre in deutsche Kriegsgefangenschaft, konnte aber aus dem Lager fliehen. Er schloss sich dem Widerstand gegen die deutsche Besatzungsmacht und auch gegen das Vichy-Regime an, das die nicht von den Deutschen besetzten Gebiete eine Zeit lang verwaltete. Damals erschien Sartres Hauptwerk *Das Sein und das Nichts*. Auch sein weiteres Leben blieb bis zum Ende turbulent. Längst war er zu einer intellektuellen Institution geworden, wobei er sich mehr und mehr politischen Themen widmete. Seine religiösen Streitschriften veranlassten den Vatikan 1948, Sartres Bücher auf den Index zu setzen. 1964 sollte ihm der Nobelpreis für Literatur verliehen werden, was er jedoch ablehnte, weil er sich seine Unabhängigkeit bewahren wollte. Dennoch gilt Sartre als Preisträger, denn eine Ablehnung ist nicht vorgesehen. Inzwischen war er zum **Marxisten** mutiert (den stalinistisch-kollektivistischen Weg in der Sowjetunion lehnte er jedoch ab), wurde Herausgeber maoistischer Zeitungen und mischte sich permanent in die aktuelle Politik ein, u. a. war er 1968 Teilnehmer an der Pariser Mai-Revolution und besuchte 1974 RAF-Häftlinge in Stammheim. Jedoch kommentierte der damalige Präsident Charles de Gaulle Sartres auch strafrechtlich relevantes Wirken mit den Worten: »*Einen Voltaire verhaftet man nicht.*«

Sartre war Philosoph, Romancier (*Der Ekel*) und Dramatiker (*Die Fliegen, Die schmutzigen Hände*), außerdem gründete er die Zeitschrift *Les temps modernes* (»Die modernen Zeiten«), die bis 2018 erschien. Seine Lebenspartnerin war die namhafte Schriftstellerin, Philosophin und Feministin Simone de Beauvoir, die er schon als Student kennengelernt hatte. Nach Sartres Tod im Jahr 1980 folgten 50 000 Menschen seinem Sarg.

2. Und noch einmal: Was ist der Mensch?

Dass Sartre Husserl und Heidegger studiert hat, wurde bereits erwähnt, und in der Tat haben beide auf ihn gewirkt. Husserl mit seinem Blick auf die Phänomene, von denen uns das Bewusstsein Wissen verschaffe, Heidegger mit der Frage nach dem Wie des Seins und dem Wesen des Menschen, der in einen Abgrund schaue (Stichwörter: das »*Nichts*«, die »*Angst*«). Auch Sartre möchte nun klären, was den Menschen ausmache, doch entfernt er sich ein ganzes Stück von den beiden vorgenannten Kollegen und schafft mit seinem Denken den **Existentialismus**, der auch seine Romane und Dramen durchdringt.

Sartre greift zwar auf die Heideggersche Seinsfrage zurück, unterscheidet jedoch zweierlei Sein: das »***In-sich-Sein***« beziehungsweise »*An-sich-Sein*« (être-en-soi) einerseits und das »***Für-sich-Sein***« (être-pour-soi) andererseits. Für einen Tisch zum Beispiel gelte das In-sich-Sein, das Sein der Dinge. Er sei nun einmal ein Tisch, ein Objekt, identisch mit sich selbst, also nicht von sich selbst getrennt, er ruhe nur in sich. Anders das für den Menschen geltende, vom Bewusstsein bestimmte *Für-sich-Sein*. Der Mensch besitze nicht wie der Tisch ein vorgegebenes, festes Wesen. Wir seien nicht zu einem bestimmten Zweck geschaffen und es gebe auch keine feststehende, allgemeine menschliche Natur. Sartre sagt, entgegen Platon gehe die Existenz des Menschen seiner Essenz voraus, anders eben bei einem Ding, zum Beispiel einem von einem Handwerker hergestellten Tisch. Der Handwerker habe einen Plan (die Essenz, das Wesen der Sache), ihm folgend fertige er erst die Sache, verschaffe ihr also eine Existenz. Beim Menschen dagegen bilde sich umgekehrt aus seiner Existenz, das heißt: seinem Denken und Tun, seine ganz individuelle Essenz. Erst existieren, dann sich definieren. Und warum sei dies so? Weil der Mensch im *Für-sich-Sein* ein in sich **gespaltenes Wesen** besitze. Was

bedeutet das? Hier kommt wieder, wie bei Heidegger, das Nichts ins Spiel. Es bewirke, so schwer verständlich das auch sein mag, die Nichtung, was bedeutet: die Zerstörung der Identität. Der Mensch sei also (im Gegensatz zu einem Ding) nicht mit sich selbst identisch. Sartre formuliert es so: Wer sich seiner bewusst werde, der erkenne, dass man nicht der sei, der man ist, und umgekehrt, dass man der sei, der man nicht ist.
Das müssen wir etwas genauer betrachten, sonst bleibt es im Nebel. Gespaltenes Wesen: Was heißt das? Wenn etwas gespalten ist, dann besteht es aus mindestens zweierlei. Und so meint es Sartre auch. Wer – seiner selbst bewusst – reflektierend oder zum Beispiel auch fühlend bei einer Sache sei, der sehe sich gleichsam zu: der Mensch als Zuschauer seiner selbst. Damit hätten wir in der Tat schon eine Zweiheit: den Sehenden und den Gesehenen. Aber machen wir es noch deutlicher. Stellen wir uns – so Sartre – vor, wir seien fröhlicher Stimmung. Wir könnten jedoch noch so fröhlich sein, wir *seien* nicht diese Fröhlichkeit. Anders der Tisch, der nun einmal dieser konkrete Tisch sei, ohne Wenn und Aber. Er sei, wie gesagt, mit sich identisch, wir dagegen nicht mit der Fröhlichkeit, denn wir seien ja nicht die Fröhlichkeit. Wir *könnten* sie für uns adaptieren, sodass sie uns durchdringt, aber: Wir müssten es nicht, im Gegensatz zum Tisch, der nun einmal – weil mit sich selbst identisch – nichts anderes sein könne, als er ist.
Sartre liefert ein zweites Beispiel für die **Wesensspaltung**. Am besten lassen wir ihn selbst zu Wort kommen: »*Betrachten wir diesen Kaffeehauskellner. Er hat rasche und sichere Bewegungen, ein wenig allzu bestimmte und allzu schnelle, er kommt ein wenig zu rasch auf die Gäste zu, er verbeugt sich mit ein wenig zu viel Beflissenheit* [...] *während er gleichzeitig ein Tablett mit einer Art Seiltänzerkühnheit trägt.* [...] *Seine ganze Verhaltensweise sieht wie ein Spiel aus. Aber wem spielt er etwas vor? Man braucht ihn nicht lange zu beobachten, um sich darüber klar zu werden: Er spielt, Kaffeehauskellner zu sein.* [...] *Der Kaffeehauskellner spielt seine Stellung, um sie real zu setzen*«, so wie es der Schauspieler, der Hamlet spielt, auch tue.
Was bedeutet das nun aber für die Behauptung Sartres, das menschliche Wesen sei gespalten? Beide – der Kellner und der Schauspieler – trachten zwar nach einem *In-sich-sein*, also nach einer ungespalteten Wesenheit, so wie der

Tisch sie besitzt. Sie wollen also Kellner beziehungsweise Schauspieler sein, aber es ist – so Sartre – immer nur eine Rolle, die sie spielen: der Spielende und der Gespielte in *einem* (gespaltenen) Wesen. Was nach Sartre dem Menschen (im Gegensatz zum Tisch) fehlt, ist die reine Identität, das *In-sich-sein*. Ahnt ihr schon, was das für uns, für den Menschen allgemein bedeutet, wenn man Sartre folgt? Das klären wir im letzten Abschnitt dieses Kapitels.

3. Freiheit und Verantwortung

Wenn wir keine reine Identität besäßen, wenn unser Wesen gespalten sei, wenn wir also ebenso rastlos wie vergeblich danach trachteten, auch wirklich der zu sein, der wir sind, aber mangels Identität doch nie werden könnten (der Kellner spielt nur den Kellner, er ist also Kellner in der Weise, gerade nicht Kellner zu sein), so seien wir (wie Sartre uns Menschen auch nennt) »*Mangelwesen*«, die sich in ständiger Aktivität immer neu entwerfen und erschaffen müssten. Und Sartre weiter: Da wir aber keine (von höherer Warte) festgesetzte Substanz besäßen und immer nur Möglichkeit seien, hätten wir, wie oben beim Beispiel Fröhlichkeit angedeutet, die Wahl, und das heißt für Sartre nichts anderes, als dass der Mensch »*Nein*« sagen könne. Der Mensch besitze die Fähigkeit, sich seinem Willen folgend auf die Zukunft hin zu entwerfen. Neben schicksalhafter Geworfenheit sei er eben vor allem auch, wozu er sich selbst mache, kurz: Er sei ein *freies* Wesen (im Gegensatz zum unfreien, weil vollkommen festgelegten Ding), ja, er sei sogar zur **Freiheit** verurteilt. Und Sartre geht so weit, zu sagen, dass derjenige, der diese Freiheit leugne und vor ihr fliehe, sich belüge und »*unwahrhaftig*« sei, und dies nur aus Angst und Schwäche, weil er die Freiheit nicht ertragen könne.

Warum aber sollte man Freiheit nicht ertragen können? Habt ihr darüber schon einmal nachgedacht? Sartre gibt die Antwort. Als freie Menschen seien wir in unserer Existenz auf uns selbst gestellt, ohne Gott, Dämonen, Natur, ohne verbindliche Moralgesetze. Das ist **Existentialismus**. Der Mensch gestalte seine Existenz in freier Wahl, er setze sich selbst seine Zwecke, und zwar in einem ständigen Entwurf, im Kleinen wie im Großen, eben auch als Lenker der Geschichte. Aber nun die Kehrseite: Freiheit sei von **Verantwortung** nicht zu trennen. Niemand könne sich aus ihr davonstehlen und sie auf andere abwälzen. Für eigene Fehler hafte man. Vor allem stehe man auch in der Verantwortung für die Mitmenschen, ja die Menschheit. Die Gesetze müssten so beschaffen sein, dass die Freiheit des einen die des anderen nicht verletze. Da es keinen anderen Gesetzgeber gebe als den Menschen, stünde Letzterer sogar in ganz besonderer Verantwortung, weshalb Sartre gerade im Existentialismus einen **Humanismus** sieht. Eine Zeit lang hatte er beide auch mit dem Kommunismus verknüpft, sich davon jedoch nach Ungarnaufstand und Unterdrückung des Prager Frühlings wieder entfernt.

Und ein Letztes: Dass in dem Aufeinanderprallen der Freiheitsrechte mehrerer Beteiligter für die Freiheitsidee ein Problem liegt, weil die Freiheit eines jeden von vornherein begrenzt ist, sieht Sartre durchaus. Aber das Dasein des einen sei ohne das der anderen nun einmal nicht denkbar, ja, auch um sich überhaupt zu erkennen, bedürfe es der anderen.

44. Kapitel
WEITERE PHILOSOPHEN DES 20. JAHRHUNDERTS

In den ersten 43 Kapiteln dieses Buchs haben wir uns ausschließlich mit Klassikern der Philosophiegeschichte befasst. Abschließend wollen wir noch einen kurzen Blick auf einige weitere Philosophen werfen, deren Schaffen ganz oder im Wesentlichen ins 20. Jahrhundert fällt. Ab jetzt werden wir sie in alphabetischer Reihenfolge behandeln. Dass man ihrem umfangreichen Werk mit jeweils wenigen Sätzen auch nicht annähernd gerecht werden kann, versteht sich von selbst. Aber einen ersten Eindruck sollt ihr doch bekommen.

1. Theodor W. Adorno
(1903–1969)

und

2. Max Horkheimer
(1895–1973)

Auf der Grundlage der Vorarbeiten Max Horkheimers entwickelte der in Frankfurt am Main geborene Theodor W. Adorno am dortigen *Institut für Sozialforschung* (teilweise auch in den USA) die sogenannte **Kritische Theorie**, auch **Frankfurter Schule** genannt. Wegen des gemeinsamen Wirkens über einen längeren Zeitraum werden wir Horkheimer, den gebürtigen Stuttgarter, der eigentlich die Fabrik seines Vaters übernehmen sollte und auch schon als Juniorchef etabliert war, sich dann aber vor allem der Philosophie zuwandte, hier gleich mitbehandeln. Sowohl Horkheimer als später auch Adorno waren nacheinander Direktoren des vorgenannten Instituts. Beide Philosophien, die nicht immer klar auseinanderzuhalten sind, wenden sich gegen jegliche **Metaphysik**, Adornos Philosophie auch gegen die Seinslehre Heideggers, besonders aber gegen den **Neopositivismus** eines Karl Popper, also die Gleichsetzung des Tatsächlichen mit der Wahrheit. Auf der Grundlage der Lehren von Karl Marx geht es um eine fundamentale, interdisziplinär zu erfolgende Kritik der Gesellschaft, die bis dato unglücklicherweise immer nur durch die tradierte Theorie geformt worden sei. Das gelte es aufzubrechen, denn, so Horkheimer als Erster der beiden Philosophen, es sei der Mensch, der das Recht und die Macht habe, das Sein, also Leben und Gesellschaft, mithin auch die Geschichte, zu prägen. Frieden, Freiheit, Wohlstand und Glück seien nur zu erlangen, wenn Herrschaft und Unterdrückung beseitigt würden. So wie der Mensch schon in mythischen Zeitaltern durch die Götterwelt in hoffnungslose Zwänge gepresst worden sei, so, darauf verweisen beide Philosophen, nun auch durch **Aufklärung** und **Kapitalismus**. Zwar habe die Aufklärung mit dem Primat der Vernunft Segensreiches gewollt und mit der dadurch erworbenen Fähigkeit zur Naturbeherrschung solches zunächst auch bewirkt, zugleich sei der Mensch aber durch die mit der Vernunft zunehmend verknüpfte, umfassende Technisierung verdinglicht und in einer geistlosen, hochbürokratischen Verwaltung von sich selbst entfremdet worden, sodass er nicht mehr Person sei. Die durch Wissenschaft und Technik geprägte Vernunft sei in erster Linie eine *instrumentelle*, womit sich die Aufklärung wieder in den alten, Zwang ausübenden Mythos zurückverwandelt habe. Der Vorwurf der Entfremdung treffe genauso den Kapitalismus, der für Ausbeutung, Armut und Ungerechtigkeit sorge (siehe Marx!).

Entscheidende Triebfeder für dieses, vor allem von Adorno gezeichnete negative Weltbild sind **Auschwitz** und der Mord an den Juden. Er stehe für die Verkommenheit der Vernunft, also den Verrat an der Aufklärung. Wo seien Humanität und Moral geblieben, fragt er. Und was vernunftbasierte Wahrheitserkenntnis betrifft: Adorno möchte die trügerische Subjektivität (vor allem den Idealismus) durchbrechen, die sich anmaße, Verbindliches über die Wirklichkeit zu wissen. Er will das Einzelne retten, will erkennen, was es tatsächlich ist, nicht, für welche Idee es als Repräsentant steht (keine Metaphysik!). Dabei hat Adorno eine spezielle Hilfe für Wirklichkeitserkenntnis im Auge, vor allem für die Erkenntnis von Leiden: die (genuine, autonome) *moderne* Kunst, die, obwohl nur Schein, etwas zur Wahrheit beitrage.

Viele von Adornos Gedanken stießen auf Widerstand, auch seine immer wieder geschraubte Sprache provozierte. Ins Fadenkreuz geriet vor allem seine Kritik an der Marktwirtschaft, die Unwissenheit über den antiken Mythos (s.o. 1. Kapitel) und die Einstufung der **Kunst** als bloßen Schein. Kunst vermag uns, wie die moderne Wissenschafts- und Kunsttheorie lehrt und oben im 1. Kapitel ausgeführt wurde, vom jeweiligen Gegenstand mehr zu liefern als nur Schein. Sie vermittelt uns Wahrheit, verschafft uns (neben Wissenschaft und Mythos) Zugang zu einem weiteren, rational begründeten Aspekt der Wirklichkeit (auch dazu s.o. 1. Kapitel). Und schließlich: Adornos abenteuerliche Behauptung, es sei die »*ewige Wunde*« der Kunst (auch der Musik), den Menschen trotz der unzulänglichen gesellschaftlichen Verhältnisse Genuss und Freude zu verschaffen, bedarf keiner Kommentierung.

3. Hannah Arendt
(1906–1975)

Die in Hannover geborene und 1933 zunächst nach Paris, dann in die USA emigrierte Hannah Arendt, Schülerin von Jaspers, Husserl und Heidegger (auch Geliebte des Letzteren) hat sich vor allem durch die Erforschung des **Totalitarismus** einen Namen gemacht (Hauptwerk: *Von den Ursprüngen und Elementen der totalen Herrschaft*). Im Zentrum stehen die Diktaturen sowie Verbrechen des **Dritten Reichs** und des **Bolschewismus**. Die Ursachen für deren totalitäre Herrschaft sieht Arendt vor allem im Zerfall des Nationalstaats und im »*anarchischen Aufstieg der modernen Massengesellschaft*«. Beides habe zur Entwurzelung und Vereinsamung des Menschen geführt, wodurch es aufgrund der Verbindung von Ideologie und Terror möglich geworden sei, pluralistische Vielfalt und individuelle Freiheit zu zerstören. Gemeinsamer Sinn und Urteilskraft des Einzelnen seien geschwunden. Das sei der Boden, auf dem sich auch **Antisemitismus** und **Imperialismus** haben entwickeln können. Arendt, Berichterstatterin im Jerusalemer Prozess gegen den NS-Verbrecher Eichmann, sieht im Verlust an eigenständigem Denken eine entscheidende Ursache für den Massenmord an den Juden. Mit Blick auf Eichmann spricht sie von »*erschreckender Normalität*« und einer »*Banalität des Bösen*«, Formulierungen, die ihr den Vorwurf der Bagatellisierung einbrachten.

Noch einmal zurück zu den Ursachen der Vereinsamung und damit den Ursachen vorgenannter totalitärer Systeme: Worin bestand der verheerende Traditionsbruch? Arendt unterscheidet drei menschliche Tätigkeitsweisen (im Buch *Vita activa*): **Arbeiten**, **Herstellen** und **Handeln**. Arbeit diene der (sklavischen) Produktion von Gütern zum Verzehr, es gehe dabei also nur um »*Stadien im Kreislauf des biologischen Lebensprozesses*«, folglich um nichts Weltbildendes. Herstellen sei schon ein Mehr, denn hergestellt würden Gebrauchsgegenstände. Sie entstünden nach einem Plan und seien deshalb verdinglichtes Material, das wegen seiner Beständigkeit eine Welt bilden und den Menschen auch eine Heimat bieten könne. Auf der höchsten Stufe stehe jedoch – und da ist für Arendt die antike Polis Vorbild – das Handeln. Es habe sich – wie auch das Sprechen – in den griechischen Stadtstaaten interaktiv zwischen den Menschen abgespielt und so auch vermocht, Neues in Bewegung zu setzen. Vor allem habe das Handeln – anders als das Arbeiten und Herstellen – im öffentlichen Raum stattgefunden, wodurch sich menschliche Freiheit habe entfalten können. Nun sei es in der Neuzeit aber zu dem besagten Traditionsbruch gekommen, indem (durch die Etablierung von Märkten) das Arbeiten, das Herstellen sowie auch das private Eigentum zur öffentlichen Sache gemacht worden seien, sämtlich Themen von einst privater Natur. Die Folge: Die Prioritäten hätten sich geändert, Arbeit und Herstellen rangierten von da an über dem ehemals freien, eigenständig denkenden Menschen. Bei dieser Rangfolge, so Arendt, drohe generell die Gefahr totalitärer Herrschaft, die nämlich stets danach trachte, solches geistiges Vakuum zu nutzen.

4. Ernst Bloch
(1885–1977)

An der Philosophie Blochs, dem in Ludwigshafen Geborenen, wird gerade euch Jugendlichen einiges gefallen. Es geht jetzt nämlich um die Hoffnung, ja sogar um *Das Prinzip Hoffnung* (so auch der Titel von Blochs Hauptwerk), um ein Menschenbild, das stark auf die Zukunft hin gerichtet ist. Aber Vorsicht! Ihr werdet sehen, dass Blochs Konzept auch Gefährliches birgt.

Bloch, der viele Jahre in der Emigration verbrachte und nach dem Zweiten Weltkrieg in Leipzig, sodann in Tübingen lehrte, beklagt, dass Rationalismus, Wissenschaft und Technik die Welt entzaubert hätten. Mit ihr seien archaischer Gemeinschaftssinn und Solidarität, also das »*Wir*« zerstört worden. Rettung sieht Bloch nur in der Vereinnahmung der Hoffnung. Sie, die erlernbar

sei, wirke gegen Lebensangst und Furcht und weite das Bewusstsein zu Tagträumen von einem besseren Dasein.
Hoffnung könne deshalb gehegt werden, weil der Mensch wesensmäßig auf die Zukunft hin angelegt sei, ja, die ganze Welt sei es. Zu ihrer und seiner Seinsverfassung gehöre, dass sie beziehungsweise er nie den Zustand von Fertigkeit erreichte, immer gelte es, den Mangel zu überwinden. So befinde sich der Mensch zusammen »*mit der ganzen Welt*« stets »*auf Fahrt*«, einer Fahrt, in der sein ganzes Denken von Hoffnung durchdrungen sei, bis in weit entlegene Lebensäußerungen.
Ist nun aber das Ganze nur eine **Utopie**? Natürlich war Bloch vom Wunsch beseelt, dass eine Veränderung der Welt, so wie er sie sich vorstellte, das Glück der Menschen mehren würde. Aber er selbst sprach mit Bezug auf seine Philosophie von Utopie, hat Letzterer sogar ein ganzes Werk gewidmet (*Der Geist der Utopie*). Wenn auch *Utopie* in der Regel eine fiktive Lebensform bedeutet, so glaubt Bloch dennoch fest an die vorantreibende und befruchtende Kraft von solchen fiktiven Gedankengebäuden auf die Wirklichkeit. Daran glaubt er umso mehr, als er die Hoffnung, also das In-die-Zukunft-Gerichtet-Sein des Menschen, nun auch noch mit zweierlei kombiniert: zum einen mit dem **Marxismus** (Bloch wurde in den Zwanzigerjahren des letzten Jahrhunderts Mitglied der Kommunistischen Partei Deutschlands), zum anderen mit der **Religion**. Mit dem Marxismus verband Bloch den bis zu seinem Tod geführten Kampf gegen die statische, bürgerliche Enge und die Entfremdung des Menschen sowie auch gegen die Vertröstung auf ein Jenseits, alles Ziele, die dem Menschen ein Mehr an Hoffnung schenken sollten. Mit dem Glauben der orthodoxen Marxisten, das »*Reich der Freiheit*« sei nahe, konnte sich Bloch jedoch nicht anfreunden. Es ist jedoch bemerkenswert, wie entschieden er an den Grundlagen der marxistischen Lehre festhielt, obwohl er deren verheerende Praxis von 1948 bis 1961 während seines Wirkens als Professor in Leipzig hautnah erleben konnte.
Blochs Verknüpfung des *Prinzips Hoffnung* mit der Religion umfasst Judentum und Christentum, die er zudem ihrerseits dadurch miteinander verbunden sieht, als er den Marxismus partiell als Erbe beider Religionen betrachtet. Alle drei, Marxismus, Judentum und Christentum, zielten, dem Prinzip Hoffnung

folgend, wenn auch in gewissem Sinne utopisch, auf **Freiheit**. Das gelte zum Beispiel für den Auszug der Juden aus Ägypten, dem ein gerechtes Leben in einem neuen System folgen sollte, wie auch für die Rolle von Jesus Christus, der nicht nur eine Art klassenloser Gesellschaft vor Augen gehabt habe, sondern auch für den Menschen stehe, welcher sich nunmehr (gleichsam in einem revolutionären Akt) als autonomes Wesen erkenne und in einem Reich der Nächstenliebe jegliche inhumane Unterdrückung überwinde.

5. Rudolf Carnap
(1891–1970)

Logischer Positivismus (auch **Logischer Empirismus** genannt) – darum geht es jetzt. Die Begriffe sollen euch nicht schrecken, gleich klären wir sie. Hauptvertreter dieser Philosophie ist der in der Nähe von Wuppertal geborene Rudolf Carnap, in einer geistig sehr fruchtbaren Phase seines Lebens Mitglied des »*Wiener Kreises*«, einer Gruppe von **Neopositivisten**, also jenen, die Aussagen nur als wahr akzeptieren, wenn sie auf Positives, das heißt objektiv erkennbare Tatsachen, also auf die Beobachtung von nachweislich Vorhandenem gestützt sind (so auch der in diesem Buch mehrfach behandelte Empirismus). Metaphysik und Spekulationen haben im Positivismus keinen Platz. Damit ist der erste Teil des eingangs genannten Begriffs erklärt: Positivismus. Und was meint in diesem Zusammenhang *logisch*? Carnap verfolgte das Ziel, über die Wahrnehmung und die alltäglichen Intuitionen hinauszugehen und die Philosophie zu einer **exakten Wissenschaft** zu machen. Philosophie habe die Aufgabe, wissenschaftliche Begriffe nach den Gesetzen der Logik zu klären und in der Sprache der Logik zu formulieren. Maßstab seien die Naturwissenschaften, vorrangig die Physik. Man spricht daher auch von einem *physikalistischen Programm*.

Was bedeutet das? Carnap schrieb einen Aufsatz mit dem schon viel erklärenden Titel *Die physikalische Sprache als Universalsprache der Wissenschaft*, folglich, und das ist entscheidend, auch der Wissenschaft der Philosophie. Was ist demnach die Nagelprobe für alle Philosophie, für den Wahrheitsgehalt ihrer Aussagen? Es ist eine Kombination von einerseits Beobachtung sowie andererseits naturwissenschaftlicher Gesetzmäßigkeit und strikter Logik (wenn-dann-Beziehung). Nur wenn gesagt werden könne, unter welcher ganz bestimmten Bedingung eine Aussage verifizierbar, also wahr ist, enthalte sie einen Sinn. Um das festzustellen, bedürfe es genauester, logischer Analyse der Sprache, wozu Carnap umfangreiche Regeln geliefert hat, was hier jedoch nicht vertieft werden kann. (Für diejenigen, die sich mit Carnap näher beschäftigen wollen, sei auch darauf hingewiesen, dass er im Laufe seines Schaffens verschiedene Standpunkte geändert hat. Das muss man beim Studium seiner Philosophie im Auge behalten.)

Die Konsequenzen des Carnapschen Logischen Positivismus reichen weit: Viele philosophische Systeme und Lehren der Tradition, vor allem jegliche Metaphysik, erweisen sich, so Carnap ausdrücklich, als »*Scheinprobleme*«. Man denke nur an die Begriffe »*Gott*«, das »*Absolute*« oder das »*Nichts*«. Sie seien philosophisch, speziell erkenntnistheoretisch, nicht in den Griff zu bekommen.

Zur Verdeutlichung liefert uns Carnap als Beispiel noch eine Frage: Wie steht es mit den Dingen in der Welt? Existieren sie unabhängig von unserem Bewusstsein und Denken (so der erkenntnistheoretische Realismus beziehungsweise Materialismus), oder wird die Wirklichkeit, wie es der Idealismus lehrt, durch unserer Denken konstituiert, das heißt, existiert die (physikalische) Welt als Objekt nur für das Bewusstsein oder im Bewusstsein? Die klare Antwort Carnaps: Wir wissen es nicht und können es auch nicht wissen. Warum nicht? Es gibt kein Kriterium für eine Entscheidung.

6. Ernst Cassirer
(1874–1945)

Auch bei dem in Breslau geborenen und in der Emigration in New York gestorbenen Ernst Cassirer geht es um Erkenntnis, Wahrheit und die immer wieder gestellte Frage: *Was ist der Mensch?* Bekannt wurde Cassirer vor allem durch sein Werk *Philosophie der symbolischen Formen*. Versuchen wir, mit wenigen Sätzen zu beschreiben, worin der Kern von Cassirers Position besteht. Sein Ausgangspunkt ist Kants Transzendentalphilosophie, weshalb es hilfreich wäre, wenn ihr euch zunächst noch einmal das obige Kant-Kapitel zu Gemüte führen würdet. Ich erinnere: Keine Erkenntnis ohne die Anschauungsformen

Raum und Zeit und ohne die Kategorien wie etwa Substanz oder Kausalität. Alles dies gehe unserer Erfahrung voraus. Es sind, so Kant, »*Bedingungen möglicher Erfahrung*«. Diese sagten uns, wann wir überhaupt von der Objektivität eines Gegenstandes sprechen können.

So gesehen ist Cassirer Kantianer, besser: **Neukantianer**. Aber er bleibt bei Kant nicht stehen. Die Begründung: Erkenntnis allein durch wissenschaftliche Begriffe (Raum, Kausalität etc.), welche der spontanen Verstandestätigkeit bei der Findung von Wahrheit Hilfe leisten, das werde der **komplexen *Wirklichkeit*** nicht gerecht. Kurz gesagt: Mit der Wissenschaft allein verstünden wir die Welt nicht, jedenfalls nur partiell. Stattdessen bedürfe es eines komplexeren Weltverständnisses, eines Erlebens auch außerhalb der strengen Wissenschaften, folglich einer umfassenden Kulturphilosophie. Aber welcher? *Alle* Arten von Welterkenntnis müssten hinzugezogen werden, als da sind: Wissenschaft, Sprache, Mythos, Kunst, Religion, Moral, Technik, Wirtschaft und auch Politik. Der Mensch nehme nämlich nicht nur etwas sinnlich wahr, also registriere nicht nur, sondern verleihe dem Wahrgenommenen immer sogleich – schon im Akt des Wahrnehmens – Sinn, Form und Gesetzlichkeit. Und das geschehe durch die eben aufgezählten, so verschiedenen Wege zur Welterkenntnis (wie gesagt: Sprache, Kunst und so weiter). Cassirer nennt sie *symbolische Formen*. Warum dieser Name? Für Cassirer sind diese Wege zur Welterkenntnis Vermittler zwischen Welt (den sinnlich wahrgenommenen Gegenständen) und tätigem, gestaltendem Geist, in welchem wir dem Wahrgenommenen, das uns als bloßes Rohmaterial nicht genüge, Bedeutung, Struktur und Identität verleihen (Cassirer nennt das Ergebnis dieses geistigen Tuns »*symbolische Prägnanz*«). Ohne solche Vermittlung zwischen Welt und Geist durch symbolische Formen wäre alles nur amorphe Masse. Und symbolische Formen seien diese Vermittler nun deshalb, weil sie für Zeichensysteme (Symbol=Zeichen) stünden. Jedes vermittelnde, sinnstiftende Medium (Sprache, Kunst …) sei ein solches Zeichen, das sich mit dem Sinnlichen, also dem sinnlich Wahrgenommenen, verbinde. Mit dieser Beschreibung des Erkenntnisprozesses gibt Cassirer zumindest partiell auch eine Antwort auf die uns immer wieder beschäftigende Frage: *Was ist der Mensch?*

Abschließend noch ein Wort zum Rang der genannten symbolischen Formen. Für Cassirer ist der Mythos die allererste Quelle, aus der sich dann die anderen symbolischen Formen hergeleitet hätten. Von Form zu Form handele es sich um einen Fortschritt in der Geschichte, einen Weg, der letztlich in der Kunst gipfele. Das Kunstwerk habe sich von der Dingwelt losgelöst und sei nur noch »Schein«, als solcher aber reiner Ausdruck der Schöpferkraft und der neuen Freiheit des Bewusstseins. Beide Aussagen Cassirers halten jedoch dem heutigen Forschungsstatus nicht mehr stand. Der Mythos ist hinsichtlich der Rationalität den anderen symbolischen Formen nicht unterlegen (auch der Wissenschaft nicht), und die Kunst ist kein Schein, sondern, wie wir im 1. Kapitel gesehen haben, neben anderen Aspekten eine eigene, vollwertige Wirklichkeitsdimension. Zu diesen Erkenntnissen hat Cassirer mit seinen *symbolischen Formen* aber wertvolle Vorarbeit geleistet.

7. Jacques Derrida
(1930–2004)

Derrida wurde in Französisch-Algerien geboren, musste wegen seiner jüdischen Abstammung mit zehn Jahren die staatliche Schule verlassen und wechselte daher auf eine eigenständige jüdische Schule. Als Neunzehnjähriger ging er nach Paris an die renommierte École Normale Supérieure (wir hörten von ihr im Sartre-Kapitel) und wurde schließlich Professor für Philosophie mit Lehrtätigkeit an namhaften Universitäten wie in Paris oder New York.

Logozentrismus, Dekonstruktionismus, différance, darum geht es bei Derrida. Das sagt euch sicher noch nichts. Also, was verbirgt sich hinter dieser Trias? Derridas Philosophie beginnt mit einer Kritik am Logozentrismus. Die traditionelle Philosophie habe bei der Suche nach ewiggültiger Wahrheit zu sehr die Vernunft (griech. lógos) in den Mittelpunkt gestellt. Das müsse den Leser eines Textes, der zuverlässigen Aufschluss über die Wirklichkeit erwarte, jedoch enttäuschen, denn Letztere lasse sich nicht allein über die Ratio erfassen, sondern vieles andere (unter anderem Natur, Politik, Geschichte, Soziales, Ethik, Erziehung, Emotionales) spiele mit hinein. Aber die Enttäuschung reiche noch weiter: Der normale Leser glaube doch, in einem Text die Meinung des Autors wiederzufinden. Weit gefehlt, sagt Derrida, denn jeder Text (nicht nur ein philosophischer) enthalte Widersprüche, Lücken, Sackgassen und Rätsel.

Aber auch damit nicht genug: Zwischen der Schöpfung des Textes und seinem Konsum vergehe Zeit, oft sehr viel Zeit, während derer sich in aller Regel aus den verschiedensten Gründen ein Wandel der Begriffsinhalte vollziehe. Die Zeit liefere immer wieder den Begriff beziehungsweise die Sprache verändernde Informationen und Aspekte, oft ganz neue Kontexte. So werde es auch in Zukunft sein, ohne Stillstand. Die Bedeutung der Sprache (und folglich auch die Wahrheit) erfahre auf diese Weise permanent Verschiebungen, die jeweils Differenzen (also Abweichungen) zu den vorhergehenden Bedeutungen offenbarten. Ja, und so erklärt sich nun auch der eingangs genannte Begriff *différance*. Wer des Französischen mächtig ist, hat die falsche Schreibweise längst bemerkt, denn an die Stelle des »a« gehört natürlich ein »e«: *différence*. Es handelt sich um eine Wortschöpfung Derridas, der différence (Unterschied) mit *déferrer* (verschieben) verbindet. Und diese Verschiebung hält Derrida für so krass, dass seiner Meinung nach sogar der Autor den von ihm selbst verwendeten Begriffen bei späterer Lektüre eine andere Bedeutung zumesse als im Zeitpunkt der Texterstellung.

Nun noch zum dritten Begriff, dem **Dekonstruktionismus**, als dessen Begründer Derrida gilt. Es geht jetzt darum, wie man der *différance*, also dem Wandel von Begriffen und Sprache, soweit möglich Herr wird, denn der Leser will den Text ja richtig verstehen, wobei das Wort »richtig« aus vorgenannten Gründen schon fragwürdig ist, weil, so Derrida wohl zu Recht, die Bedeutung immer etwas Offenes sei, eine Meinung, die ihm den Vorwurf des Sophismus und Relativismus eingebracht hat. Was empfiehlt Derrida? Die Kunst des verständigen Lesens bestehe zunächst einmal darin, anzuerkennen, dass sich ein Geschehen in der Sprache überhaupt nie eins zu eins darstellen lasse. Sprache enthalte nur Spuren, die ihrerseits wieder nur auf Spuren zurückwiesen. Hinzu komme das Wissen um den Bedeutungswandel der Sprache. Um ihm nachzuspüren, müsse man den betreffenden Text zerlegen, das heißt dekonstruieren, womit auch der Begriff *Dekonstruktionismus* erklärt wäre. Es gehe darum, nach alternativen Deutungen zu suchen, Widersprüche aufzudecken, die Rezeptionsgeschichte der Sprache sowie auch im Text Unausgesprochenes zu berücksichtigen, was durchaus zur Destabilisierung von Sprache, damit aber auch zur Wahrheitsfindung beitragen könne. Diese Zerlegung beziehungsweise Auflösung, also Dekonstruktion der Sprache, verbunden mit der neuen Deutung des Textes im Licht der jeweiligen aktuellen Gegenwart, nennt Derrida *Sprachspiele*.

8. John Dewey
(1859–1952)

Der Begriff »*American way of life*« ist euch sicher geläufig und ihr habt davon vermutlich auch gewisse Vorstellungen. Liberalität, soziales Engagement und pragmatisches Handeln, diese drei verbergen sich dahinter. Für den zuletzt genannten Begriff *Pragmatismus* steht der in Burlington/Vermont geborene John Dewey, der seine Lehre vorzugsweise auch **Instrumentalismus** nannte, wobei er auf den Gedanken seiner philosophischen US-Kollegen Charles Sanders Pierce und William James aufbaute. Deweys Hauptwerk heißt *Demokratie und Erziehung*. Und in der Tat hat er sich besonders als Kämpfer für Sozialreformen und eine neue Pädagogik einen Namen gemacht, mit enormen Auswirkungen vor allem auf das Schulwesen. Im Kern geht es dabei um Folgendes: Zu viele Talente junger Menschen lägen brach, weshalb die Anlagen und Interessen schon im frühen Kindesalter gefördert werden sollten. Es sei falsch, die Jugend mit Fakten vollzustopfen, vielmehr sollte der Lernstoff in Projektform vermittelt werden, was die Schüler ganz anders motiviere. Selbstständiges Denken und praxisorientiertes, nutzenstiftendes Handeln, darum gehe es. Dewey war überzeugt, dass sich auf diese Weise von **Humanität** geprägtes Zusammenleben sowie vernünftiges **Demokratieverständnis** optimal entwickeln könnten.

Dem Ganzen liegt eine bestimmte Philosophie zugrunde, weshalb wir Dewey hier überhaupt behandeln. Es geht ihm nicht um a priorisches Denken, nicht um Metaphysik und auch nicht um ein statisches Sein, das heißt um die Frage, wie die »*Welt an sich*« beschaffen ist, sondern Dewey meint (durchaus von Hegel beeinflusst), die Wirklichkeit würde erst durch Erkenntnis geschaffen, und dieses Erkenntnisstreben beziehe sich immer auf das praktische Leben, also auf eine konkrete Situation und die jeweiligen sozialen Bedingungen.

Wissenschaft, Experiment, Analyse – alles dies stehe im Dienst der Nützlichkeit und erfolgreichen **Lebensbewältigung**. Philosophie solle die Erfahrung »*leuchtender*« machen, nicht die Welt in mysteriöses Dunkel tauchen.
Es kann nicht überraschen: Was glaubt ihr, wurde diesem amerikanischen Pragmatismus vor allem von europäischen Philosophen vorgeworfen (zum Beispiel von Bertrand Russell)? Es würde hier die eigentliche Aufgabe der Philosophie verraten: die Suche nach der Wahrheit.

9. Gottlob Frege
(1848–1925)

Gottlob Frege, geboren in Wismar und ab 1879 Professor in Jena, konnte seine Abstammung mütterlicherseits bis zu Philipp Melanchthon zurückführen. Frege war Logiker, Mathematiker und auch Philosoph. Als Logiker leistete er Bahnbrechendes, wobei seine Prädikatenlogik hilft, wissenschaftliche Aussagen durch Formalisierung der Argumente auf ihre Stichhaltigkeit zu überprüfen, was sogar noch für unsere heutige Informatik Relevanz besitzt. In seinem Werk *Grundlagen der Arithmetik* setzt er sich vor allem mit den Theorien Kants und John Stuart Mills auseinander und entwickelt ein Programm, demgemäß den Sätzen der **Arithmetik** logische Wahrheiten zugrunde lägen. Wir wollen uns hier aber auf sein Wirken als Philosoph beschränken.
Frege gilt als einer der Begründer der **Analytischen Philosophie**. Sie verlangt die eindeutige und exakte Formulierung von philosophischen Problemen, um Scheinprobleme zu vermeiden (es sei an das Carnap-Kapitel und den *Wiener Kreis* erinnert). Folglich geht es wieder um Wahrheitsfindung, hier speziell im Rahmen der **Sprachphilosophie**. Die Frage lautet, wie uns Sprache helfen kann, Wirklichkeit zu erfassen, oder anders ausgedrückt: wie wir in der Sprache Wirklichkeit widergespiegelt finden.
Sprache bestehe aus Wörtern, Wortverbindungen, Namen oder ganzen Sätzen. Sie alle seien *Zeichen*, womit gemeint ist: Sie stehen für irgendetwas außerhalb der Sprache. Das Zeichen liefere uns eine Information über einen Gegenstand, ein Ding, einen Sachverhalt. Solche Information sei aber nur möglich, wenn das Zeichen über eine bestimmte Bedeutung verfüge. Beispiel: Das Wort »*Erdmond*« bezeichne den einzigen natürlichen Trabanten der Erde.

Doch dabei bleibt Frege nicht stehen. Er meint nämlich, ein Zeichen könne nicht nur eine Bedeutung, sondern daneben auch einen Sinn haben. Frege unterscheidet also zwei Begriffe, die wir in der Alltagssprache oft vermischen. Wir verstehen ihn daher nur, wenn klar wird, was er mit **Sinn** und **Bedeutung** meint.

Frege selbst liefert uns ein einleuchtendes Beispiel: die Venus. Sie werde zu Recht als »Morgenstern«, aber auch als »Abendstern« bezeichnet. Sie bewege sich schneller als die Erde und überhole sie. Bei ihrer Annäherung an Letztere stehe sie östlich der Sonne und erscheine am Himmel als »Abendstern«. Am 10. Juli erreiche die Venus ihre größte Helligkeit. Dann werde sie von uns als »Morgenstern« wahrgenommen.

Hieran anschließend bildet Frege nun zwei Sätze:
1. »*Der Morgenstern ist der Morgenstern.*« (a=a, das ist so logisch wie trivial)
2. »*Der Morgenstern ist der Abendstern.*« (a=b). Zwei verschiedene Sätze, aber, so Frege, in der Bedeutung unterschieden sie sich nicht, denn beide bezeichneten die Venus. Unterschiedlich sei jedoch der Sinn. Der zweite Satz verweise nämlich auf die Besonderheit, dass der »Morgenstern« und der »Abendstern« für den identischen Planeten, die Venus, stehen, einst eine sensationelle, astronomische Entdeckung.

Bleibt noch die Frage, warum Frege diese sprachphilosophische Unterscheidung von Bedeutung und Sinn so wichtig ist. Er sieht darin einen Erkenntnisgewinn, also eine Steigerung des Wahrheitswerts.

10. Hans-Georg Gadamer
(1900–2002)

»*Das ist doch nur ein Vorurteil!*« Was im allgemeinen Sprachgebrauch kritisch gemeint ist, erklärt der in Marburg geborene und in Breslau aufgewachsene Husserl- und Heideggerschüler Gadamer zum konstitutiven, ja unvermeidlichen Element des menschlichen Verstehens. Für ihn gibt es kein Verstehen, keine Wahrheitsfindung ohne »*Vor-Urteil*«. Und wie auch bei Frege ist wieder die **Sprache** das auf Erkenntnis gerichtete Medium, denn es geht um das Verstehen von Sprache, vor allem um die Auslegung von Texten. Der aus dem Griechischen abgeleitete Terminus hierfür heißt **Hermeneutik**. So trägt Gadamers Hauptwerk auch den Titel *Wahrheit und Methode – Grundzüge einer philosophischen Hermeneutik*. Philosophische Hermeneutik deshalb, weil Gadamer nicht etwa eine allgemeine Lehre anbietet, die Geisteswissenschaften oder auch Kunst verstehen hilft, sondern weil sein Zugang zum Verstehen *ontologischer* Natur ist. Was heißt das? Verstehen im Sinne Gadamers ist ein dem Menschen zwingend vorgegebener Baustein der Seinsverfassung. Und in ihr rangiert die Sprache an herausragender Stelle. Folgerichtig ist für Gadamer Sein, das verstanden werden könne, Sprache.

»*Baustein der Seinsverfassung*« bedeutet nun, dass der Mensch gar nicht anders verstehen könne, als von Gadamer beschrieben. Er meint, sei ein Text auslegungsbedürftig, dann deshalb, weil er dem Leser eine Frage stelle. Also nicht der Autor stelle die Frage, sondern der Text selbst. Wenn nun der Interpret nach einer Antwort suche, so gehe es dabei einmal um die richtige Auslegung des Textes, zugleich darum, dass der Interpret sich selbst verstehe. Warum aber ist die Person des Interpreten so wichtig, wenn ein Text gedeutet wird? Hier sind wir beim oben schon erwähnten »*Vor-Urteil*«. Es besagt nach Gadamer, dass niemand einen Text interpretieren könne, ohne seinen eigenen »*Deutungshorizont*« einzubeziehen. Diese Einbeziehung sei Bedingung der Möglichkeit, überhaupt zu verstehen. Erinnert euch das nicht ein wenig an Kants a priori als Bedingung für Erkenntnis?

Aber was ist mit »*Deutungshorizont*« gemeint? Es ist alles das, was dieser konkrete Interpret mit einbringt, was also, meist unbewusst, sein »*Vor-Urteil*« prägt, als da sind: Geschichte, auch die individuelle Lebensgeschichte, Umwelt, Tradition, Bildung, die ganze gegenwärtige Situation des Betreffenden ... Alles dies, Fremdes und Eigenes, verschmelze in der Zwiesprache mit dem Text zu einer Einheit. Gadamer nennt dies »***Horizontverschmelzung***«, mit einem Horizont jedoch, der sich ständig verändere und das Verständnis erweitere.

Damit sind wir beim berühmt gewordenen **hermeneutischen Zirkel** Gadamers. Alles fließt, könnte man mit Heraklit wieder sagen. Ohne Ende, so auch Gadamer, erführen wir Neues und wandelten sich die Sichtweisen, womit das Verstehen im Vergleich zu jeweils vorher wachse. Gerade weil das Bewusstsein um die ständige Veränderung wisse, wirke es dem Erstarren entgegen und sei offen für Neues, vermöge allerdings nie zu letzten, absolut gültigen Perspektiven zu gelangen (im Spätwerk lenkt Gadamer dann auch größeres Augenmerk auf die Richtigkeit der »Vor-Urteile«). Ein Beispiel für den Perspektivenwechsel: Denkt nur an die Lektüre eines Buchs. Man erlebt und versteht es mit 60 ganz anders als bei der ersten Lektüre mit 18 Jahren. Fazit: Steter geschichtlicher Wandel wirke also auf den textinterpretierenden Geist (und damit auf die »Vor-Urteile«), weshalb Gadamer vom »*wirkungsgeschichtlichen Bewusstsein*« spricht, ein geistiges Geschehen, das uns durch die Leistung der Sprache transparent gemacht werde. Das so arbeitende Bewusstsein bilde als Teil des Seins die (notwendige) Grundlage und Voraussetzung für alles Verstehen, auch des wissenschaftlichen und besonders auch des künstlerischen, dem es nicht um Abbildung gehe, sondern darum, Wahrheit zu schaffen, sodass wir – auch an Heidegger denkend – von einem Existenzial des menschlichen Daseins sprechen können.

11. Jürgen Habermas
(* 1929)

Jürgen Habermas, in Düsseldorf geboren, zunächst Schüler von Horkheimer und Adorno, sodann selbst Protagonist der *Frankfurter Schule*, zählt zu den bekanntesten und am höchsten dekorierten, aber auch umstrittensten Philosophen der Gegenwart. Gehen wir daher der Frage nach, wofür er steht und ob seine Philosophie überzeugt.

Wir kehren zurück zu der an Karl Marx angelehnten **Kritischen Theorie**, die wir bei Adorno kennengelernt haben. Gegenstand jener Kritik war die *instrumentelle* Vernunft, die zu repressiven Machtverhältnissen geführt habe, weil nahezu gänzlich an Effizienz und technologisch-industriellem Denken orientiert. Der Mensch bleibe dabei auf der Strecke. Das sieht Habermas auch so, aber er hält diesen rein pessimistischen Vernunftbegriff für unvollkommen. Ratio verfüge noch über eine andere, von seinen Kollegen nicht erkannte Seite, nämlich der, die nach Wegen suche, welche ein sinnvolles, freundliches und humanes Zusammenleben ermöglichen. Den zentralen Begriff finden wir in seinem Werk *Theorie des kommunikativen Handelns*. Das auf Erfolg gerichtete, instrumentelle Handeln sei immer schon mit **kommunikativem**

Handeln (dem Ausdruck der moralisch-praktischen Vernunft) verknüpft, das heißt, das, was das technisch-instrumentelle Handeln schaffe, würde gleichzeitig immer schon kommunikativ verarbeitet, wobei jedoch das kommunikative, sprich: menschliche Handeln mehr und mehr verdrängt worden sei.
Nun kommt auch bei Habermas der **Sprache** wieder eine entscheidende Rolle zu. Sie sei es ja, die wie nichts anderes Kommunikation ermögliche, aber eben auch freundliche, sinn- und friedenstiftende Kommunikation. Allerdings setze gedeihliches Zusammenleben Einverständnis der Gesprächspartner voraus, sie alle müssten der betreffenden Aussage zustimmen. Falls nicht, bedürfe es eines **Diskurses**, wobei die Sprache ihre auf Einverständnis zielende Aufgabe jedoch nur erfüllen könne, wenn viererlei gegeben sei:
1. Verständlichkeit des Gesprochenen;
2. Wahrheit – der vom Sprechenden in Bezug genommene Sachverhalt müsse also stimmen;
3. Wahrhaftigkeit (Ehrlichkeit, nicht trügerische Absicht);
4. normative Richtigkeit, also Einklang des Gesagten mit anerkannten Werten und Normen.

Doch damit nicht genug. Habermas meint, dass echtes Einverständnis nach idealer Sprechsituation verlange. Das bedeute: Chancengleichheit der Gesprächsteilnehmer, sprich: »*herrschaftsfreier Dialog*«, worunter Habermas diskursive, also gewaltfreie, offene, argumentierende Rede versteht. Solches »*vernünftiges Reden*«, bei dem sich die Sprechenden gegenseitig unterstellten, dass sich auch der andere der Ratio verpflichtet fühle, könne nicht nur Einverständnis zwischen ihnen schaffen, sondern führe dank kommunikativer Vernunft auch zu Wahrheit und Richtigkeit. Also: Die Erweiterung der Ratio um das kommunikative Handeln (Diskurs bis zum Einverständnis) über das instrumentelle, rein Zweckorientierte hinaus ist für Habermas der Weg, die **Kritische Theorie**, so wie von Horkheimer und Adorno vertreten, zumindest partiell zu entschärfen.

Nun ist es aber, wie vor allem Kurt Hübner gezeigt hat, unmöglich, durch ein solches Einverständnis zu letzter Wahrheit zu gelangen. Es wäre hilfreich, wenn ihr euch zunächst noch einmal den Abschnitt »*Das wissenschaftliche Weltbild*« im 1. Kapitel anschauen würdet. Einverständnis erziele man, so Hübner, nicht im luftleeren Raum, sondern es bedürfe auch der Einigkeit über die Maßstäbe, die Rahmenbedingungen, unter denen überhaupt über Wahrheit von *Sachverhalten* und die Richtigkeit von *Normen* gesprochen werden kann. Von wissenschaftlich wahren Sätzen zum Beispiel könne man nur ausgehen unter der Voraussetzung einer wissenschaftlichen Seinsverfassung (Ontologie) und wissenschaftlicher Theorien, und die Richtigkeit von Normen sei nur an bestimmten Grundwerten einer Kultur zu messen. Wir wissen aber, dass sich zum einen wissenschaftliche Theorien immer wieder ändern beziehungsweise dass häufig *divergierende* wissenschaftliche Theorien nebeneinanderstehen, zum anderen bedarf es keiner näheren Erklärung, dass die Welt voll war und ist von unzähligen, sehr verschiedenen Kulturen (Sitten, Gebräuchen …). Entscheidend ist nun, dass diese Rahmenbedingungen, diese axiomatischen Grundlagen, ihrerseits nicht mehr einer Letztbegründung (ob falsch oder richtig) zugänglich sind. Wo soll denn auch das Ende der Begründungskette sein? Die Rahmenbedingungen sind geschichtlich gegeben und daher auch nur jeweils aus dieser geschichtlichen Situation zu beurteilen.

So gesehen kann man die Kritik an Habermas sogar noch erweitern. Er leugnet nicht das Bestehen von tieferen Grundlagen in der Lebenswelt, nur meint er, sie könnten durch rationalen Diskurs freigelegt und dann verbindlich werden. Ratio in seinem Verständnis ist also jene, welche uns letztgültige Wahrheiten schenken könne. Da es solche jedoch nicht gibt, würde man mit absoluten Wahrheitsansprüchen einer lebendigen, stets im Wandel befindlichen menschlichen Gemeinschaft geradezu Gewalt antun.

12. Kurt Hübner
(1921–2013)

Der in Prag geborene deutsche Philosoph Kurt Hübner, lange Jahre Präsident der Allgemeinen Gesellschaft für Philosophie, lehrte in Berlin und Kiel. Sein Werk ist wahrlich umfassend: Wissenschaftstheorie, Mythos, Politik, Kunst und Theologie. Es begann mit der **Entzauberung der Wissenschaften** (im Werk *Kritik der wissenschaftlichen Vernunft*). Zwecks Vermeidung von Wiederholungen wird auf das obige 1. Kapitel, 2. Abschnitt, verwiesen, wo beschrieben wurde, worin die Entzauberung besteht. Deshalb nur noch einmal

das Fazit: Wissenschaft, so Hübner, liefere keine letztgültigen Wahrheiten, denn wissenschaftliche Erkenntnis beruhe auf Theorien, denen apriorische Festsetzungen, also Vorannahmen, zugrunde lägen. Diese kontingenten (also nicht notwendigen, nur möglichen) Festsetzungen wandelten sich jedoch im Laufe der Geschichte, damit aber auch die Ergebnisse. Und wichtig: Für naturwissenschaftliche Theorien und Erkenntnisse gelte entgegen landläufiger Meinung nichts anderes. Beispiele wurden oben im 1. Kapitel genannt.
Mit der Feststellung, dass die Wissenschaften nicht Zugang zur Objektivität, zu letzten Wahrheiten liefern können, eröffneten sich für Hübner alternative Deutungen der Wirklichkeit, sozusagen Blicke durch andere Brillen, vor allem die Brille des **Mythos** (erörtert in *Die Wahrheit des Mythos*). Auch das wurde oben bei der Behandlung der antiken Götterwelt bereits dargestellt, siehe 1. Kapitel, 3. Abschnitt. Bitte lest das noch einmal. Möge der wissenschaftliche Fortschritt auch riesig sein, so steht nach Hübner der Mythos den Wissenschaften, was Rationalität, also Vernünftigkeit, betrifft, in nichts nach. Keinem von beidem gebühre Vorrang (*Erstes Allgemeines Toleranzprinzip*). Eine revolutionäre Erkenntnis. Wir hätten also keinen Grund, überheblich auf mythische Epochen herabzuschauen.
Aber lassen sich das Erleben im Mythos und in der wissenschaftlich geprägten Welt überhaupt vergleichen, ja, gibt es vielleicht sogar Entsprechungen? Hübner bejaht dies und nennt Beispiele. Unser wissenschaftlicher Begriff entspräche dem Wirken der Götter, die mythischen numinosen Wesen (Träger göttlicher Substanz), in denen Materielles und Ideelles untrennbar verknüpft sei, korrespondierten mit den wissenschaftlichen Allgemeinbegriffen und die Archaí (Ursprungsgeschichten) mit den Naturgesetzen.
Ist uns das alles nicht sehr fremd, werdet ihr vielleicht fragen. Hübner weist jedoch nach, dass auch heute noch mythisch erlebt wird. So kenne der Mythos neben der profanen die heilige Zeit. Letztere sei zyklisch, nicht linear. Hier noch einmal das Beispiel aus dem 1. Kapitel: Dem Frühling liege *eine*, aber eben nur *eine* Archaí zugrunde, das jedoch jedem (!) Frühling, was dem zyklischen Zeitverständnis entspricht. Genauso würde der Frühling von uns aber auch erlebt, denn wir sprächen ja stets von *dem*, nicht von *einem* Frühling. Und ein weiteres Beispiel: Ist uns nicht auch das Empfinden mythischer

Substanz geläufig, wenn wir mit einer Fahne, also einem Stück Stoff, eine ganze Nation identifizieren? Und ist eine Nation wirklich nur die Summe von Einzelbürgern (das wäre die atomistische Betrachtung der Wissenschaft), oder erleben wir in der Nation nicht doch ein überzeitliches, personifiziertes Individuum, das sich durch eine ganz konkrete, unverwechselbare, generationenübergreifende Geschichte gebildet hat, was aber eben nur mythisch so gesehen werden kann, wo Materielles und Ideelles verschmelzen? Und schließlich: Erleben wir einen Sonnenuntergang wirklich nur als physikalisches Geschehen und nicht vielleicht doch als etwas Beseeltes?

Im Ergebnis lässt sich sagen, dass wir nach Hübner die Welt **aspektisch** beziehungsweise mehrdimensional betrachten. Für den Bereich der Wissenschaft tragen wir eine wissenschaftliche Brille, für den des Mythischen eine mythische. Die einen Aspekte der Wirklichkeit lassen sich nur wissenschaftlich erkennen und erklären, die anderen nur mythisch. Die Brillen sind für verschiedene Bereiche zuständig. Sie ergänzen, nicht widersprechen sie sich. Und Hübner fügt noch eine dritte hinzu: Die Brille der **Kunst** (Musik, Literatur und bildende Kunst). Die Kunst liefere nicht Abbilder oder bloße Fantasieprodukte, sondern leiste ihren eigenen (rationalen) Beitrag zur Konstituierung der Wirklichkeit. So gehöre zum Beispiel zur Baum-, also Wesenheit einer Linde nicht nur ihre biologisch-wissenschaftliche Deutung, sondern auch, wie sie mythisch erfahren wird (die Blütenbildung als Ausdruck göttlichen Waltens) und auch ihre Darstellung durch die Kunst (etwa auf einem expressionistischen Gemälde).

Eine Frage lässt sich nach Hübner jedoch nicht beantworten, nämlich, warum der Wandel von einem Denk- und Erfahrungssystem zum anderen überhaupt stattfindet (etwa von der griechischen Götterwelt über den Logos zur Wissenschaft). Hübner meint, solch ein Wandel ereigne sich einfach – auf unerklärliche Weise.

Die letzten drei Werke widmete der gläubige Christ Hübner der **Theologie** (Grundlegendes in *Glaube und Denken*). Beschränken wir uns hier auf seine Kernthesen. Wo ein *Erstes Toleranzprinzip*, da auch ein zweites. Hübner nennt es *Zweites Toleranzprinzip der allgemeinen Metatheorie*. Das klingt kompliziert, und das ist es auch. Versuchen wir, es zu verstehen. Was besagt es? Man könne

Wissenschaft, Mythos und Religion nebeneinanderstellen, vergleichen und werten, aber das sei immer eine Betrachtung von außen, eine auf der Metaebene (von griech. meta=über), sozusagen die Vogelperspektive, oder philosophisch treffender: Sprache (Metasprache) über Sprache (Objektsprache). Und es sei diese *Außenbetrachtung* der Ontologien, die uns zu dem oben beschriebenen Schluss führe: Jede Ontologie, also jedes Denk- und Erfahrungssystem (wie Wissenschaft, Mythos, Kunst), zeige uns andere Aspekte der Wirklichkeit.

Nun aber das Entscheidende: Dieses Urteil (aus der Sicht von außen) wurzele selbst in einer Ontologie, nämlich im wissenschaftlichen Denken, denn Wissenschaft zeichne sich dadurch aus, dass *singuläre* Tatsachen zugleich die Bedeutung von Allgemeinem annähmen, wenn sie gesetzten, allgemeinen, abstrakten Begriffen zugeordnet würden. Anders ausgedrückt: Die einzelne Tatsache stehe zum einen für sich, über die Einordnung in Begriffe und Kategorien sei sie aber zugleich Repräsentant für etwas Allgemeines. Wörtlich schreibt Hübner: »*Damit tritt ein Kerngedanke wissenschaftlicher Wirklichkeitsauffassung hervor: Ihr zufolge ist die Wirklichkeit bestimmt durch den Unterschied von Allgemeinbegriffen und singulären Tatsachen, die unter diese Allgemeinbegriffe fallen.*« Genau dieses begriffswissenschaftliche Denken zeige sich nun aber, wenn Wirklichkeitsauffassungen wie Mythos und Religion als Ontologien formuliert und in ihrer begrifflichen Verfassung als etwas Begründungsbedürftiges betrachtet würden. Damit sagt Hübner zugleich, dass es möglich sei, in wissenschaftlicher Weise über Mythos und Religion zu sprechen.

Jetzt versteht ihr hoffentlich, was Hübner meint, wenn er sagt, das Urteil, die Wirklichkeit besitze aspektischen Charakter, seinerseits ontologieabhängig ist, nämlich abhängig von der **Ontologie der Wissenschaft**. Damit verfüge dieses Urteil wie jede andere Theorie auch nur über eine »*kontingente, auf wissenschaftliches Denken begrenzte*« Grundlage. Und Hübner spitzt zu: Würde die Wissenschaft die Ontologieabhängigkeit ihrer Ergebnisse leugnen, verriete sie ihren eigenen Anspruch, weil sie sich dann ja absolut setzte.

Eine ganz andere Sicht ergibt sich, wenn der Mensch Mythos und Religion per **Innenbetrachtung** erlebe. Da erfahre er die Wirklichkeit nicht wie bei der Wissenschaft als etwas Gesetztes, Hypothetisches und damit auch nicht

als etwas Begründungsbedürftiges. Denn bei Mythos und Religion gehe es um unwiderrufliche »*Offenbarung numinoser Wirklichkeit*«, und speziell im Offenbarungsglauben (so auch im christlichen Glauben), um »*absolute Erfahrung*«, in der Gott zu uns spreche und sich im Menschen »*reine Empfängnis*« ereigne, die mit metaphysischen beziehungsweise wissenschaftlichen Begründungen niemals bewiesen oder widerlegt werden könne. »*Reine Empfängnis*« heiße auch, dass »*die Vernunft der Offenbarung notwendig mit dem Anspruch auf eine absolute Wahrheit verbunden sei*«. Überzeugender kann Glaube philosophisch wohl nicht gerechtfertigt werden.
Hübner beschreibt schließlich ausführlich, warum Offenbarung ohne Mythisches nicht denkbar sei und welchen Glaubenslehren, speziell in der christlichen Religion, die Vorstellung von mythischen Substanzen zugrunde liege (etwa Taufe, Firmung, Ehe oder Eucharistie), er betont aber zugleich den wichtigen Unterschied zwischen Mythos und Offenbarungsreligion: Beim Mythos handele es sich um ein innerweltliches Denk- und Erfahrungssystem, der Gott der Offenbarung dagegen sei von transzendenter Wesenheit.

13. Karl Jaspers
(1883–1969)

Niemand hätte gedacht, dass der im (heute) niedersächsischen Oldenburg Geborene so alt werden würde, denn schon in der Kindheit machten ihm Lunge, Nieren und eine Herzinsuffizienz zu schaffen. Jaspers studierte zunächst Jura, sodann Medizin, anschließend arbeitete er als Assistenzarzt in Heidelberg. Mit 30 veröffentlichte er seine richtungsweisende *Allgemeine Psychopathologie*, das erste Lehrbuch dieses Gebiets. Was ihn aber am meisten lockte, war die Philosophie. Obwohl er dieses Fach nie studiert hatte, wurde er mit 40 auf den Philosophielehrstuhl in Heidelberg berufen. Jaspers' Ehefrau war Jüdin. Nachdem ihn schon Zwangspensionierung und Schreibverbot getroffen hatten, drohte im April 1945 die Deportation, der er dank der kurz zuvor erfolgten Einnahme Heidelbergs durch die Amerikaner gerade noch entgehen konnte. Ab 1948 lehrte Jaspers in Basel, wo er auch starb.
Jaspers ist einer der wichtigsten Vertreter der **Existenzphilosophie**. Was macht meine Existenz, mein Selbst aus? Darum geht es. Nach Jaspers stehen drei Be-

griffe für die Antwort: **Weltorientierung, Existenzerhellung, Metaphysik** (erläutert im dreibändigen Werk mit dem schlichten Titel *Philosophie*).
Weltorientierung meint vor allem die Rolle der Wissenschaft. Ihre bestätigten und intersubjektiv nachvollziehbaren Ergebnisse erkennten wir an, sie seien verdienstvoll und hilfreich. Doch gehe es dabei nur um weltimmanente Gegenstände, und selbst noch so detaillierte Erkenntnisse über sie lieferten uns kein abgeschlossenes, unanfechtbares Weltbild. Vor allem kämen wir auf diese Weise nicht der Wahrheit der *Existenz*, das heißt der Wahrheit, aus der man lebe, auf die Spur. Um das Innere des Selbst wenigstens erahnen zu können, müsse der Mensch ganzheitlich, also im Wege der *Existenzerhellung* anthropologisch betrachtet werden, was bedeute, ihn in seinem Bezug zu Welt *und* Transzendenz, also auch zum Ungegenständlichen und Übersinnlichen zu sehen.

Aber welche sind nun konkret die Aspekte, die für Jaspers zum Menschsein gehören und den Menschen ausmachen?

1. das *Dasein*, also unser leib-seelisches Leben, hier und jetzt, im Rahmen des gegenständlich Gegebenen;
2. das sogenannte *Bewusstsein überhaupt*, womit unsere Fähigkeit gemeint ist, die weltlichen Gegenstände zu erkennen;
3. der *Geist*, mittels dessen durch Rezeption von Traditionellem sowie durch stetig prüfende Wertung des Gegenwärtigen jeweils ein **Sinnganzes** geschaffen werde, das uns Orientierung liefert.

Aber – wir erinnern uns – Jaspers betonte: Menschsein heißt Bezug zu Welt *und* Transzendenz (die uns in Chiffren wie Natur oder Geschichte vermittelt werde). Ohne Transzendenz bleibe nicht nur das Individuelle außer Betracht, sondern auch der tiefere Grund menschlicher Existenz, der gerade nicht gegenständlich sei und damit auch nicht der Verfügung der Wissenschaften unterliege. Diese Gesamtschau des Menschen ist es also, die Jaspers *Existenzerhellung* nennt.

Wie nun aber kann der Mensch zu seiner Existenz, so wie Jaspers sie versteht, gelangen? Wie kann der Mensch sich als Existenz verwirklichen? Jaspers' Antwort: In erster Linie könne der Mensch er selbst werden durch Nutzung seiner **Freiheit** (wenn diese auch nicht beweisbar sei). Jaspers schließt aus der Vielheit denkbarer Wege, dass der Mensch nur »*mögliche Existenz*« sei. Im Falle des Scheiterns (wo also dem Menschen bei dem unzulänglichen Versuch, er selbst zu werden, eine Grenze gesetzt wurde, die er nicht überwindet), drohten der Verlust von Freiheit und ein Leben ohne Bezug zur Transzendenz. Eine weitere Voraussetzung für die Verwirklichung als Existenz sei die **Kommunikation** mit anderen. Nur durch sie gewinne der Mensch Klarheit über sich selbst, und nur so werde auch der Zweck der Philosophie, die nicht mit der Wissenschaft in Wettbewerb treten dürfe, erreicht, als da seien das Innewerden des Seins, die Erhellung der Liebe und die Vollendung der Ruhe.

Dieses »*Innewerden des Seins*« geschehe vor allem in Grenzsituationen, als da sind: *Schuld, Kampf, Leiden* und besonders der *Tod*. Schuld verweise auf Verantwortung, Kampf auf Liebe, Leiden auf Glück und das Wissen um den Tod, der allen irdischen Halt zum Einsturz bringe, auf Tapferkeit und Gelassenheit. Alle diese Grenzsituationen verhülfen dem Menschen zur Bildung seelischer Kräfte und Orientierung.

Ein Weiteres: Verwirklichung der Existenz sei zudem nicht möglich ohne die jeweils (vorgegebenen) Daseinsbedingungen. Zu ihnen zählten die Fragwürdigkeiten rein wissenschaftlicher Weltorientierung und die Geschichtlichkeit des Wirklichen, wobei Geschichtlichkeit als Zeit in der Ewigkeit zu verstehen sei. Bleibt noch die Frage: Welche besondere Rolle spielt für Jaspers, wenn es um die Findung des Selbst (also der eigenen Existenz) geht, die **Metaphysik**? Versuchen wir, seine schwierige Philosophie mit wenigen Worten zu erklären. Die Existenzerhellung zeige, so Jaspers, vor allem im Zusammenhang mit Grenzsituationen, dass der Mensch nur **Unabgeschlossenes** sei. Existenz beziehungsweise Menschsein sei etwas, das über den Menschen, über seine bloße Vorfindlichkeit hinausreiche, etwas, das – so merkwürdig es vielleicht erscheinen mag – er gerade *nicht* sei. Jaspers nennt es das »*Umgreifende*«. Was meint er damit, was gehört dazu? Die Weisen des Umgreifenden seien »*Welt*« (der Raum, in dem alles ist und erscheint), Dasein, Bewusstsein überhaupt, Geist und Existenz. Sie alle besäßen die Fähigkeit zu transzendieren, also erhöhen zum wahren Menschsein beizutragen. Gipfeln tut Jaspers' Metaphysik in der über diese Stufe der Transzendenz hinausgehenden und von ihm auch so bezeichneten »*eigentlichen Transzendenz*«, die er auch das »*Umgreifende alles Umgreifenden*« oder auch die »*Transzendenz aller Transzendenzen*« nennt. Damit meint er das (nicht mit Gott gleichzusetzende) ursprüngliche Sein, den Urgrund, welches über das einzelne Seiende hinausreicht. Aber ganz wichtig: Erfahrung von Transzendenz ist für Jaspers vollkommen individuell, weshalb jede »*Prophetische Metaphysik*«, die sich mit einem Absolutheitsanspruch verbinde, abzulehnen sei, was zugleich als Spitze gegen die Offenbarungsreligionen gemeint ist.

Aus der Sicht von Jaspers befindet sich der Mensch also in einer höchst komplexen Lage. Ja, er bewege sich am Abgrund, und es bleibe ihm letztlich alles unbegreiflich. Aber Jaspers liefert uns ein Rezept: Um zur Wahrheit seiner Existenz zu kommen und nicht zu scheitern, sollte der Mensch die verschiedenen Weisen des Umgreifenden möglichst *vernünftig* einordnen – und die Situation annehmen.

14. Thomas Samuel Kuhn
(1922–1996)

Thomas S. Kuhn, geboren in Cincinnati (Ohio), ist Sohn einer im 19. Jahrhundert in die USA ausgewanderten deutsch-jüdischen Familie. Er wurde nicht streng jüdisch, sondern eher weltlich erzogen. Kuhn studierte Theoretische Physik in Harvard und wirkte dann an mehreren US-amerikanischen Universitäten als Professor. Im Zweiten Weltkrieg wurde er in Nordfrankreich als Radartechniker eingesetzt. 1962 erschien sein bahnbrechendes Werk *Die Struktur wissenschaftlicher Revolutionen*. Zu Beginn des Buchs kündigt Kuhn an, dass es das Bild der Wissenschaft, speziell der Naturwissenschaften, tiefgreifend verändern werde. Und er lag damit richtig.

Kuhn bestreitet, dass wissenschaftlicher Fortschritt, wie noch der Positivismus meinte, linear und kumulativ immer mehr zunehme. Die Wissenschaftsgeschichte lehre, dass zwei Phasen des Fortschritts unterschieden werden müssten: zum einen die längeren Perioden »*normaler Wissenschaft*«, sodann die kürzeren, in denen wissenschaftliche Revolutionen stattfänden.

»*Normale Wissenschaft*« werde auf der Grundlage vorherrschender und allgemein anerkannter Theorien betrieben, die tradierten »*Spielregeln*« blieben unberührt. Dann aber tauchten bei der Anwendung dieser Theorien nach und nach Probleme (»*Anomalien*«) auf. Zunächst würden sie noch vertuscht, teilweise erfolgten auch Nachbesserungen. Das sei aber schon die Phase einer »*Krise*«. Irgendwann jedoch, wenn das Vertrauen in eine herrschende Theorie geschwunden sei, könne jemand diese Unzulänglichkeit nicht mehr ertragen. Er suche dann nach neuen Grundlagen, welche die aufgetretenen Regelwidrigkeiten bewältigen. Kuhn nennt dies »*Rätsellösen*« (puzzle solving). Werde man fündig, ist dies ein von Kuhn sogenannter **Paradigmenwechsel** (griech. *parádeigma* = Muster, Modell), dem sich dann wieder eine längere Phase »*normaler Wissenschaft*« anschließe, bis zur nächsten Krise. Das alte Paradigma sei obsolet, es gelte nurmehr das neue. Alte und neue Theorie sprächen verschiedene Sprachen (seien »*inkommensurabel*«), und mit der Bedeutungsänderung der Begriffe (zumindest eines Teils) entstünden auch neue (wie gesagt: theorieabhängige) Tatsachen oder sogar neue Welten, was allerdings – wenn sich auch bestimmte Probleme nun besser lösen ließen – nicht zwingend eine Annäherung an die Wahrheit einschließe. Aber wichtig: Es seien in der Regel gar nicht einmal spezifische Aspekte des betreffenden Fachs oder überhaupt wissenschaftliche Gründe (wie zum Beispiel das Maß der Übereinstimmung einer Theorie mit Messungen), die diesem radikalen Sprung, diesem neuen Paradigma zum Durchbruch verhülfen, sondern es könnten auch metaphysische Denkrahmen, bestimmte Werte oder auch Gesichtspunkte der Psychologie oder Soziologie sein, die entscheidende Impulse liefern und Überzeugungsarbeit leisten.

Kuhns Philosophie wird verständlicher, wenn man einen Blick auf Beispiele für solche Paradigmenwechsel, die er der Wissenschaftsgeschichte entnahm, wirft. Berühmt ist der durch Kopernikus (1473–1543) bewirkte Paradigmenwechsel, nämlich die Veränderung des Weltbilds vom **ptolemäisch-geozentrischen** zum **heliozentrischen**. Andere Beispiele: Descartes schuf ein Weltbild auf der Grundlage der Vernunftidee der Renaissance im Geiste der **Mathematik**, Newton eines auf der Basis seiner Idee vom absoluten Raum. Wie sehr wurde dann alles wieder auf den Kopf gestellt durch Einsteins Allgemeine Relativitätstheorie, die in seiner Vorstellung von der **Harmonie der Natur** wurzelt. Dass Kuhn alle diese Paradigmenwechsel und deren Bedeutung erkannt hat, rechtfertigt nicht den Vorwurf des willkürlichen Relativismus, obwohl dieser Vorwurf ihm gegenüber erhoben wurde. Sein großes Verdienst besteht darin, uns die Augen für die Grenzen wissenschaftlicher Erkenntnis geöffnet zu haben.

15. Herbert Marcuse
(1898–1979)

Bevor ihr weiterlest, empfehle ich, den Abschnitt über Adorno und Horkheimer noch einmal zu verinnerlichen. Wie diese beiden war auch der in Berlin geborene Marcuse Mitglied des von Frankfurt zunächst in die Schweiz, sodann in die USA emigrierten *Instituts für Sozialforschung* und damit ebenfalls Anhänger der *Kritischen Theorie*. Nach einem Interim als Sektionschef der Abteilung Spionageabwehr im US-Außenministerium lehrte er als Professor an mehreren US-Hochschulen, seit Mitte der Sechzigerjahre auch an der Uni Frankfurt und der FU Berlin. Sein Wirken zielte auf Revolution, zugleich förderte er den »zivilen Ungehorsam«. Damit beflügelte er ganz wesentlich die Protestbewegung der 68er. Für viele gilt er als »Vater der studentischen Neuen Linken«. Die *Frankfurter Schule* wurde so zu einem Mythos.

Die *Kritische Theorie* hat bei Marcuse im Kern folgende Gestalt: Wie Horkheimer und Adorno sieht Marcuse im Kapitalismus, also der freien Wirtschaft, ein System der Unterdrückung. Marcuse verbindet dies mit einem Loblied auf die damals noch existierende **Sowjetunion**, für ihn die einzige antifaschistische Macht. Aus zwei Gründen sei es jedoch schwierig geworden, die »*ausgebeuteten Klassen*« zu einem Umsturz zu bewegen. Zum einen seien sie konstitutiver Teil der Konsumgesellschaft geworden und damit auch fest in den Wohlfahrtsstaat integriert, was mit sich bringe, dass der Konsumterror soziale Unzufriedenheit im Keim ersticke. Zum anderen hätten sie in der technischen Industriegesellschaft den Blick für ihre wirklichen Bedürfnisse verloren. Technologische und ökonomische Rationalität beherrschten alles, ein Manipulationspotenzial ersten Ranges. Ergebnis sei der *eindimensionale Mensch*, dem bessere Einsicht unmöglich gemacht werde und der sich nicht individuell entfalten könne, vielmehr nur als Opfer eines neuen Totalitarismus, dem des Kapitalismus, zu beklagen sei. Diese Gedanken finden sich in

Marcuses Hauptwerk *Der eindimensionale Mensch – Studien zur Ideologie der fortgeschrittenen Industriegesellschaft*. Marcuse unterscheidet sich von Horkheimer und Adorno nun aber vor allem darin, dass er nicht bei der Systemkritik stehen bleibt, sondern den Menschen selbst, um ihn einsichtsfähig zu machen, verändern möchte, und zwar durch die von Sigmund Freud entwickelte **Psychoanalyse**. Dabei geht es um den Zusammenhang von Triebunterdrückung und gesellschaftlichen Verhältnissen. Die nach Meinung Marcuses repressive Kultur des Kapitalismus habe bei den Menschen einen Konformismus des Denkens und zugleich eine solche Beziehung zwischen Selbst und Welt geschaffen, die es ihnen unmöglich mache, sich aus den Herrschaftsverhältnissen zu befreien. Die Psychoanalyse könne helfen aufzudecken, welche Bedürfnisse es konkret sind, die verdrängt und unterdrückt werden, womit zugleich die einseitig technisch-ökonomische Vernunft beseitigt und eine Haltung »*großer Weigerung*« erzeugt würde.

16. Karl R. Popper
(1902–1994)

Fast habt ihr es geschafft. Wir kommen zum letzten Philosophen in diesem Buch, und es ist ein wirklich bedeutender Denker. Betrachtet man seinen Lebensweg, dann war mit einer solchen Karriere zunächst nicht zu rechnen. Die Schule hat ihn, den in Wien geborenen Österreicher, so gelangweilt, dass er sie vorzeitig verließ. Nun agierte er eine Zeit lang als überzeugter Kommunist, um sich bald – aller Gewalt abgeneigt – entschieden von dieser Ideologie abzuwenden, nicht zuletzt weil Freiheit wichtiger sei als Gleichheit und konsequentes Gleichheitsstreben seinerseits die Freiheit untergrabe. Als Gasthörer besuchte Popper an der Uni in Wien Vorlesungen in den Fächern Mathematik, Physik, Philosophie, Geschichte, Literatur sowie Psychologie und holte sein Abitur nach. Es folgte ein Kirchenmusikstudium, das er als Hilfsarbeiter finanzierte. Parallel ließ er sich erfolgreich zum Tischlergesellen ausbilden. Und wieder ein Schwenk: 1924 bestand er die Prüfung an der Lehrerbildungsanstalt, erhielt jedoch keine entsprechende Stelle, arbeitete stattdessen in einem Hort für sozial gefährdete Kinder, teilweise auch im Straßenbau. Während eines dann folgenden Studiums am Pädagogischen Institut der Stadt Wien (1925–1927) erschienen seine ersten Publikationen, 1928 promovierte er mit einer psychologischen Arbeit und von 1930 bis 1935 arbeitete er als Hauptschullehrer, ebenfalls in Wien. Während dieser Zeit kam er in Kontakt mit dem Wiener Kreis von Neopositivisten (siehe dazu oben die Ausführungen im Abschnitt über Rudolf Carnap). Obwohl Popper diese Philosophie ablehnte, war es eine inspirierende, fruchtbare Zeit, in der sein bahnbrechendes, sofort hohe Aufmerksamkeit erregendes Werk *Logik der Forschung* erschien. 1937 emigrierte Popper nach Neuseeland, wo er an der Uni in Christchurch lehrte. 1946 kehrte er nach Europa zurück. Der Ökonom und Sozialphilosoph Friedrich A. von Hayek hatte geholfen, dass Popper einen Ruf an die *London School of Economics und Political Science* erhielt, wo er bis zu seiner Emeritierung wirkte. 1965 schlug ihn Elisabeth II. zum Ritter. Popper hat wichtige Beiträge zu Wissenschaftstheorie, Sozialphilosophie und politischer Theorie geleistet. Wir beschränken uns hier auf den Bereich, in dem er den größten Einfluss ausgeübt hat: die **Wissenschaftstheorie**.

Im Kern geht es auch Popper wieder um die Wahrheit, und zwar die durch Wissenschaft zu ermittelnde. Welchen Beitrag vermag die Wissenschaft hierzu zu leisten? Allgemein war man Mitte des 20. Jahrhunderts der Auffassung, dass Wahrheitsfindung auf wissenschaftlichen Theorien beruhe, und deren Richtigkeit ließe sich beweisen. So auch, wie gesagt, die Neopositivisten des Wiener Kreises. Ganz anders Popper. Wissenschaftliche Theorien beziehungsweise Erkenntnisse basierten immer nur auf **Vermutungen**. Theorien seien nicht der Beweise fähig, vermögen folglich auch keine Gewissheiten zu liefern, selbst wenn man mit den Theorien in der Praxis noch so erfolgreich arbeite und die Experimente die theoretischen Hypothesen bestätigten. Jedes Versuchsergebnis könne zufällig sein. Was bedeutet das für das Selbstverständnis der Wissenschaftler? Sie sollten, so Popper, getrieben sein, eine Theorie nicht zu bestätigen, sondern zu widerlegen, also Fehler zu finden, das heißt, zu *falsifizieren*. *Falsifikation* – das ist der Begriff, der Poppers Wissenschaftstheorie mit einem Wort am treffendsten umschreibt.

Wie man sich vorstellen kann, sind die Einzelheiten kompliziert. Für unseren Zweck genügt es aber, Poppers Position mit wenigen Sätzen zu kennzeichnen. Allgemein habe man in der Wissenschaft an die *induktive Methode* geglaubt, also daran, dass sich aus einer Mehr- oder Vielzahl von Einzelfällen eine generell gültige Theorie bilden lasse. Das sei jedoch falsch, und zwar aus zwei Gründen. Zum einen erfolge die Bildung von Theorien »*willkürlich*«, denn ihnen lägen sehr subjektive, oft auch bloß intuitive Vorannahmen oder Vorgänge zugrunde, je nach Kreativität des Wissenschaftlers. Das erinnert, wenn auch sehr unterschiedlich, an die oben behandelten Kuhn, Cassirer, Gadamer und Hübner. Zum anderen sei der Wahrheitsgehalt von Theorien immer nur vorläufig. »*Alle Schwäne sind weiß*« – eine Theorie, eine Behauptung, welche die Unmöglichkeit negiere, alle Schwäne der Erde in Gegenwart und Vergangenheit zu kennen. Mit nur einem schwarzen Schwan wäre die Theorie schon widerlegt. Oder ein anderes Beispiel: Auch der Satz »*Nach jeder Nacht geht die Sonne auf*« sei jedenfalls kosmologisch nicht haltbar, weil auf einem anderen Planeten ein anderer Kalender gelte und die Sonne ohnehin nicht von ewiger Dauer sei.

Ist das ein desillusionierendes Bild von der Wissenschaft? Für Popper nicht, denn sein von ihm selbst so genannter **Kritischer Rationalismus**, wonach alles empirische Wissen prinzipiell widerlegbar sei, bedeute keine Abkehr von wissenschaftlicher Arbeit. Im Gegenteil! Gerade die grundsätzliche Widerlegbarkeit von Theorien und Erkenntnissen (also ihre Falsifizierbarkeit), dagegen nicht ihre (gar nicht mögliche) Verifizierbarkeit, mache sie zu *wissenschaftlichen* Aussagen, woraus die Pflicht, ja sogar die *moralische* Pflicht der Wissenschaftler folge, in dauernder Selbstkritik unermüdlich zu lernen, mit dem Ziel, nach dem Prinzip *Versuch und Irrtum* immer wieder Revisionen oder Modifizierungen vorzunehmen, wobei – um es noch einmal deutlich zu sagen – der Erkenntnisfortschritt jeweils gerade darin bestehe, eine Theorie als falsch zu erweisen. In der Falsifizierbarkeit sieht Popper auch das entscheidende Abgrenzungskriterium zwischen empirischen (auf Erfahrung beruhenden) und nicht-empirischen, also metaphysischen Sätzen beziehungsweise Theorien: empirisch seien nur die falsifizierbaren.

Ob allerdings Poppers Bild vom Gipfel, der für die absolute Wahrheit stehe, der wir uns immer mehr anzunähern suchten, überzeugt, mag dahingestellt bleiben. Popper meint, dieser Gipfel sei von einer Wolke umhüllt. Sollten wir ihn, also die objektive Wahrheit, erreichen, würden wir das allerdings nicht erkennen können. Da ist die Sicht Kurt Hübners (in *Die Kritik wissen-*

schaftlicher Vernunft) einleuchtender, wonach eine absolute Wahrheit, von der wir nie wüssten, ob wir sie erreicht haben, für uns bedeutungslos, zudem ja ohnehin nicht zu erschließen sei. Dass wir nie wüssten, ob wir bei der absoluten Wahrheit (dem Gipfel) angekommen sind, folge, so Hübner, im Übrigen schon daraus, dass maximale Wahrheitsähnlichkeit auch durch zwei gänzlich verschiedene Theorien erreicht werden könne, die beide jeweils befriedigende Weltdeutungen enthalten. Durch die blaue Brille erschiene uns die Welt, mögen wir sie auch noch so richtig beschreiben, blau, durch die rote rot. Niemand könne dann sagen, welches der beiden Bilder wahr wäre, ob also die Welt in Wirklichkeit blau oder rot ist. Dagegen hätten Wahrheit und Wahrheitsähnlichkeit, beurteilten wir sie unter bestimmten *Voraussetzungen* (also *innerhalb* eines ganz konkreten Systems!), für uns große Bedeutung. Mit System ist die Erkenntnisgrundlage gemeint, die aus einer Theorie und ihrem Apriori (also dem, was der Theorie vorgegeben ist) besteht. Unter diesen eingeschränkten Bedingungen dürften wir in der Tat von einer Annäherung an die Wahrheit sprechen, allerdings nicht an die absolute, sondern nur an eine relationale, also systemabhängige Wahrheit.

Eine Frage zum Schluss: Bedrückt euch solche Begrenzung der Erkenntnisfähigkeit? Ich meine, dazu bestünde kein Grund. Unser Dasein ist doch ein viel spannenderes, ja vor allem auch zauberhafteres, wenn den Menschen letztgültige Wahrheiten verborgen bleiben.

ES GENÜGT!

Ihr habt das Ziel erreicht. Mehr Stoff ist gerade für Einsteiger nicht zumutbar. Aber wir würden gerne auch erfahren, was denn nun die *zeitgenössische* Philosophie zu bieten hat, werdet ihr vielleicht denken und dabei eine Fülle von Themen im Blick haben, die uns in der Tat aktuell bewegen und ja auch philosophisch durchdrungen werden müssen. Man denke nur an die komplexen Probleme im Zusammenhang mit Stichwörtern wie Klimawandel, Pandemien, Gentechnik, Künstliche Intelligenz, Globalisierung, Armutsländer, Migration, Multikultur, Imperialismus, Energiewende, religiöse Konflikte, Glaubensverlust, neue Kriminalitätsformen, Diversität, Modelle des Zusammenlebens, Wandel von Sprache und Rechtschreibung, Grenzen medizinischen Fortschritts, Sterbehilfe und – last but not least – an die Digitalisierung mit deren Abstürzen in Hemmungs- und Rücksichtslosigkeit, verbunden mit der Vision eines immer weiteren Verschmelzens von Realität und Virtualität, wo – wie im schon geplanten *Metaversum* – Menschen in einer Parallelwelt über Avatare interagieren.

Die Aufzählung macht deutlich, dass die Behandlung all dessen das Buch überfrachten würde. Und wen von den weltweit unzähligen klugen, zeitgenössischen Philosophen, die sich mit den vorgenannten Themen beschäftigen, sollte man heranziehen? Man darf gespannt verfolgen, wer von ihnen eines Tages als Klassiker der Philosophie gelten wird, und es sind ja nun einmal primär die Klassiker des Denkens, deren Lehren den Gegenstand dieses Buchs bilden und bilden sollen.

Ich hoffe, es ist gerade in einer Zeit, in der vieles verflacht, deutlich geworden, wie tief doch gedacht werden kann und dass uns die hier behandelten großen Geister von Thales bis Popper wertvolle Maßstäbe und Anregungen liefern, auch für die Lösung der Probleme unserer Gegenwart, ja sogar die der Zukunft. Denn – und so schließt sich der Kreis zum Vorwort – Immanuel Kants vier Fragen werden sich stellen, solange Menschen auf der Erde leben:

Was ist der Mensch?
Was kann ich wissen?
Was soll ich tun?
Was darf ich hoffen?

PERSONENREGISTER

Abaillard, Pierre 76
Adorno, Theodor W. 247
von Aquin, Thomas 72
Alexander der Große 44, 57
Anaxagoras 29
Anaximander *20*, 33
Anaximenes 21
Anselm von Canterbury *72*, 77, 126
Arendt, Hannah 249
Aristoteles 25, 28, 30, *44*, 63, 78, 79
Arkesilaos 58
Augustinus 67

Bacon, Francis *91*, 97
Bacon, Roger 82
de Beauvoir, Simone 243
Benthem, Jeremy 195
Bergson, Henri 222
Berkeley, George *121*, 134
Bloch, Ernst 250
Brahms, Johannes 185, 229
Bruckner, Anton 185

Carnap, Rudolf 252
Cassirer, Ernst *253*, 275
Christus *70*, 75, 76, 110, 149, 157, 200, 252
Chrysipp 59, 62
Conte, Auguste 194
Cusanus 83

Darwin, Charles 224
Demiurg 40
Demokrit *27*, 29, 53, 58, 103
Derrida, Jacques 255
Descartes, René 15, 69, 95, *98*, 105, 109, 116, 121, 126, 129, 134, 138, 148, 210, 218, 220, 237, 271
Dewey, John 257
Diderot, Denis 152
Dilthey, Wilhelm 10, *209*
Diogenes 57

Eckhart, Johannes 82
Einstein, Albert 15, 272
Empedokles 25
Engels, Friedrich 206
Epiktet von Hierapolis 59
Epikur 53
Erasmus von Rotterdam 84

Feuerbach, Anselm 172
Feuerbach, Ludwig 202
Fichte, Johann Gottlieb 10, *172*, 179, 185, 186, 189, 191
Frege, Gottlob 258
Freud, Sigmund 125
Friedrich II., preuß. König 125, 147

Gadamer, Hans-Georg *259*, 275
Galilei 95, 99
de Gaulle, Charles 242

von Goethe, Johann Wolfgang 20, 111, 112, 123, 185, 189, 192
van Gogh, Vincent 197
Georgias 30

Habermas, Jürgen 261
von Hayek, Friedrich A. 274
Hegel, Georg Wilhelm Friedrich 24, *178*, 185, 189, 192, 198, 202, 218
Heidegger, Martin 217, *235*, 242, 244, 247, 249
Heraklit *23*, 25, 37, 69
Herder, Johann Gottfried 111, 144
Hiob 97
Hippias 30
Hobbes, Thomas *94*, 141, 154, 192
Hölderlin, Friedrich 173, 178, 185, 241
Homer 12
Horkheimer, Max 247
Hübner, Kurt *14*, 262, *263*, 275
von Humboldt, Alexander 185
Hume, David *133*, 151, 159, 163
Husserl, Edmund *217*, 235, 242, 249

James, William 257
Jaspers, Karl 249, *267*

Kant, Immanuel 9, 59, 134, *158*, 172, 173, 178, 185, 186, 187, 191, 209, 218, 253
Karl V., Kaiser 84

Kierkegaard, Sören 197
Kleanthes 59
Klopstock 172
Kopernikus, Nikolaus 271
Kuhn, Thomas *270*, 275

Leibniz, Gottfried Wilhelm 109, *125*, 146, 190
Lessing, Gotthold Ephraim 111
Leukipp 27
Locke, John *115*, 121, 134, 143, 145, 195
Lukrez 53
Luther, Martin 86

Machiavelli, Niccolò 88
Marc Aurel 59
Mahler, Gustav 229
Marcuse, Herbert 272
Marx, Karl 24, *201*, 274, 261
Medici 88
Mill, John Stuart 194
Montesquieu, 119, *143*
Moore, George Edward 227, 229
Mozart, Wolfgang Amadeus 197
Munch, Edvard 199

Napoleon 178
Newton, Isaac 15, 125, 134, 149, 162, 271
Nietzsche, Friedrich 172, *212*
Nikomachos 44
Novalis 173

von **O**ckham, Wilhelm, 82

Parmenides *24*, 37, 40
Pascal, Blaise 105
Paulus 86
Perikles 30
Petrus Abaelardus 76
Pierce, Charles 257
Platon 30, 32, 33, 34, *36,* 45, 50, 63, 68, 74, 79, 93, 116, 243
Plotin *63*, 68
Popper, Karl R. 230, 247, *273*
Protagoras 30
Proust, Marcel 224
Pyrrrhon von Elis 58
Pythagoras *21*, 63

Rousseau, Jean-Jacques 151
Russell, Bertrand 173, *225*, 229, 231, 258

Sartre, Jean-Paul 242
Schelling, Friedrich Wilhelm Joseph 173, 178, *185*, 224
von Schiller, Friedrich 173
Schlegel, Friedrich Wilhelm Joseph 185

Schopenhauer, Arthur 178, 185, *189*, 212
Schumann, Clara 229
Scotus Johannes Duns 72, 82
Seneca 59
Smith, Adam 140
Sokrates 19, 30, *32*, 36, 38, 167, 213
de Spinoza, Baruch 59, *109*
Strauss, Richard 229

Thales *19*, 23
Timon von Phleius 58
Voltaire 146

Wagner, Richard 193, 213
Whitehead, Alfred North 43, 226
Wieland, Christoph Martin 189
Wittgenstein, Ludwig 229

Xenophanes 24
Xenophon 32

Zenon von Kition 59

SACHREGISTER

Aberglaube 134, 143, 149
Ästhetik, transzendentale 161
Akzidentien 47
Analytische Philosophie 258
Angst 54, 199, 238
Anschauen 159
Apperzeption, transzendentale 164
Apeiron 20
A priori 15, 106, 161, 165, 166, 168, 174, 187, 191, 218, 219
Arbeit 142, 202, 205, 207, 249
Arché, Archai 16
Atheismus 96, 111, 118, 133, 139, 143, 150, 166, 173, 176
Atom, Atomismus 27, 53, 227
Aufklärung 85, 143, 146, 153, 159, 176, 248
Auschwitz 248
Axiom 106, 226, 263

Begriff 47, 264
Bedeutung 259
Bewusstsein 164, 174, 182, 191, 202, 210, 218, 219, 268
Böse, das 34, 66, 89, 113, 127, 153, 188

Chaos 29
Chauvinismus 177

Christentum, christliche Lehre 64, 68, 72, 75, 78, 107, 110, 118, 139, 143, 200, 214, 267

Dasein 237, 268
Daten 227
Dekonstruktionismus 255, 256
Demokratie 30, 35, 42, 119, 142, 196, 257
Denken 51, 65, 103, 107, 159, 160, 161, 162
Despotie 119, 145
Determinismus 54, 95, 111, 113, 128
Dialektik 165, 174, 179, 202
Differenz, ontologische 239
Diskurs 262
Dreifaltigkeit 75, 78, 149
Dualismus 29, 45, 103
Durée réelle 223

Eigentum 51, 115, 118, 148, 153, 196, 204, 206
Eindrücke 135
Eine, das 23, 63, 188
Élan vitale 223
Empfindung 162
Empirismus, s.a. Erfahrung 91, 95, 102, 116, 121, 134, 143, 148, 163
Enteignung 205

Entelechie 48, 79
Entfremdung 205
Erbsünde 70, 78, 107, 118, 149, 157
Erfahrung, s.a. Empirismus 15, 33, 91, 116, 121, 134, 138, 142, 159, 167, 195, 252
Erkenntnis 14, 115, 122, 134, 174, 219, 226
Erlösung 153, 157, 193
Esprit général 144
Essenz 80, 243
Ethik, s.a. Moral 52, 59, 65, 112, 199, 225, 232
Europa 132
Existenz 69, 80, 198, 237, 243, 267
Existenzerhellung 268
Existenzialismus 243, 245
Existenzphilosophie 198, 267
Experiment 274

Falsifikation 274
Feuer 22
Form 21, 48, 79
Frankfurter Schule 247, 261, 272
Freiheit 96, 112, 113, 115, 118, 142, 147, 148, 154, 173, 183, 195, 198, 228, 245, 257, 268, 273
Freundschaft 51, 56

Gedächtnis 223
Geist 29, 64, 80, 110, 159, 160, 161, 174, 180, 182, 186, 187, 268,
Geisteswissenschaften 210

Geometrie 21, 99, 105
Gerechtigkeit 20, 37, 51, 55, 168
Geschichte 183
Geschmack 170
Gesellschaftsvertrag 96, 119, 154
Gesetz 42, 144
Gewaltenteilung 97, 119, 145, 148
Gewissen 34, 154, 156, 239
Geworfenheit 237
Glaube 68, 72, 77, 86, 118, 136, 157, 200
Gleichheit 148, 155, 273
Glück, Glückseligkeit 34, 50, 52, 53, 54, 57, 59, 70, 73, 112, 128, 169, 171, 175, 195
Gnade, Gnadenlehre 70, 86, 149
Goldene Regel 50
Goldener Schnitt 22
Goldenes Zeitalter 26, 153
Gott, Götter 12, 19, 23, 24, 25, 28, 35, 39, 49, 54, 60, 69, 73, 80, 83, 100, 102, 107, 122, 126, 129, 130, 149, 150, 165, 166, 169, 179, 180, 188, 200, 203, 214, 215, 228, 232, 241, 267
Gottesbeweis 73, 80, 102, 126, 157
Gottesstaat 71
Gute, das 33, 39, 42, 66, 73

Handeln, kommunikatives 261
Hass 26
Hermeneutik 259
Hermeneutischer Zirkel 211, 260

Höhlengleichnis 37
Hoffnung 169, 170, 250
Horizontverschmelzung 260
Humanismus, Humanität 85, 86, 246, 257
Hypostasen 64, 75
Hypothetischer Imperativ 167

Ich, das 101, 173, 174, 180, 186, 232
Idealismus 165, 174, 186, 202, 218, 248, 253
Ideen 37, 45, 65, 165
Identitätsphilosophie 110, 186, 187
Iias 12
Immaterialismus 122
Imperialismus 249
Individuum 115
Instrumentalismus 257
Intuition 223

Kapitalismus 202, 204, 248, 272
Kategorie 47, 163
Kategorischer Imperativ 167
Katharsis 52
Kausalität 48, 103, 116, 135, 159, 163
Kirche 70, 71, 82, 83, 90, 99, 111, 148, 200
Kommunikation 261, 268
Kommunismus 201, 202, 204, 246
Kopernikanische Wende 99, 164
Kosmos 20, 53, 59, 61, 192
Krieg 94, 96, 119, 192

Kritische Theorie 247, 261, 272
Kunst 18, 52, 153, 170, 183, 187, 192, 213, 248, 255, 265
Kyniker 57

Leben 210, 222, 237
Lebensphilosophie 209, 222
Leib 80, 81, 103, 191
Leib-Seele-Problem 104, 111
Liberalismus 115, 142, 195
Liebe 26, 73, 179
Literatur 18, 153, 265
Logik 46, 195, 217, 226, 252
Logos 23
Logozentrismus 255
Luft 21
Lust 54, 195, 199

Macht 89, 91, 215
Manichäismus 68
Marxismus 201, 242, 251
Maß, rechtes 42, 51
Mathematik 15, 21, 95, 99, 105, 226, 258, 271
Materialismus, Materie 27, 48, 95, 111, 122, 218, 253
Materialismus, dialektischer 202
Materialismus, historischer 203
Mechanismus, Mechanik 28, 54, 95, 103
Mensch 16, 37, 67, 81, 89, 94, 101, 103, 106, 134, 152, 156, 209, 215, 236, 243, 268, 272

Merkantilismus 142
Metaphysik 46, 48, 82, 134, 138,
  143, 148, 194, 211, 228, 212, 239,
  247, 269
Mitleid 193, 214
Modalität 163
Monade 128
Monarchie 145, 148
Moral, s.a. Ethik 22, 32, 89, 92, 96,
  138, 140, 155, 166, 171, 175, 182,
  193, 195, 214, 224
Musik 18, 22, 192, 265
Mut 51
Mystik 82, 232, 234
Mythos 16, 104, 255, 264

Nächstenliebe 214, 252
Nation 17, 89, 144, 176, 265
Nationalökonomie 140
Natur 24, 92, 95, 99, 129, 143, 152,
  170, 181, 186, 192, 224
Naturgesetz 14, 16, 81, 111, 165,
  228, 264
Naturwissenschaft 14, 210, 252,
  264, 270
Neopositivismus 247, 252, 274
Neuplatonismus 63
Nichts, das; Nichtigkeit 25, 66,
  213, 214, 238, 239, 244
Nihilismus 213, 214, 240
Noesis 219
Noema 219
Nominalismus 74

Odyssee 13
Okeiosis 60
Oligarchie 42
Ontologie 14, 45, 73, 266
Ort 47

Panentheismus 111
Pantheismus 24, 60, 79, 111
Paradigmenwechsel 271
Pazifismus 226
Phänomen 162
Phänomenologie 162, 218, 236
Physik 15, 103
Physiokratismus 142
Planwirtschaft 206
Poetik 52
Politik, Politische Theorie 52, 89,
  144
Positivismus 194
Potenzialität 48
Prädestination 70
Prästabilierte Harmonie 130
Pragmatismus 257
Produktivität 142, 204
Produktionsmittel 204
Produktionsverhältnisse 204
Produktivkräfte 204
Proletariat 205, 206
Psychoanalyse 273
Psychologie 195, 218

Quantität 47, 117, 163
Qualität 47, 117, 163

Rationalismus 92, 95, 102, 116, 132, 134, 143, 148, 163, 250
Rationalismus, kritischer 275
Raum 15, 161, 227, 271
Realismus 74, 253
Recht 182
Rechtsstaat 142
Relation, Relativismus 47, 163, 218
Reformation 85, 86
Religion 78, 138, 176, 183, 203, 214, 224, 251
Renaissance 15, 85
Republik 145
Romantik 151, 176
Revolution 208

Schmerz 55
Scholastik 72, 77, 82, 86, 99
Seele 21, 28, 40, 54, 65, 69, 80, 81, 83, 103, 112, 129, 165, 168, 182, 186
Seiende, das 20, 24, 46, 47, 65, 236, 239
Sein, das 14, 24, 53, 110, 121, 162, 174, 236, 237, 239, 270
Sinn, der 259
Skeptizismus 57, 68, 107, 133, 137, 146, 148
Sophismus 30, 37, 256
Sozialismus 205, 226
Sprache 47, 176, 230, 240, 256, 259, 262
Sprachphilosophie 227, 231, 258

Staat 41, 52, 82, 88, 93, 95, 119, 138, 145, 156, 176, 183
Stoa 59, 63
Stoff 48, 79
Substanz 17, 47, 50, 116
Sünde 70, 86, 113, 188

Technik 14, 207, 240, 248, 250, 272
Theater 52, 93
Theodizee 127
Theologie 72, 79, 82, 92, 265
Timokratie 42
Tod 54, 103, 236
Totalitarismus 249, 272
Tragödie 52, 213
Transzendentale Dialektik 165
Transzendentale Philosophie 161, 186, 187, 253
Transzendentalität 161, 219
Trojanischer Krieg 12
Tugend 22, 33, 37, 41, 50, 55, 57, 59, 60, 96, 112, 138, 156
Tyrannis 35, 36, 42, 195

Überbau 204
Übermensch 215
Universalienstreit 74
Unsterblichkeit 70, 112, 228, 232
Unterbau 204
Urstoff, Ursubstanz 19, 20, 21, 27, 29, 46, 110
Urteil, Urteilskraft 47, 160, 163, 169

Utilitarismus, Nützlichkeit 91, 195

Verantwortung 118, 199, 245
Verfassungspatriotismus 177
Vernunft 15, 25, 34, 40, 50, 59, 68, 72, 77, 92, 116, 148, 153, 160, 165, 182, 255
Vernunft, instrumentelle 248, 261
Vernunft, kommunikative 262
Vernunft, praktische 166
Vernunft, reine 160
Verstand 78, 115, 134, 135, 162, 163
Verstehen 210
Volkssouveränität 90, 119, 148, 154, 196
Volonté générale 155
Vorsokratiker 19
Vorstellungen 121, 129, 135, 190
Vorurteil 259

Wahrheit 14, 31, 37, 39, 45, 68, 72, 78, 93, 99, 115, 126, 128, 134, 159, 179, 198, 200, 209, 214, 226, 230, 252, 274
Wasser 19
Welt 20, 22, 25, 26, 37, 45, 46, 54, 79, 80, 122, 127, 129, 165, 166, 181, 190, 192, 232

Weltgeist 180, 211
Weltrevolution 206
Wettbewerb 142, 196, 206
Wiener Kreis 252, 274
Wille 199
Willensfreiheit 41, 50, 54, 61, 70, 86, 111, 113, 118, 128, 168
Wirklichkeit 13, 174, 179, 230
Wirtschaft 140, 196
Wissen 33, 37, 40, 159, 219
Wissenschaft 14, 46, 47, 92, 153, 159, 204, 207, 214, 250, 254, 262, 270
Wissenschaftstheorie 14, 214, 263, 270, 274
Wohlfahrt 92
Wohlstand 142, 206
Wunderglaube 149

Zahl 21
Zeichen 231, 254, 258
Zeit, Zeitlichkeit 17, 47, 162, 223, 236, 238, 264
Zweck 126, 170
Zweifel, methodischer, 100